检察官博士文丛
JIANCHAGUAN BOSHI WENCONG

审查起诉阶段补充侦查制度研究

Shencha Qisu Jieduan
Buchong Zhencha Zhidu Yanjiu

从　林——著

中国检察出版社

图书在版编目（CIP）数据

审查起诉阶段补充侦查制度研究 / 丛林著 . -- 北京 : 中国检察出版社 , 2025.1

ISBN 978-7-5102-3093-6

Ⅰ . D918

中国国家版本馆 CIP 数据核字第 2024FF5272 号

审查起诉阶段补充侦查制度研究

丛　林　著

责任编辑： 王伟雪
技术编辑： 王英英
美术编辑： 徐嘉武

出版发行： 中国检察出版社
社　　址： 北京市石景山区香山南路 109 号（100144）
网　　址： 中国检察出版社（www. zgjccbs. com）
编辑电话：（010）86423797
发行电话：（010）86423726　86423727　86423728
（010）86423730　86423732
经　　销： 新华书店
印　　刷： 河北宝昌佳彩印刷有限公司
开　　本： 710 mm × 1000 mm　16 开
印　　张： 15.5
字　　数： 234 千字
版　　次： 2025 年 1 月第一版　　2025 年 1 月第一次印刷
书　　号： ISBN 978 - 7 - 5102 - 3093 - 6
定　　价： 59.00 元

“检察官博士文丛”出版说明

新时代新征程，检察工作欣逢最好发展时期，同时也面临更高履职要求。高质效办好每一个案件，离不开高素质的检察队伍。检察官博士作为检察队伍中的高层次人才，其深厚的法学理论基础和丰富的实践经验，对高素质队伍建设具有重要的带动作用。特别是近几年来，一些青年检察官带着实践问题攻读博士学位，理论与实践互融互促，产出一批优秀成果。

我们甄选具有较高理论和实践价值的检察官博士研究成果，策划推出“检察官博士文丛”系列图书，助力既有“底色”又有“亮色”的新时代检察人才建设，促进检察理论研究繁荣发展。入选文丛的基本要求：

一是以习近平新时代中国特色社会主义思想为指导，全面贯彻习近平法治思想，运用马克思主义立场、观点、方法，深入研究检察实践中面临的基础性、前瞻性、全局性、战略性问题，反映“四大检察”重大实践创新成果，对解决重大理论和现实问题、推进检察理论和实践发展具有积极意义。

二是坚持以人民为中心的研究方向，着眼于人民群众关心的实践问题，回应人民群众的普遍关切和检察人员的困惑痛点，切实抓住监督办案重点中的真问题，从理论上深入阐释、精准指引，促进理论研究解决真问题，真解决问题。

三是资料翔实、推理严密、论证充分、文字畅达，具有较强的原创性、理论性和实用性，深植法律政策规定，正确理解、正确解读、正确适用，充分反映最新立法、司法动态，体现法治进步，符合学术出版规范。

“检察官博士文丛”的出版得到了全国检察机关的广泛关注和大力支持，广大检察人员积极参与。对他们的关心和厚爱，我们表示衷心感谢！人才建设不是一朝一夕、一蹴而就的，希望“检察官博士文丛”能够成为具有坚定理想信念、强烈家国情怀、扎实法学根底的检察人员的一片“沃土”，并在此开出繁花，结出硕果，为检察工作现代化贡献智慧和力量！

中国检察出版社

2024 年 2 月

序　言

我国刑事诉讼法规定的审查起诉阶段补充侦查制度，是检警关系在刑事证据收集与补充方面最重要的体现，是公诉人启动的补充完善证据的重要制度，对于补强指控证据、完善案件证明结构与内容、补正侦查活动瑕疵，奠定案件指控体系有着积极的作用。这项制度与两大法系国家的类似制度具有本质的不同，值得深入思考和系统研究。

大陆法国家奉行检警一体的侦查取证模式，其基本特点在于检察官可以直接指挥侦查和进行侦查，《德国刑事诉讼法》第161条规定，“检察院可以要求所有的公共机关部门提供情况，并且要么自行，要么通过警察机关进行任何种类的侦查。警察机关及警察官员负有接受检察院的请求委托的义务”；第163条规定，“警察机关和警察官员应当毫不迟疑地将侦查结果送交检察院。有必要迅速进行法官调查的，可以直接向初级法院送交（侦查结果）”。《法国刑事诉讼法》第12条规定，“司法警察的职权由本编所指的警察、官员和警员行使，受共和国检察官领导”；第41条规定，“共和国检察官对违反刑法的犯罪行为进行或者派人进行一切必要的追查或追诉行为。为此目的，共和国检察官领导其所在法院管辖区内的司法警察警官与司法警察警员的活动”。在这种模式之下，警察侦查方案制定及其实施本就在检察官指挥之下完成，警察侦查实质就是检察侦查，两者没有必要进行区分。

英美法国家的侦查取证呈现另外一种检警分立的运行态势，其基本特点在于检察官名义上拥有侦查权，以及对实施侦查的警察的惩戒权。在具体实施侦查时，检察官起诉职能的角色定位一是限制了其侦查职能的发挥，绝大多数案件由警察进行侦查；二是为了完成起诉职能负有指导、配合警察开展侦查的法律义务。在这种模式之下，检察官仍然可以在侦查阶段介入侦查和指挥侦查，但是对于违法侦查所产生的法律后果，应当送交法院进行司法审查，检察机关只能利用其在起诉阶段的控制地位否定警察的侦查结果，因此警察侦查相对独立，检察官在侦查阶段具有指导和配合义务。

我国的理论、制度与实践样态，使得刑事证据的收集与补充完善的制度安排，呈现与两大法系完全不同的中国特色。理论上，公、检、法三机关的分工原则以及诉讼阶段的严格划分，使得证据的收集与补充制度需要在不同的诉讼阶段来完成，并没有诸如两大法系国家那种检察可以直接指挥侦查或者配合侦查的制度安排。因此，公诉人在审查起诉阶段补充证据的主要手段是退回侦查机关补充侦查，只有在补充完善证据类型比较便捷、存在违法侦查等监督性事项等少数情况下，才会自行进行补充侦查。据统计，目前公诉人一次退回补充侦查约占案件总数20%，二次退回补充侦查比例约8%，80%左右的案件在审查过程中进行了证据补充，制度上的补充侦查与实践中的证据补充在司法实践中运用相当广泛。但与之对应的却是制度规定粗略、实践操作不规范、检警认识不一，在证据效力、制度设计、实践运行、配套措施等方面均存在问题，导致补充侦查效果不佳，严重影响了案件质量与诉讼效率。因此有必要通过调整检警关系、明确程序定位、细化操作规范、建立保障措施等，建立由检察机关对补充侦查的主导机制，减少原侦查不足的可能，并且以非必要不回转作为侦查理念，引入多主体参与评估，减少退回补充侦查，辅之以自行补充侦查，以推动现有机制更为有效地运转，保障我国刑事诉讼法规定的补充侦查制度更好地发挥程序作用。

丛林博士在明确审查起诉阶段补充侦查制度的法律性质、基本任务、历史沿革、主要规定的基础上，详细地考察了审查起诉阶段补充侦查情形，通过梳理补充侦查制度的运行状况和存在的问题，探寻退回补充侦查制度与自行补充侦查制度在制度设计、司法运行、操作实践中的运用困境，结合分析域外补充侦查模式的运行原理，明确提出了我国审查起诉阶段补充侦查制度的完善方案。选题具有重要的理论价值和实践意义，对我国补充侦查制度的现状及存在的问题梳理得比较全面和清楚，所提出的理论分析框架和法律完善方案具有较强的理论指导意义和实践操作价值。在“退补”和“自补”现状考察、问题梳理和规则重构方面有自己较为独到的理论见解，体现了较高的研究水平。

丛林是我带的在职博士研究生，在区检察院担任副检察长以及后来在市检察院担任领导职务，使得他的工作较为繁重，博士论文写作也只能在既有工作任务完成以后利用休息时间进行，能够在五年时间完成20万字的博士论文写作实属不易。况且我天生的学术洁癖和对学术研究的神圣感觉，可能让他体会到不同于生活中师生关系的强大压力，完成初稿后的大改，包括调整写作提纲和主要内容，进行了两次，修改稿完成后我再次让他做技术性调整和文字性润色，进行了三次。作为导师我能够体会到他写作背后的艰辛和付出，毕竟我在写作中也是经历过这些痛苦与煎熬的。因此丛林最终完成博士研究并成书，我答应他再次通读新书并作序，以示鼓励。世上没有完美的研究，但过程值得永记。

是为序。

张 斌
四川大学法学院教授、博士生导师
2024 年 5 月

目　录

第一章

审查起诉阶段补充侦查制度概述

任何司法程序的产生，都有着特有的法律意义，也是为特别的司法需求而服务。其自身的孕育、诞生、发展、完善与其所处的基础司法制度、司法环境、司法运行状况有着密切的关系。没有脱离现实司法状况的司法程序，也没有脱离法律文化的司法制度。审查起诉阶段的补充侦查制度是我国刑事诉讼制度对苏维埃刑事诉讼制度本土化培育的一项特殊制度，其运行模式既不同于大陆法系“检警一体”下的补充侦查，也不同于英美法系“检警分立”的运行模式，与俄罗斯的现行制度也存在区别。因此，在讨论我国审查起诉阶段补充侦查制度时，首先应当对相关的基础概念、理论与现实来源进行梳理。

第一节　审查起诉阶段补充侦查制度的概念、主要任务与意义

一、审查起诉阶段补充侦查的概念

（一）概念之争

对于审查起诉阶段补充侦查的概念，我国学者有不同的表述。有学者将补充侦查定义为“侦查机关依据法定程序，对于案件部分事实不清，证据不足或者尚有遗漏罪行、遗漏同案犯罪嫌疑人的情形，在原有侦查工作的基础上做进一步调查，补充证据的一种侦查活动”，该学者将补充侦查界定为侦查机关在原有侦查工作基础上补强证据的一种行为，并将执行主体限定为侦查机关；同时，其认为补充侦查可以针对新的罪行、事实、犯

罪嫌疑人进行侦查。[①] 有学者认为，补充侦查是指“公安机关或者人民检察院依照法定程序，在原有侦查工作的基础上，就案件的部分事实、情节继续进行侦查的诉讼活动”[②]，该学者以补充侦查执行主体为角度对其进行定义，其认为补充侦查的主体包括公安机关及检察机关，其认为补充侦查是基于原有侦查工作对案件的部分事实、情节进行补正的行为。有学者的定义为“人民检察院在审查侦查机关移送提起公诉的案件时，认为主要事实不清、证据不足、尚有同案犯或新的罪行未查清，退回侦查机关进一步调查，补充证据的诉讼行为”[③]，该学者则是以补充侦查决定主体角度进行定义，同时将补充侦查限定为退回侦查机关补充侦查。有学者的定义为“人民检察院通过审查，认为案件事实不清、证据不足，不能作出提起公诉或者不起诉的决定，需要对案件作进一步的侦查”[④]，该学者的定义相对比较模糊，没有涉及执行主体，也没有限定侦查范围，但其认为补充侦查应当是对案件事实补正行为，不涉及新的犯罪事实或犯罪嫌疑人。上述几种定义的出发点不同，其表述方式以及内容也存在差别。因此在讨论审查起诉阶段补充侦查这一制度之初，首先应对该项制度的概念进行清晰明确的界定。

（二）概念界定

要对这项制度的概念进行界定，作为一项法律制度，我们首先应当寻求法律渊源。《刑事诉讼法》第 175 条规定：“人民检察院审查案件，可以要求公安机关提供法庭审判所必需的证据材料；认为可能存在本法第五十六条规定的以非法方法收集证据情形的，可以要求其对证据收集的合法性作出说明。人民检察院审查案件，对于需要补充侦查的，可以退回公安机关补充侦查，也可以自行侦查。 对于补充侦查的案件，应当在一个月以内补充侦查完毕。补充侦查以二次为限。补充侦查完毕移送人民检察院后，人民检察院重新计算审查起诉期限。 对于二次补充侦查的案件，

---

① 樊崇义主编：《刑事诉讼法学》，法律出版社 2004 年版，第 310 页。
② 陈光中主编：《刑事诉讼法》，北京大学出版社 2002 年版，第 247 页。
③ 袁家盛主编：《刑事侦查学》，中国政法大学出版社 2005 年版。
④ 陈兴实主编：《检察业务新论》，中国检察出版社 1999 年版，第 234 页。

人民检察院仍然认为证据不足，不符合起诉条件的，应当作出不起诉的决定。”《人民检察院刑事诉讼规则》第 342 条规定：“人民检察院认为犯罪事实不清、证据不足或者存在遗漏罪行、遗漏同案犯罪嫌疑人等情形需要补充侦查的，应当制作补充侦查提纲，连同案卷材料一并退回公安机关补充侦查。人民检察院也可以自行侦查，必要时可以要求公安机关提供协助。”从上述法律渊源中，我们可以发现该项制度的概念要素：

1. 启动于审查起诉阶段

从这项制度的名称可见，审查起诉阶段补充侦查是在案件侦查终结移送起诉后所启动的制度。这一制度产生的前提之一就是诉讼阶段理论。诉讼阶段划分理论作为苏维埃刑事诉讼制度中的重要内容对我国刑事诉讼制度产生了深远影响。该理论认为，刑事诉讼程序的任务是随着国家机关的复杂程度及与其联系的其他诉讼主体的活动的发展而实现的。诉讼阶段之间是相互独立而又相互联系的，每个阶段的划分是由诉讼的最终决定、特定的直接任务、参与诉讼的机关与个人的范围、实行诉讼行为的程序与刑事诉讼的特性所决定的。① 其主要包括直接的任务、一定的参与诉讼的主体、实行诉讼行为的特殊程序（诉讼形式）、刑事诉讼关系特性、诉讼的决定性文件五项要素。在苏维埃刑事诉讼制度中分为以下几个一般程序：提起刑事诉讼（立案）、预审（侦查与审查起诉）、审判、上诉审、判决裁定执行，以及审判监督再审与发现新情况再审的两个特殊阶段。我国在吸收上述经验的过程中，结合司法实践与习惯，设置了符合我国实际的不同诉讼阶段。从我国刑事诉讼法目录可以看出，我国刑事诉讼程序分为审前、审中、审后三大一般性诉讼阶段，呈流水式的诉讼进程。其中审前设置了立案、侦查、审查起诉三个小阶段，主要任务既包括对案件的程序性审查也包括对案件的实体性审查。程序性审查包括对案件管辖、移送案卷的规范性、移送起诉手续及法律依据的完备性以及犯罪嫌疑人强制措施情况的审查，用于判断是否属于所在检察机关的审查范围、犯罪嫌疑人是否在案等形式要件。实体性审查就是依托全案证据，对案件的事实、情节、

---

① ［苏］蒂里切夫等编著：《苏维埃刑事诉讼》，张仲麟等译，法律出版社 1984 年版，第 8 页。

法律适用进行审查判断，用以判断最终有无起诉的条件与必要性，从而提出处理意见。因此，为了实现这一目的，对于事实还存在疑问、证据还存在欠缺等情况应继续补充侦查、及时补正。但由于侦查阶段已然终结，从程序上无法再开展相应侦查活动，需要对原有侦查进行补正、重新展开证据调查而设置了该项制度，目的是更好地完成该诉讼阶段所独有的诉讼任务。

2. 制度启动及选择由检察机关决定

正如侦查机关在侦查阶段、人民法院在审判阶段处于中心地位一样，在任何诉讼阶段都存在一个处于关键性作用的主导性主体。《刑事诉讼法》第 169 条规定，“凡需要提起公诉的案件，一律由人民检察院审查决定”。作为在这一诉讼阶段的主导性主体，检察机关对于这一阶段作出的决定所引发的法律后果承担责任，其对于是否进入下一阶段或是回溯到侦查阶段具有绝对的主导地位，而并非附属于侦查机关。在这一主导地位下，上承侦查机关，下接人民法院，独立行使职权，在整个刑事诉讼中起到“阀门”作用，证据收集、审查、程序性事项的审查、证据合法性调查均在其列。检察机关对审判的事实条件与证据条件的把握具有专业性的判断，因此是否选择启动补充侦查程序，选择何种补充侦查程序，由检察机关综合案件办理需要作出，并且具有强制力、排他性的地位，启动的必要性要求也是检察机关认为犯罪事实不清、证据不足或者存在遗漏罪行、遗漏同案犯罪嫌疑人等情形需要补充侦查。尤其在退回补充侦查中，检察机关是作出决定的决策者，而侦查机关只是被动的执行者，不同于不起诉、不逮捕等终结性程序，在该程序中侦查机关没有程序异议权，只存在意见表达权，其应当接受检察机关作出的退补决定，并且按照相关要求执行。因此，无论是因程序的需求提出、程序考量还是最终的决定作出，甚至于部分程序的执行均由检察机关独享。

3. 分为多种补充侦查形式

从补充侦查的形式上来看，审查起诉阶段补充侦查较为灵活，表现为多种补充侦查形式，大体分为由侦查机关承担的补充侦查、由检察机关承担的补充侦查。由侦查机关负责的补充侦查包括在审查起诉阶段，侦查机关应检察机关要求补充的法庭审判所需的材料以及对证据合法性的补正，还有由检察机关决定的程序回转，启动退回侦查阶段的补充侦查。由检察机关承担的补充侦查则是由检察机关在审查起诉期间所独立进行的补充侦查活动，即检察机关自行补充侦查。这样多种的补充侦查形式根据案件情况、办案实际，由检察机关自行选择适用，赋予检察机关较大自由裁量权。

4. 启动需要一定条件

补充侦查程序只有"检察机关认为犯罪事实不清、证据不足或者存在遗漏罪行、遗漏同案犯罪嫌疑人等情形需要补充侦查"时方能启动该程序。犯罪事实不清不是指所有与案件相关的事实不清，而是指案件中法律事实存疑，既包括有罪事实存疑，也包括无罪事实存疑，还包括量刑事实存疑。证据不足既包括形式上的证据也包括实体上的证据，只有在无法通过现有证据还原法律事实的时候方能启动，证据内容缺失与程序瑕疵都可能启动补充侦查。遗漏罪行、遗漏同案犯罪嫌疑人是指遗漏本案犯罪嫌疑人所涉犯罪事实，以及遗漏与案件相关的犯罪嫌疑人。除上述事实要件以外，还存在关键性的程序性要件，即检察机关作出了启动必要性的判断，认为只有同时具备这两项条件才能启动补充侦查程序。可以看到，在补充侦查的规定中，处处可见检察机关的主导性地位与作用。

综上，通过对审查起诉阶段补充侦查制度的分析，我们可以对该制度的概念作出一个总结性的定义。审查起诉阶段补充侦查，是指检察机关在审查起诉阶段认为犯罪事实不清、证据不足或者存在遗漏罪行、遗漏同案犯罪嫌疑人等情形需要补充，由侦查机关或者检察机关在原有侦查工作基础上进行的进一步补充证据的一种侦查活动。

（三）概念辨析

由于审查起诉阶段补充侦查的特殊性，有必要将其与关联制度进行比较，准确把握其与关联制度之间的区别联系，更好地对该制度进行定义与划分。

1. 与原侦查之间的关系

审查起诉阶段补充侦查与原侦查之间有着千丝万缕的联系，原侦查是补充侦查的基础，补充侦查是原侦查的延续，补充侦查应以原侦查为范围展开，目的是补正原侦查中的疏漏和缺陷。补充侦查不能完全代替原侦查，原侦查也不能排斥补充侦查。

但是两者仍然存在根本的区别。一是启动条件不同。补充侦查的启动条件是检察机关认为犯罪事实不清、证据不足或者存在遗漏罪行、遗漏同案犯罪嫌疑人等情形需要补充侦查的；而原侦查启动的条件是有属于自己管辖的，需要追究刑事责任的犯罪事实。二是侦查主体不同。补充侦查的启动主体是承担审查起诉职能的检察机关，实施主体是侦查机关；而侦查启动主体与执行主体相同，都是有着侦查权的侦查机关。三是出发点不同。原侦查是从无到有的过程，是查明案件事实、收集证据的全过程，是查明事实真相的第一次侦查；而补充侦查是精益求精的过程，是指对原侦查已经形成的事实，收集的证据进行精细加工、组合，最后达到起诉条件的目的，更多是一种事后救济的作用。四是法律后果不同。原侦查终结后，由侦查机关作出移送起诉或撤销案件的决定，无须通知其他司法机关，但补充侦查终结后，原则上应由检察机关作出起诉或者不起诉的决定，退回补充侦查后的撤案也应告知检察机关知晓。

2. 与其他补充侦查之间的关系

从理论通说以及司法实践来看，补充侦查存在于审查批捕、审查起诉和法庭审理三个阶段，但是目前学术界关于审查批捕及审判阶段是否应该存在补充侦查有一定争议。审查批捕阶段本身尚属于侦查阶段，其只是对侦查强制措施的变更进行审查，其根本目的是延长羁押期限，检察机关向侦查机关出具的并非补充侦查决定书，而是继续侦查意见书，审查逮捕之后的检察机关意见更多是对侦查活动引导的建议，并不具有强制力，虽然在实践中，侦查机关往往会以检察机关的继续侦查意见书作为继续侦查的方向及内容，但是从诉讼阶段和功能来看，侦查阶段尚未结束。在侦查阶段起主导作用的仍是侦查机关，不存在所谓补充侦查的情形，其仍属于侦查活动的延续，仍由侦查机关自行决定并继续查明犯罪事实、收集犯罪证据，不具备补充侦查特有的回溯性，因此此时的侦查并非真正意义上的补充侦查。

在审判阶段是否存在补充侦查也存在一定的争议。刑事诉讼法规定检察人员发现提起公诉的案件需要补充侦查可以延期审理，同时规定人民检察院应当在 1 个月以内补充侦查完毕。《最高人民法院关于适用〈中华人民共和国刑事诉讼法〉的解释》规定，法院有补充侦查建议权，补充侦查决定权在检察院。但有学者认为，法庭审理阶段法院的补充侦查建议权违背了审判中立和集中审理的原则，会加剧控辩双方力量的失衡，损害司法公正，主张取消庭审阶段的补充侦查。同时，由于诉前程序已经终结，检察机关应当承担起诉后证据不充分所带来的法律后果。从相关规定我们可以看到，这一阶段虽然人民法院具有主导性作用，但由于其中立地位，其也只有补充侦查建议权，且局限于对被告人有利的补充侦查，无权提出对被告人不利的补充侦查事由。是否启动补充侦查的决定权仍在检察机关，并且这一规定已经明确指出由人民检察院补充侦查完毕，这就从侧面说明了法院审理阶段的补充侦查只能由检察机关自行补充侦查，而不能将案件直接退回公安机关补充侦查。当然，从司法实际出发，人民检察院对案件自行补充侦查既可以要求公安机关提供协助，也可以要求公安机关提供法庭审理所需要的材料。

3. 与另行侦查之间的关系

刑事诉讼法与司法解释中没有关于另行侦查的具体规定，只有《人民检察院刑事诉讼规则》在第 285 条规定，“人民检察院办理审查逮捕案件，不另行侦查，不得直接提出采取取保候审措施的意见”。一般情况下，在司法实践中，另行侦查是指对犯罪嫌疑人的其他犯罪事实或是涉嫌同一犯罪事实的其他犯罪嫌疑人所进行的独立于原侦查程序之外的侦查活动。这一侦查活动与补充侦查中遗漏罪行、遗漏同案犯罪嫌疑人有着一定的重合。

但是两者也存在一定的区别。一是补充侦查的漏罪一般情况下基本犯罪事实相对清楚，漏犯指向相对明确或是具有较大抓捕可能性，在短时间内足以予以补充。但另行侦查的漏罪、漏犯尚未明晰，需要较长的侦查期限予以核实及抓捕。二是两者起点不同，补充侦查以原侦查终结为起点，另行侦查漏罪或漏犯尚未经过侦查，从这个意义上说，二者实质上处于不同的诉讼阶段。三是补充侦查的漏罪、漏犯追诉的决定权在检察机关，即使检察机关将另行侦查范围内的漏罪、漏犯作为补充对象，在补充侦查期限内也无法实现；而另行侦查的启动权在侦查机关，其具有侦查启动的主动权。四是承担的任务不同。补充侦查的任务是完成原侦查遗漏的任务，另行侦查的任务是自始进行侦查并收集相关证据，二者在质和量上都有本质的差别。因此不能以补充侦查代替另行侦查，在追查漏罪、漏犯中要严格区别，避免不必要的程序回转与诉讼拖延。

二、审查起诉阶段补充侦查的主要任务

（一）赋予侦查机关重新侦查权

补充侦查制度随着诉讼阶段的产生而产生，是在侦查阶段终结之后，由该阶段起主导作用的主体依职权对侦查活动进行审查判断，认为原侦查所查明的事实以及获取的证据存在问题而进行补正的行为。当侦查主体认为其侦查对象犯罪事实清楚，证据确实、充分，需要对案件作实体或程序性处理时，就应作出侦查终结决定，移送检察机关审查起诉。所谓侦查终结，即侦查机关认为案件侦查行为已然结束，侦查阶段的任务已经完成。从“终结”的概念出发，侦查活动已经结束，侦查机关不应再对涉案事实继续享有侦查权。而当检察机关经过审查后，认为侦查阶段的任务并未完成，案件证据收集未达到起诉条件或是在审查过程中发现了其他关联事实、涉案当事人、证据线索、量刑情节，甚至于出现了无罪的可能性线索等，需要对侦查阶段形成的事实及证据进行补充完善，但由于原有的侦查阶段已经结束，侦查机关无法再就原事实自行重启侦查程序，因此需要一个对原有侦查活动进行补正的程序。通过启动补充侦查，由原侦查机关或者由检察机关予以完善，其本质上就是赋予侦查机关重新侦查权，继续对案件事实进行查明。

（二）对原侦查事实进行补充

刑事案件是刑事犯罪行为和犯罪结果的表现形式，是侦查活动的出发点。侦查活动以案件受理为起点，以查明案件事实为终点。每一个刑事案件作为一个事件，包括犯罪主体、犯罪对象、犯罪时间、犯罪空间等构成要素。[①] 还有学者认为应包括犯罪工具、犯罪手段、犯罪痕迹

---

① 张玉镶主编：《刑事侦查学》，北京大学出版社 2014 年版，第 49 页。

等。[①] 侦查行为就是围绕这些要素展开，并据此描绘案件事实的。犯罪嫌疑人的逃避、侦查人员的失误、自然原因以及第三者破坏都有可能会影响侦查效果，进而影响侦查事实的认定。由于侦查主客观条件的限制，导致大量案件无法在此期间内完成，因此侦查机关只有依靠在此期间形成的证据材料对案件作出认定，其结果往往无法真实反映案件的全貌。此外，由于侦查机关或者侦查人员囿于多种因素，对案件有着自身的判断，其侦查方向会产生一定的偏差，导致其所证明的事实与真实情况出现不一致。

审查起诉的任务之一就是审查“有无遗漏罪行和其他应当追究刑事责任的人”，系检察机关通过对侦查方向、法律适用、遗漏事实、遗漏犯罪嫌疑人的评判认定所作出的，针对未查清以及遗漏的犯罪事实或者犯罪嫌疑人的补充要求，对原案件中构成要素的完善，即对原侦查事实的补充。另一任务就是审查“是否属于不应追究刑事责任的”，由于案件事实的差异性，任何细微的事实都可能左右是否构成犯罪或者是否需要承担刑事责任，因此通过对侦查阶段未查明的可能存在的无罪、罪轻事实的补充查证，准确对犯罪嫌疑人所实施的行为作出法律判断与事实认定，避免无罪的人被追诉、罪轻的人受到重的处罚。使检察机关正确地行使诉权，也是补充侦查对侦查事实补正的正向作用。

（三）对原侦查证据进行补充

刑事证据是认定案件事实的基础和支撑，是整个侦查活动的中心，各种侦查措施和手段的应用都是为了获取证据。获取证据的过程主要包括发现证据、收集固定证据、专门性问题的鉴定以及对证据的审查判断。补充侦查的中心亦为对原侦查证据的补充获取，具体体现在三个方面：

一是对原有证据的补充。由于侦查活动本身的倾向性，在侦查过程中长期存在重有罪证据、轻无罪证据，重定罪证据、轻量刑证据的倾向。检察机关审查证据是对案件的全面审查，通过审查起诉程序认为原侦查行为所认定案件事实的证据不足时，通过补充侦查，弥补原证据收集中的缺

① 许昆主编：《侦查学》，高等教育出版社2016年版，第123页。

失、解决原侦查所获证据之间的矛盾、对某些专门性问题进行补充鉴定，排除或证实犯罪嫌疑人的辩解，从而解决合理怀疑，为检察机关以及人民法院作出是否构成犯罪的判断奠定证据基础。同时，对证实案件事实的证据予以补充，为准确认定犯罪嫌疑人的地位作用、罪轻罪重等情节，以及精准化量刑提供依据，依法保护犯罪嫌疑人合法权益。

二是对原有侦查程序的完善。《刑事诉讼法》第56条第1款规定，“采用刑讯逼供等非法方法收集的犯罪嫌疑人、被告人供述和采用暴力、威胁等非法方法收集的证人证言、被害人陈述，应当予以排除。收集物证、书证不符合法定程序，可能严重影响司法公正的，应当予以补正或者作出合理解释；不能补正或者作出合理解释的，对该证据应当予以排除”。补充侦查的重要作用之一就是在出现非法证据可能情形时，对证据收集的合法性进行补正。对于言词证据，通过调取录音录像、体检证明、侦查人员说明情况等证据，重现侦查过程；针对物证、书证收集程序存在瑕疵的情形，通过补充侦查，说明瑕疵发生的原因，对于能够完善的进行补正，确保证据合法性，避免瑕疵证据因程序性瑕疵被排除。

三是证据被排非后的重新侦查。传统的“由供到证”的侦查模式，让侦查机关根据犯罪嫌疑人的供述或者被害人的陈述收集物证、书证等证据来完成对案件事实的证明。司法实践中，侦查机关往往认为言词证据，尤其是犯罪嫌疑人的供述是“证据之王”，通过审讯突破口供，收集证据、深挖余罪，当犯罪嫌疑人拒不供述时，往往缺乏其他有力的侦查方法推进案件进展。对口供的重视，必然容易出现刑讯逼供、诱供、骗供的情形。当证据因出现非法证据排除事项被排除后，极有可能需要重新收集固定。《人民检察院刑事诉讼规则》第73条规定，在排除非法证据后，没有其他证据能够证明犯罪嫌疑人实施了犯罪行为的，已经移送起诉的，应当退回补充侦查。通常情况下，非法获取的证据往往对构成犯罪的事实认定具有关键性作用。当因出现非法证据排除情形，导致证据被排除后，原有证据所反映的案件事实已不能或不足以被证明时，原侦查所形成或认定案件事实的基础已然不再存在或存在一定的缺失，实质上就是重新进行侦查，原侦查行为退回到了侦查之前，需要重新确定侦查方向、制定侦查计划、收集新的证据，用以证实原有的案件事实或是形成新的案件事实。

（四）对法律救济进行补充

补充侦查除了对原有侦查证据的补充，同样还有对案件的程序处理作用。侦查活动是对行为人涉嫌犯罪事实立案之后的调查行为，对犯罪嫌疑人的相应权利进行限制甚至于剥夺。而犯罪嫌疑人也可以通过补充侦查实现对自身权利的救济。补充侦查往往发生于犯罪嫌疑人、辩护人所提出的合理解释之后，查明案件事实、查明原侦查行为是否恰当、查明是否应被追究刑事责任成为补充侦查的主要任务。实践中，检察机关往往根据侦查机关补充侦查的结果对案件决定是否结束办理，对于不构成犯罪的案件，检察机关依法作出不起诉决定，部分案件退回公安机关补充侦查后发现犯罪嫌疑人不应当被追究刑事责任的情况，公安机关也可以自行作出撤销案件的决定。通过这一程序性终止的处理方式，可以实际上终结对犯罪嫌疑人刑事责任的追究，是对原有侦查中犯罪嫌疑人的权利救济，是在检察机关不起诉之外，给补充侦查后发现不构成犯罪的犯罪嫌疑人更及时的救济方式。

三、审查起诉阶段补充侦查的意义

德国法学家耶林说过："目的是全部法律的创造者，每条法律规则的产生都源于一种目的，即一种事实上的动机。"[①] 任何规则的设置都有着其目的，也发挥着规则设计时所预设的作用。审查起诉阶段补充侦查作为弥补前一诉讼阶段事实或证据认定方面的错误，或者纠正前一个诉讼阶段实体处理方面的错误结果[②] 而设计的制度，无论是在理论上还是在司法实践中都有着积极的意义。

（一）保证法正义价值的实现

1. 为满足刑事诉讼实体正义价值的需要

法的正义的标准，通过法对权利和义务的分配得以确立。[③] 现实社会中因为法的存在，就必然有违法犯罪的产生，其本质上就是违反法的行

---

① 钱鹏:《耶林权利哲学思想述论》，南京师范大学2006年硕士学位论文。

② 汪海燕:《论刑事程序倒流》，载《法学研究》2008年第5期。

③ 卓泽渊:《法的价值论》，法律出版社2018年版，第384页。

为。任何违法犯罪是对法、对权利义务现有分配的破坏，是对法正义价值的侵害。因此，惩罚违法犯罪是保障法正义价值的有效方式。实体正义具体表现为查明违法犯罪者的行为、抑制违法犯罪者的罪行、校正被破坏的正义标准，以及使有违法犯罪可能者远离犯罪。但“徒法不能自涉”，刑法所规定的实体正义需要通过刑事诉讼的行使才能得以实现。刑事诉讼中的正义价值包含三个层面的内容：一是违法犯罪的人得以被惩处；二是无辜的人不被追究；三是被追究的人罪责刑相适应。实体正义同样也有涉及。在刑事诉讼的运行过程中，第一层面的价值与第二层面的价值往往有所冲突，但如果放弃了其中任何一个方面，都无法实现真正意义上的实体正义，而第三层面价值的实现经常附属于第一层面价值的要求。因此，在刑事诉讼过程中实现实体正义就是要保证这三方面的内容同时实现。

对违法犯罪的人进行惩罚，首先要证明其实施了违法犯罪的事实，并且还要证明其违法犯罪的程度以及社会危害性。该证明的前提就是收集相关的证据。《人民检察院刑事诉讼规则》中规定的补充侦查的启动条件是“犯罪事实不清、证据不足或者遗漏罪行、遗漏同案犯罪嫌疑人等情形”。我们可以看到，犯罪事实不清、证据不足就要收集新的证据来证明构成犯罪的要件，因此打击犯罪是补充侦查的首要意义，否则就应当表述为“案件事实不清、证据不足”，其补充证据就是为了证明犯罪事实。对于漏罪、漏犯的追究更是追诉犯罪的鲜明体现，否则应当表述为“对遗漏相关案件事实、遗漏同案当事人等情形”。因此，补充侦查启动的首要追求是要查明犯罪事实或追查新的犯罪事实或者新的犯罪嫌疑人，这是符合实体正义第一层面要求的。

在惩罚犯罪的同时，刑事诉讼中的实体正义更重要的内容是避免无辜的人不被追诉。法的正义价值之一就是惩罚违法犯罪，而惩罚违法犯罪的前提就是准确查明事实，让无辜的人不会受到法律的追究，否则对法的正义价值伤害更大。我们可以看到，实践中，一个冤假错案对法正义价值的破坏极大。而补充侦查的目的除查明犯罪事实外，还需查明非犯罪事实，这也是刑事诉讼法的要求，要对是否构成犯罪的证据进行全面收集，这样才能作出准确的法律评价。同时，在补充侦查后，如果认为证据不足，或是查明不构成犯罪的，公安机关或者检察机关也会秉持正义的原则，对案件作出终局性的处理决定。

除追求案件事实真相外，实现实体正义的另一个重要要素就是准确认定犯罪嫌疑人的刑事责任，能够准确适用刑罚权。因此，除需要准确认定定罪事实外，还需要认定量刑情节。在案件侦查过程中，还应查明犯罪嫌疑人罪重、罪轻的事实并收集相关证据，以实现刑法上的罪责刑相适应。尤其是针对罪轻的证据收集，由于侦查的天然社会控制属性，决定了其容易陷入重刑主义的桎梏，只收集证明犯罪嫌疑人构成犯罪以及罪重的证据，而忽略其罪轻的证据。检察官作为“站着的法官”，其客观公正义务势必要求全面客观地评价犯罪嫌疑人，准确适用法律，而这一前提则需全面收集证据，补充侦查就可以从检察官的角度评价侦查行为，弥补重刑主义倾向，从而及时纠正侦查中的疏漏。

2. 补充侦查也是对程序正义的修复

程序正义是校验司法活动是否公正的固有标准，它影响着诉讼活动的全过程。罗尔斯在《正义论》中将程序正义分为两种，即完善的程序正义与不完善的程序正义。完善的程序正义可以通过两种方式来实现：“其一，程序正义途径，即借助程序的正义来产生最终结果的正义，从这种途径而言其实正像谷口安平教授所评述的一样，完善的程序正义首先是一种纯粹的程序正义；其二，实体正义途径，即借助独立于程序而存在的实体正义的评判标准来确立结果的正义。”[①] 由于人们对实体正义认识的有限性，因此通过正义程序的途径来实现程序正义是一种积极的形态。但是在实践中，完善的程序往往很难构建。不完善的程序正义就是通过刑事诉讼程序来展现的。由于人们认知的局限性及滞后性，往往无法确定行为人是否确实实施了犯罪行为。因此确定某人是否构成犯罪，需要通过一系列的诉讼行为来实现。即便有着明确的犯罪标准，也只能通过程序完成。由于程序设计的不完善性，现实中通过不完善程序来实现实体正义也是一种迫不得已的妥协。比如“无罪推定原则”就是一种对犯罪的妥协，当司法者遵循

① ［日］谷口安平：《程序的正义与诉讼》，王亚新、刘荣军译，中国政法大学出版社 1996 年版，第 36 页。

法定程序查明事实、收集证据之后，仍不能对结果进行确认的，那姑且就认为其结果是正义的，这就是谷口安平教授所言的“理论上是不完善的程序正义在制度上却作为纯粹的程序正义而发挥了作用”[①]。

审查起诉阶段补充侦查也是一种程序上的妥协。诉讼阶段论认为，当诉讼阶段完成时，其任务已经完成，程序已经终结，其得出的结论应当是终局性的结论。因此，检察机关只需要作出对侦查机关意见的判断即可，不应当进行相应的补充，更不能决定程序回转重新侦查。因为只要补充或者程序回转，就必然不符合公平的原则，不再符合正义的要求。同时，程序回转或诉讼拖延变相增加了诉讼相对方的败诉可能性，因此也不符合程序正义的追求。但从程序正义与实体正义的关系上来看，实体正义是起点也是归宿，程序正义是过程也是保证[②]，程序正义是为实体正义而服务的。因此，必要的回转同样有着正义的价值，因为正义也需要真相，正义也需要全面，不真实的正义也不是正义。同时，对于瑕疵证据，其必然在收集过程中存在不正义的过程，但对其的修正，使其可以符合程序正义的要求，进入诉讼程序并被使用，是因为所存在的瑕疵不足以对其正义价值产生否定性的影响，其也是经过程序正义的修复而为实体正义服务的。因此，补充侦查这个不完善的程序正义是为保障纯粹的程序正义所服务的。

同时，根据程序正义理论，一项制度在实现实体正义的同时，还需要具有其独立的程序价值。审查起诉阶段补充侦查对侦查程序的完善是其独立的程序价值。任何制度在设计之初都有一整套完美的运行规则以及实现这一规则的必要保证。但无一例外的是，任何制度在实际运行过程中，都会存在这样或那样的漏洞，使之无法达到制度设计的理想状态。因此，成熟的法治国家往往在适用一套常规程序背后附带创建或者完善另一套程序来补救常规程序本身无法解决的问题。审查起诉阶段补充侦查就是这样的制度，通过非常规性的运行模式，尽可能地补上这一漏洞，使得刑事诉讼程序回到运行的正态化轨道上去，实现制度设计的初衷。

---

① ［日］谷口安平：《程序的正义与诉讼》，王亚新、刘荣军译，中国政法大学出版社1996年版，第4—5页。

② 卓泽渊：《法的价值论》，法律出版社2018年版，第382页。

3. 是打击犯罪与疑罪从无的“调和剂”

疑罪从无理论是现代司法中的一项基本原则，也是刑事诉讼中的基本原则。但在我国社会控制模式下的刑事司法中，打击犯罪仍是侦查机关与检察机关的主要任务。在这一现状下，打击犯罪与疑罪从无之间的矛盾冲突势必导致疑罪案件的两难选择，在打击犯罪理念的影响下，移送起诉势必代表侦查机关的有罪判断，其必然追求定罪处罚；但在疑罪从无的理念下，事实不清、证据不足的情况亦会导致疑罪的无法认定。审查起诉阶段的补充侦查就充当了这两个理念的“调和剂”，如果通过补充侦查查明了犯罪事实，补充了有罪证据，达到了起诉条件，则进一步排除了疑罪中的疑点，疑罪从无势必无用武之地；如果通过补充侦查查明了案件事实，证实犯罪嫌疑人无罪或者罪轻，也为最终认定提供了足够的依据。

（二）为刑事诉讼顺利实施提供保障

1. 为查明案件事实提供保障

侦查的主要目的就是判断是否发生了犯罪、实施犯罪的人及犯罪的性质、轻重。《比利时重罪审理法典》第 28（2）条规定，“侦查是为了调查犯罪、犯罪行为人，收集对提起公诉有用的材料所进行的全部活动”。[①]《泰国刑事诉讼法典》第 2 条规定，“‘侦查’是指为确认犯罪事实或被告人是否有罪并加以惩罚，由侦查人员根据本法典的相关规定进行的证据收集和其他程序性工作”。[②]《澳门刑事诉讼法典》第 245 条规定，“侦查系指为调查犯罪是否存在、确定其行为及行为人之责任，以及发现犯罪及收集证据，以便就是否提出控诉作出决定而采取之一切措施之总体”。总的来说，侦查职能包括三个方面：一是查明有无犯罪的发生。侦查的目的是查明犯罪，因此有无犯罪的发生是侦查是否启动的关键，不论采用何种侦查手段和措施，其首要任务都是判断有无犯罪行为的发生。二是确定犯罪嫌疑人。刑事侦查的目的是查明行为人的犯罪行为，因此，侦查活动既包

① 陈卫东主编：《刑事立案与侦查——外国刑事诉讼法有关规定》，中国检察出版社 2017 年版，第 465 页。

② 陈卫东主编：《刑事立案与侦查——外国刑事诉讼法有关规定》，中国检察出版社 2017 年版，第 97 页。

括对事的侦查，也包括对人的侦查。对事的侦查就是侦查对象已经明确，犯罪嫌疑人有着明确的指向，主要查清其所实施的行为。对人的侦查就是已经查明犯罪事实，但尚未明确犯罪嫌疑人。三是查明犯罪的性质和轻重。刑法确定了罪责刑相适应原则，要求犯罪人承担与之罪行相应的刑罚。因此，侦查既要收集其有罪、罪重的证据，也要收集无罪、罪轻的证据，明确犯罪的性质和轻重，以便于最后作出相应的、准确的司法处理决定。在诉讼过程中，往往存在案件起因不明、主要事实不清、事实情节之间存在矛盾的情形，这一系列问题都需要检察机关作出专业判断后引导侦查机关予以解决。

2. 为证据完善提供保障

事实的查明需要证据予以支撑。刑事诉讼法规定，我国侦查终结、起诉、审判的证据标准同一，均为“确实、充分”。由此可见，我国的证据标准，尤其是侦查终结以及起诉的标准已经超出国际通行的证据标准。为了保证公诉活动的质量，作为其基础，侦查活动的质量理应更被关注。补充侦查活动可以弥补初次侦查活动的疏漏，补充相关证据，从而达到证明标准。通过审查起诉阶段补充侦查，一方面可以提升主要证据的证据能力。证明案件事实的主要证据如同修建房屋的房梁，主要证据的证据能力存在疏漏，整个案件的证明体系即告崩塌。补充侦查活动是补充和核实案件证据的有力途径，通过对主要证据客观性、关联性、合法性的审查及补正，以保证证据材料的证据能力。另一方面可以完善证明体系。与辩护方不同，我国刑事诉讼的证明责任归属于检察机关，其需要通过形成严密的证据锁链、排除合理怀疑从而达到证明案件事实的目的。如果证据锁链之间无法环环相扣，则容易被辩护人攻击。通过补充侦查，可以进一步完善证据缺漏，使证据体系更趋完善。不构成犯罪的证据也有可能在补充侦查中予以收集，既可以使程序尽早终结，也符合刑事诉讼活动的目的。

3. 为侦查监督提供保障

检察机关作为法律监督机关，在刑事诉讼过程中，对侦查活动当然具有监督权，根据《人民检察院刑事诉讼规则》第 567 条规定，人民检察院应当对侦查活动中是否存在以下违法行为进行监督：（1）采用刑讯逼供以及其他非法方法收集犯罪嫌疑人供述的；（2）讯问犯罪嫌疑人依法应当录音或者录像而没有录音或者录像，或者未在法定羁押场所讯问犯罪嫌疑人的;（3）采用暴力、威胁以及非法限制人身自由等非法方法收集证人证言、被害人陈述，或者以暴力、威胁等方法阻止证人作证或者指使他人作伪证的;（4）伪造、隐匿、销毁、调换、私自涂改证据，或者帮助当事人毁灭、伪造证据的;（5）违反刑事诉讼法关于决定、执行、变更、撤销强制措施的规定，或者强制措施法定期限届满，不予释放、解除或者变更的;（6）应当退还取保候审保证金不退还的;（7）违反刑事诉讼法关于讯问、询问、勘验、检查、搜查、鉴定、采取技术侦查措施等规定的;（8）对与案件无关的财物采取查封、扣押、冻结措施，或者应当解除查封、扣押、冻结而不解除的;（9）贪污、挪用、私分、调换、违反规定使用查封、扣押、冻结的财物及其孳息的;（10）不应当撤案而撤案的;（11）侦查人员应当回避而不回避的;（12）依法应当告知犯罪嫌疑人诉讼权利而不告知，影响犯罪嫌疑人行使诉讼权利的;（13）对犯罪嫌疑人拘留、逮捕、指定居所监视居住后依法应当通知家属而未通知的;（14）阻碍当事人、辩护人、诉讼代理人、值班律师依法行使诉讼权利的;（15）应当对证据收集的合法性出具说明或者提供证明材料而不出具、不提供的;（16）侦查活动中的其他违反法律规定的行为。

履行侦查监督职能，需要通过相应的刑事诉讼程序予以规范。补充侦查就是履行这一职能的法定手段。首先，在审查起诉阶段，检察机关运用补充侦查制度查明证据是否存在违法情形、违法原因，从而决定是否排除证据。在非法证据排除后，补充新的合法证据，使之达到起诉要求，这也是侦查监督职权的有效体现。其次，检察机关作为程序的“过滤器”，对于证据收集情况进行把握，将不符合起诉条件的案件剔除出刑事诉讼程序，避免了侦查权滥用的情形，预防错案的发生。最后，检察机关通过行使补充侦查权，对原本应当查明的事实、收集的证据提出补充的要求，对原本应当移送起诉的事实以及犯罪嫌疑人要求补充移送，可以避免出现怠于侦查的情形，从而使有罪的人得以被追诉。

（三）适应我国司法实践的需要

1. 适应我国诉讼构造的独特模式

所谓诉讼构造，是指诉讼参与主体在刑事诉讼中的定位以及相互关系。我国宪法对检警之间的诉讼构造进行了规定，两者“分工负责、互相配合、互相制约”。我国作为“检警分立”的诉讼构造模式，两者独立行使权力，公安机关具有独立的侦查地位。不同于“检警一体”的指挥侦查模式，在“检警分立”下，检察官不能直接领导公安机关侦查人员开展侦查活动，只能对侦查方向提出意见建议。在这样的分工模式下，必然会出现不同部门对事实存在不同的认识的情形。因此，当公安机关认为案件已经达到起诉条件可以终结侦查，但检察官经审查后认为需要补充相关证据时，就产生了补充侦查的问题。此时，就需要一种具有强制力的手段保证侦查机关落实检察机关的补正要求。据此，刑事诉讼法将审查起诉阶段补充侦查作为一项专门制度确立下来，就是为了适应我国诉讼构造模式，完善检警之间的协作关系以及侦查阶段与审查起诉阶段的程序衔接，增强补充侦查的强制力与有效性，使侦查结果适应起诉以及审判要求，使案件顺利进入司法审判程序。

2. 有效实现人权保障

刑事诉讼的人权保障功能分为两个方面：一是保障无辜的人不被追诉；二是保障犯罪嫌疑人的合法权益。补充侦查的重要功能之一是使犯罪的人得到应有的惩罚，保障无辜的人不被错误追诉。在某种层面上，保护无辜的功能大于追诉犯罪，错误的追究比审判落空对于社会伤害更大。后者伤害的是人民群众对司法机关及人员能力的信任，这一能力可通过有效的培训及补正等客观手段予以弥补和提升，更多是技术层面因素。但前者伤害的是人民群众对公平正义理念的信仰，这种伤害是观念层面上的，聂树斌、赵作海、呼格吉勒图等冤假错案带给司法公信力的伤害是根本性的。因此，通过审查起诉阶段补充侦查，可以避免侦查机关只收集犯罪嫌疑人有罪、罪重的证据，忽视无罪、罪轻的证据，从而准确认定案件事实。

补充侦查另一人权保障功能则是保障犯罪嫌疑人的合法权益。侦查权具有强制性，侦查阶段具有秘密性与封闭性，这一特点易于造成侦查机关对侦查对象权益的侵害。这一现象既严重损害了犯罪嫌疑人的合法权益，也影响了侦查质量与证据效力。在审查起诉阶段补充侦查中，通过对非法证据的排除、瑕疵证据的补正，实现检察机关对侦查行为合法性的监督，防止侦查权的滥用，既保证了侦查权基本权能的实现，也保证了犯罪嫌疑人的合法权益。

3. 提升侦查质量

由于公安机关同时承担着刑事侦查与维护社会治安的双重任务，警力不足、工作繁杂、精力分散、专业性不够等矛盾导致侦查质量难以得到保证，侦查工作不能满足刑事诉讼的需要。因此，在司法实践中，侦查质量的保证很大程度上依托补充侦查的引导与过滤功能，刑事诉讼对补充侦查存在一定依赖性。同时，随着刑事诉讼理念的不断发展，尤其是庭审实质化的提出，对司法人员提出了更高的要求。随着经济社会发展，大量新类型、新形式的犯罪形态与证据的出现，犯罪呈现复杂化、智能化、组织化的趋势，给传统的侦查模式、能力、技术装备等方面带来了巨大的挑战。大量疑难复杂案件只能通过补充侦查来满足起诉与审判的需要，补充侦查成为现实条件下提高侦查质量的权宜之计。因此，随着犯罪复杂化形势的发展，审查起诉阶段补充侦查越来越成为保证侦查质量的手段及补充。此外，通过补充侦查，检察机关将案件起诉的证据与事实标准传递给侦查机关，使之了解案件审查起诉的具体要求，将这一标准贯彻到侦查过程中，从侦查之初就按照起诉乃至审判标准收集证据，避免出现侦查瑕疵。

第二节　审查起诉阶段补充侦查制度的理论基础

理论是制度的灵魂，制度的设计必须以科学的理论为基础。审查起诉阶段补充侦查制度的诞生是符合诉讼规律与司法规律，深度契合现代刑事司法理念的。

一、实现实体正义的要求

大陆法系国家的刑事诉讼制度向来重视发现案件事实，即所谓“实质真实发现主义”。“法院关于事实及证据不为当事人之意思所拘束而务期发现实质上之真实之事实也"[①]，法院不以案件当事人所陈述的事实及提供的证据为限，从而行使自行调查权，追求查明案件客观事实。英美法系的"形式真实发现主义"与之相对应，是指在诉讼中法院关于事实及证据恒为当事人之意思所拘束而仅需发现形式上之真实事实也。[②] 法院以案件当事人所陈述的事实以及提供的证据为限作为判决基础，只追求案件裁判的形式正义，不主动调查案件事实。在案件裁判中，不论当事人所陈述的事实、提供的证据是否真实，只以形式上所反映的案件真实为限。两者的根本区别在于是否以当事人所能提供的证据为限而作为裁判依据，这也是职权主义与当事人主义两大诉讼模式在真实观上的区别。实质真实发现主义中的"真实之事实"与我国刑事诉讼中的"客观真实"意思相似，功能相仿。

实质真实发现主义一般存在于职权主义模式下的大陆法系国家以及深受职权主义模式影响的其他国家，是职权主义刑事诉讼模式之原理。"刑事诉讼既在于决定国家刑罚权是否存在，则应以真实之事实为裁判之依据，对于犯罪者科以应得之刑罚，并避免罚及无辜，是以实质真实之发见，向被认为刑事诉讼之目的。因之，所谓实质真实主义遂成为刑事诉讼之原理，而与职权主义发生密切关系。"[③] 在实质真实观下，是否追诉犯罪嫌疑人，追诉何样的犯罪行为，最终对其作出何种判决，均应建立在最接近客观真实的事实之上。所有决策者（包括作出起诉决定的检察官、作出判决的法官）都应当在查明客观真实的前提下作出决定，而不依赖于其他当事人的配合与否。需要注意的是，这种实质真实并非绝对的真实，"刑事诉讼之目的，固在发见实体的真实；但所谓实体的真实主义，固受制度之限制，人力之限度，欲达成绝对的客观的真实势所难能。盖所谓绝对的真实，系指在人类世界中虽经无限度追求，亦无法达成之极限概念。在诉讼制度上为符合迅速裁判之要求，并受审级之限制，未能以无限之时间，无穷之劳者，期求达此绝对真实之目的。因之，实体之真实主义，在此制

① 陈瑾昆:《刑事诉讼法通义》，朝阳学院 1930 年版，第 8 页。
② 陈瑾昆:《刑事诉讼法通义》，朝阳学院 1930 年版，第 8 页。
③ 蔡墩铭:《刑事诉讼法论》，五南图书公司 2002 年版，第 26 页。

度之下所寻求者，仅系近乎绝对之真实；且裁判一经确定，本法的安全性之要求，对该案件即不得再有所争执，乃有‘确定即真实’之格言。”[①]这种实质真实就是对案件事实的无限接近。同时，这种真实也不是所有事实的真实，其所查清的也只是对案件办理起到影响作用的事实，仅限于具有法律意义的事实，即与案件的定罪量刑相关且所必要的事实，其他事实即便模糊或是无法查明，也无法对案件定罪量刑起到影响，无须进行查明。我国刑事诉讼制度自古都以查明客观真实的纠问制诉讼模式为传统，其目的在于“罚有罪而保无辜”这种传统延续至今，虽然近年来引入了大量当事人主义的诉讼构造，但是在案件事实发现上，现行刑事诉讼法仍然将自身的直接任务确定为“保证准确、及时地查明犯罪事实，正确应用法律，惩罚犯罪分子，保障无罪的人不受刑事追究”，而这一标准就是实质真实理论的要求。

职权主义模式下的实质真实发现主义不仅是侦查机关、检察机关需要查明客观事实，法官在审判过程中也要依照职权查明案件事实，甚至检察官在庭审中的作用较之法官更为消极。“法院不需要也不能依赖当事人主动提供证据。法院确定案件事实的职责进一步意味着当事人双方没有证明责任。起诉方当然要提供一些证据为了使案件进入审判；然而一旦法院决定对案件进行审理，任何一方当事人都不再有提供证据或使法院确信他主张为真实的责任。基于同样的理由，任何自白或者是被告人宣称要求定罪的愿望都不能最终解除法院发现事实真相的责任；甚至被告人同意授权法院根据不充分的证据对他定罪也是同样的。”[②]实质真实发现主义虽为审判制度提出的一项基本主张，但要使消极的实质真实发现主义发挥作用，审前程序的办案人员及办案方式也非常重要。刑事诉讼活动有其自身的规律，侦查活动如果等到审判阶段才予以查明，往往为时已晚。侦查活动作为起诉与审判活动的基础与依据，如果侦查活动本身存在问题，就会阻碍

---

① 转引自张建伟：《从积极到消极的实质真实发现主义》，载《中国法学》2006年第4期。

② ［德］托马斯·魏特根：《德国刑事诉讼程序》，岳礼玲、温小杰译，中国政法大学出版社2004年版，第2页。

案件真相的发现，同样会使实质真实发现主义对公民权利义务的保护无法实现。因此，强化审前机关的客观义务和公平注意意识，绝非可有可无。而这一目的的实现，除了需要提升侦查人员与人员的能力与意识，必要的审前程序设置也同样重要。因此，审查起诉阶段补充侦查制度随之诞生。

首先，刑事诉讼活动发现客观真实需要补充侦查的存在。正如前文所言，探索客观真实是职权主义诉讼模式下的基本原理，也是重要的价值取向。通过探寻客观真实，收集相应诉讼证据，将客观真实转化为法律真实，通过发现客观真实查明案件事实真相，通过收集证据，实现法律真实。补充侦查则实现了对查明事实与证据收集的统一。《法国刑事诉讼法典》中规定由共和国检察官向预审法官提出相应的书面立案侦查意见书，指出犯罪事实以及涉案罪名，要求对相关事实进行侦查。预审法官则根据共和国检察官的文书进行侦查。在侦查过程中，共和国检察官可以提出补充侦查意见书，侦查终结时提出终结侦查意见书，由预审法官作出终结审查裁定书，进而作出起诉或者不起诉的裁定。当预审法官获知立案侦查意见书中并未涉及的事实时，立即向共和国检察官报送与该事实相关的材料。在这种情况下，共和国检察官得提交补充侦查意见书，要求预审法官对新的事实进行侦查或作出相应的决定。① 以上可以看出，法国预审法官在就全面的事实进行侦查，并且可以就立案侦查意见书未涉及的内容向检察官报送相关的材料。《日本刑事诉讼法》第1条规定，刑事诉讼法的目的是“以在刑事案件上，于维护公共福利和保障个人基本人权的同时，明确案件的事实真相，正当而迅速地适用刑罚法令为目的”。因此，查明案件真相、正确适用法律也是日本刑事诉讼制度的目的。我们可以看到，要查明案件其主要手段就是通过侦查或者调查活动，收集证据从而实现诉讼认识真实。补充侦查就是因为原有的侦查活动没有足以查明案件事实或是没有全面反映案件事实，导致出现了认识错误或是不足以证明案件真实情况，需要继续查证事实而进行的程序。在追求案件客观真实，实现诉讼真实的情况下，必然需要补充侦查。

---

① 陈卫东主编:《刑事立案与侦查——外国刑事诉讼法有关规定》(下)，中国检察出版社2017年版，第581页。

其次，客观真实的发现也是一个逐步发展的过程。同时，在哲学认识论中，认识本身就是从客观到主观再到客观的过程，需要依托认识对象到认识主体再到认识对象的反馈过程。刑事诉讼活动作为一种认识活动，即通过对侦查或者裁判主体基于对证据的客观反映来实现认识案件事实的过程。因此，在诉讼认识活动中，证据的客观性以及真实性起到决定作用。“在具体的刑事诉讼活动中，对于案件的客观真实情况，侦查人员在充分发挥主观能动性的基础上，通过对案件进行各种调查研究，从而对所发生在过去的案件真实情况做出相应的结论。”① 正是因为认识是一个在主体与客体之间反复的过程，其受到时间、空间等客观条件以及认识主体自身认识能力等主观条件的限制，侦查人员往往要多次反复才能达成准确的认识，才能够准确地调取证据。此外，从证据本身来说，也不是一成不变的，即便是客观证据也可能产生变化。以尸体检验为例，由于尸体会随着时间的变化而变化，因此，真实的死亡原因有可能会在数小时乃至数天之后才会显现。“对法医临床鉴定而言，随着时间的变化，人体损伤及其损伤并发症和后遗症等会发生相应改变。同时，损伤情形因人而异，损伤的自我修复也是一个动态变化过程。”② 同时，由于侦查过程的不断推进，发现的新的证据会改变原有的侦查认识。因此，侦查人员由于受到多方因素的影响，在原侦查过程中受到制约，导致对原有事实的认识不够准确，继而出现错误的认识。美国学者巴里·谢克等人所著的《清白的罪犯》里记录的通过DNA实验反映，“65名被收监或打入死牢的囚犯是完全无辜的”。③ 因此，补充侦查作为对原侦查活动的再侦查，其实就是对原侦查活动的再认识，这是由认识论规律所决定的。

最后，对于侦查规则的规范也同样需要补充侦查。检察机关审查案件后发现可能存在侦查瑕疵时，侦查活动的不完整或者不合法会影响对案件实质真实的发现，侦查人员的失误乃至有意造假或者隐瞒也会影响结果，

---

① 陈光中:《诉讼法理论与实践》，中国人民大学出版社2003年版，第146页。

② 梁小锋:《法医临床司法鉴定意见错误产生原因分析》，载《法制与社会》2017年第27期。

③ [美]巴里·谢克、彼得·诺伊菲尔德、吉姆·德怀尔:《清白的罪犯》，黄维智译，中国检察出版社2005年版。

诸多冤假错案暴露侦查对审判的影响乃是根深蒂固的，因此需要在审前设置一个过滤与核查程序予以保障，“司法的职务在适用法律时必须寻求法律上的真理，在认定事实时必须寻求事实上的真实”。[①] 因此，补充侦查制度也是程序手段合法的保障。

二、实现程序正义的体现

程序正义论认为，程序正义是法所固有的检验司法活动公正与否的标准。其要求之一就是中立性，即任何人不应当是自己的法官，在结果中不应当含有矛盾纠纷解决者自己的利益，并不应有支持或反对任何一方的偏见。[②] 这一要求放在刑事诉讼过程中，就是追诉主体与审判主体的分离，权力分段，分工行使职权。补充侦查的产生就是诉讼分工细化所直接导致的，是伴随着不同诉讼角色的出现而出现的产物。20 世纪 30 年代，美国社会学家米德和人类学家林顿等人将角色概念引入社会心理学的场域并创建了结构角色理论，强调人在社会中所承担的不同角色、功能与关系。[③] 角色所承担的职能就是不同角色所起到的作用。在刑事诉讼中，其诉讼职能就是参与刑事诉讼的不同主体根据其自身的地位、角色在诉讼活动中所实施的行为及其产生的结果。

在奴隶制乃至部分封建制国家，刑事犯罪的查明与民事诉讼的提起混杂。同时，在封建纠问式的诉讼模式下，刑事司法权存在权力的集中化现象，受集权主义影响，侦查、起诉、审判三权往往集中于一人。在这种诉讼模式之下，法官同时还是检察官与侦查人员，只要有人提出控诉，法官就开始进行调查，以求最后查明案件事实。同时，由于职权的统一，导致侦查权、检察权、审判权之间的区别模糊，往往三权共同行使，在查明事实的同时，就在对犯罪嫌疑人进行指控，同时作出最终的认定，边侦查、边指控、边审判，缺乏相应的制约。为了更好地保护公民的权利，也为更

---

① 李学灯:《证据法比较研究》，五南图书出版公司 1990 年版，第 694 页。

② ［美］戈尔丁:《法律哲学》，齐海滨译，三联书店 1987 年版，第 240—241 页。

③ 毛兴勤、朱佳林:《中国检察官诉讼角色的冲突与调适——基于社会角色理论的分析》，载《兰州大学学报（社会科学版）》2013 年第 3 期。

加中立地评判案件，随着近代资产阶级革命的胜利，权力分离的控辩式理论逐步代替了封建的纠问制诉讼模式，检察机关作为控诉主体，与审判、辩护形成了一个三角诉讼结构。侦查职能作为控诉职能的准备阶段，从审判分离出来，被控诉职能所包含。检察机关作为侦查主体，不仅承担庭审中的公诉职能，还负责承担侦查职能。这从现在大陆法系国家检察机关仍大量作为侦查主体的规定可见一斑。随着保障公民权利的要求不断提高，程序正义理论的不断发展，对刑事诉讼程序体系及功能提出了更高的要求，刑事司法权亦需要进一步分立，诉讼阶段论的出现也增加了刑事诉讼各个阶段的独立性与功能性，逐渐使刑事诉讼形成了侦查、起诉、审判三大诉讼阶段，侦查程序的独立性更加凸显。随着工业革命的发展与城市化进程的加快，大量民众脱离原有土地进入城市，人口的不断密集以及社会的不断发展导致犯罪数量与复杂程度不断增加，检察机关同时承担侦查与起诉功能，对其专业性要求不断提高，检察机关独立行使侦查权的难度与日俱增。“由此产生了一种观念，即司法机构应当增添一个与之合作的监视机构，这样就能防止犯罪和更容易拘捕到犯罪者。公安和司法应当是同一程序的两个互补行动，公安保障‘社会对每个人的行动’，司法保障‘个人反对社会的权利’。这样，任何犯罪都将暴露在光天化日之下并受到十分确定的惩罚。”[①] 这时，专门负责侦查活动的警察机关便随之产生，其从辅助检察机关从事侦查慢慢发展为具有专门的侦查主体地位，同时专门的侦查阶段与侦查措施也随之产生。检察机关也从负责侦查与公诉两项职能，慢慢发展为主要承担控诉职能，在侦查职责上逐渐退居为“二线侦查机关”，成为形式上的侦查机关。[②] 同时，随着社会文明程度的不断提高，司法活动对程序要求也越来越高。原有合法的刑讯逼供已经被证明作为冤假错案的源头，证据的合法性越来越受到关注。检察机关在这种诉讼模式下，其监督权不断完善，“在刑事案件审理中的公诉权，处于原告官的地位，并且指挥监督预审法官和执行判决的权限，此外，在司法行政方面还有指挥监督

---

① ［法］米歇尔·福柯：《规训与惩罚》，刘北成、杨远婴译，三联书店1999年版，第103页。

② 谢佑平、万毅：《刑事侦查职能论纲》，载《法学论坛》2003年第2期。

警察、律师和法院的辅助官吏等极大的权限”。检察机关或是通过直接介入指挥侦查，或是通过对事实、证据的审查，实现对侦查活动的监督。

因此，补充侦查作为侦查活动的一部分，也是在侦查、起诉、审判职能分立下而直接产生的。在原有集权模式下，上述三种职能合一，不存在需要补充侦查的必要，法官认为自身调查的事实和证据已经达到审判条件即可，侦查终结即判决，不需要进行补充程序，也没有专门力量为其补充。在职能分离的情况下，分别由不同的主体行使相关职能，细化分工，更好地惩罚犯罪、保护人权。但职能分工也会因机构分立而导致认识不统一的情况出现，因此，为了更好地统一认识，让侦查达到起诉与审判所需的标准，需要通过补充侦查对原侦查事实进行完善。同时，侦查机关诉讼职能与地位的独立，也是这一制度产生的现实基础。专门的警察队伍的产生，促进了侦查人员与侦查措施的专业化、技术化程度的发展，也给补充侦查的操作创造了现实条件。

三、保障人权的必需措施

人权保障是法价值的基本体现，法律将人权纳入法律的国家强制力保护。其起源于自然权利理念，含义丰富。刑事诉讼视角下的人权保障理论主要是指对犯罪嫌疑人、被告人的人权保障。但同时也要兼顾涉案主体的人权保护，通说认为包括人身权、政治权、经济权、文化权等方面。我国刑事诉讼将惩罚犯罪与人权保障作为基本的诉讼目的，二者互为条件，辩证统一。一方面，犯罪嫌疑人的犯罪行为可能侵犯了他人的人权，惩罚犯罪本身就是为了消除犯罪对被害人的不良影响，进而实现对其的人权保护；另一方面，刑事诉讼尤其是刑事强制措施在惩罚犯罪的过程中，可能出现刑事诉讼公权力侵害犯罪嫌疑人以及其他涉案当事人合法权益的情况。如果过于强调惩罚犯罪，有可能会导致公权力的滥用，从而侵犯涉案当事人的合法权益。因此，保障涉案当事人的合法权益已经成为现代刑事司法应当遵循的原则和做法。在刑事诉讼领域，人权保障涉及诸多方面，既包括实体性权利，也包括程序性权利，主要是指犯罪嫌疑人、被告人除依照法律规定可以被限制或剥夺的权利外应享有的合法权利，一般指人身、自由、平等基本人权，也包括享有的各项诉讼权利，如陈述权、知情权、辩护权等；被害人受犯罪侵害的各项权利，如生命权、健康权、经济权等；被害人参加诉讼应享有的各项诉讼权利，如申诉权、知情权、意见表达权等，以及被司法机关和人员非法侵犯的其他涉嫌公民的权利。

虽然宪法与刑事诉讼法先后纳入了人权保障的规定，然而在当前的刑事诉讼实践中，对人权的保护更多是在保障案件顺利推进的前提下，为避免因对权利的侵犯而对自身作出负面性评价而进行妥协，惩罚犯罪、查明事实仍然是主要诉讼目的。但随着司法制度、司法理念的不断完善，对案件当事人权利的保障应当作为刑事诉讼的主要目的之一，并且应当作为惩罚犯罪的前提。审查起诉阶段补充侦查制度的建立，首先，强调检察官的客观中立地位，全面查明案件事实，客观作出司法决断，避免侦查机关因为打击犯罪而片面追求惩罚，忽视无罪的事实证据，从而保护犯罪嫌疑人的合法权益。其次，强调对侦查瑕疵的监督。在审前阶段，犯罪嫌疑人是否构成犯罪，是否受到刑罚处罚完全处于未确定状态，侦查机关不能为了查明事实而不择手段，只能采取合法的取证措施与侦查手段。但凡在审判前采取非法侦查措施，既不符合人权保障的理念，也不符合以审判为中心诉讼制度的内在要求。最后，强调对被害人及相关当事人的权益保护。侦查瑕疵不仅损害了犯罪嫌疑人的合法权益，更伤害了被害人及其他案件关联人的诉讼权益。不必要的诉讼拖延，不必要的对物的强制措施，同样也会影响被害人权利的实现以及因惩罚犯罪而修复了的社会关系。实践中，因被害人权益得不到有效保障引发的涉诉信访活动高发的现实，凸显了加强被害人权利保障的重要意义。因此，通过补充侦查实现对被害人权益的保护也是人权保障的必然要求。

第三节　审查起诉阶段补充侦查制度的制度基础

根据诉讼阶段理论，刑事诉讼程序由前后相连的不同程序主导者实施的不同行为构成。一个诉讼阶段的任务和行为结束后，程序主导者会将其移送到下一个诉讼阶段，继续诉讼进程，或是根据案件情况，终结诉讼阶段。一般情况下，诉讼阶段是呈流水式的、单向的运行模式，但是在某些特定情况下，诉讼程序会回转到上一个诉讼阶段，这就是所谓的程序回转。[①] 这种特定情况往往是指前程序存在某种问题或者瑕疵，通过现有程序无法弥补，同时现有程序无法终结的情况。比如在审查起诉时发现了新的事实和证据，且对现有事实、证据、犯罪情节有重大影响，现有程序无法核实和查证，需要通过回到侦查程序对其调查核实时，就需要程序回流。从域内外司法实践来看，主要分为程序补救型、实体补救型和规避错误型三种程序回转类型。[②]

一、程序补救型程序回转

程序补救型程序回转是指前一诉讼阶段出现程序问题，不论是否影响到了实体处理的公正性，都应退回到前一个诉讼阶段予以弥补。这种回转实际上就是对前一诉讼阶段的部分诉讼行为的否定性评价，其目的就是保证程序公正，维护当事人的诉讼权利。由于诉讼行为往往都是国家依职权所作出的行为，因此这种程序回转就是为了防止公权力的滥用，避免或弥补因公权力的滥用而导致的程序违法。在美国刑事诉讼制度中，检察官对警察在抓捕过程中严重违法、犯意引诱、剥夺或变相剥夺被告人辩护权等情况，可以撤回起诉。类似的情况在我国也有着明确规定，检察机关认为可能存在《刑事诉讼法》第 56 条规定的以非法方法收集证据情形的，可以要求公安机关对证据收集的合法性作出说明。同时规定检察机关对非法证据排除以后，发现没有其他证据能够证明犯罪事实的，可以启动程序回转，退回侦查机关补充侦查。

二、实体补救型程序回转

实体补救型程序回转与因程序违法而导致程序回流不同，其主要是因为在前一诉讼阶段的程序主导者案件事实未能查明，或是收集证据不够充分，影响实体性处理，需要退回程序予以完善。正如上文论述，实现诉讼认识的真实是刑事诉讼的根本目的，因此如果发现前一阶段的实体性处理

---

① 汪海燕:《论刑事程序倒流》，载《法学研究》2008 年第 5 期。
② 汪海燕:《论刑事程序倒流》，载《法学研究》2008 年第 5 期。

存在问题，一般都会采取一定的方法予以补救。《克罗地亚刑事诉讼法典》第365条规定，如果国家检察官撤销起诉书，在一定情形下，他可以提出新修改的起诉书。[①]《土耳其刑事诉讼法典》第173条规定，“审判法院发现检察机关提出的起诉书存在没有收集到有效的确切证明犯罪的证据等情况，应当作出退回起诉书的决定。检察官应当根据决定中的说明补齐材料和纠正措施。[②]”《哈萨克斯坦共和国刑事诉讼法典》第193条1.规定，“检察官在审前调查阶段的职责权限……（11）退回刑事案件以便进行补充调查，抑或全面终止抑或对具体人员终止审前调查”。[③]《俄罗斯联邦刑事诉讼法典》第221条规定，“检察长对侦查官递交的附带起诉意见书的刑事案件进行审查，并在10日之内做出下述判决之一：（2）有关将刑事案件退回侦查官进行补充侦查、变更起诉范围或者刑事被告人行为认定范围、抑或重新制作起诉意见书，排除书面指令中问题的判决”。[④]我国《刑事诉讼法》及《人民检察院刑事诉讼规则》明确规定检察机关可以要求公安机关提供庭审所需的证据材料，对于证据不足的应当退回补充侦查，对于遗漏犯罪嫌疑人或是犯罪事实时，应当启动相关程序，或是启动程序回转，退回补充侦查或调查或者由检察机关自行补充侦查。

三、规避错误型程序回转

规避错误型程序回转是指司法机关发现前一程序出现了实体性的错误或者根本性的错误，需要退回原诉讼阶段由原诉讼主体自行处理的情况。这种情况一般是非常态的处理方式，或是本可以在新的诉讼阶段解决，但由原阶段的程序主导者处理更为适宜，对涉案当事人影响更小而采取的方式。《丹麦司法行政法》第四卷“刑事诉讼法”第749条规定，“如果发现

---

① 孙谦：《刑事起诉制度——外国刑事诉讼法有关规定》，中国检察出版社2017年版，第169页。

② 孙谦：《刑事起诉制度——外国刑事诉讼法有关规定》，中国检察出版社2017年版，第220页。

③ 陈卫东主编：《刑事立案与侦查——外国刑事诉讼法有关规定》（上），中国检察出版社2017年版，第24页。

④ 孙谦：《刑事起诉制度——外国刑事诉讼法有关规定》，中国检察出版社2017年版，第111页。

未达到启动侦查的标准，警察应当撤销已制作的犯罪报告”。[①]《乌拉圭刑事诉讼法典》规定，检察官可以因为被告人不存在充分证据证明该犯罪是由被告人实施或参与的向法院申请终止诉讼。[②] 我国现有刑事诉讼制度中，检察机关撤回起诉是典型的规避错误型程序回转。《人民检察院刑事诉讼规则》规定，在宣判前，检察机关发现不存在犯罪事实、不构成犯罪或不承担刑事责任、犯罪行为并非被告人所为、证据发生变化等情况，导致检察机关之前起诉决定错误的，可以撤回起诉。同时还有一种规避错误型程序回转发生在退回补充侦查之后，当侦查机关通过补充侦查发现“原认定的犯罪事实有重大变化，不应当追究刑事责任的”情形，应当撤销案件或者终止侦查，使案件状态回到立案之前。

由上文可见，程序回转中的三种类型分别对应了补充侦查的解决程序瑕疵、弥补实体缺陷、规避处理错误三大功能。虽然程序回转只发生在特定条件下，从程序设置上来讲也属于诉讼程序的特别情形，但其对弥补程序瑕疵、有效查明事实、打击犯罪，最终作出准确的司法认定有重要的意义。该制度的存在有着其自身特有的价值。黑格尔认为“凡存在都合理，因合理而存在”。因此，程序回转的存在就是补充侦查设置的合理制度基础。

第四节　审查起诉阶段补充侦查制度的法律属性

一、决定权来源于公诉权

公诉权是指检察机关运用公权力对违反刑事法律构成犯罪的人诉请国家审判机关依法追究其刑事责任的权力[③]，也是检察官提起和维持公诉的

---

① 孙谦:《刑事起诉制度——外国刑事诉讼法有关规定》，中国检察出版社2017年版，第75页。

② 孙谦:《刑事起诉制度——外国刑事诉讼法有关规定》，中国检察出版社2017年版，第399页。

③ 张智辉:《公诉权论》，载《中国法学》2006年第6期。

权限[①]。检察制度最早诞生于法国，《拿破仑法典》最早规定了控审分离的制度，检察机关从国王财税官一开始作为国王的代理人参加诉讼变为为国家公共利益追诉犯罪并执行公诉。1808 年《法国刑事诉讼法典》第 1 条规定，“请求定罪科刑的刑事公诉权，专由依据法律授予这种职权的官吏行使”。[②] 德国 1877 年《刑事诉讼法》也明确了公诉制度，由检察机关承担公诉权控诉犯罪，且在追诉的同时，检察官还具有客观公正义务。如果举证程序的结果依检察官的判断无法证明被告人的刑事罪过，那么检察官就应要求法院作无罪判决，这不仅是其权利，更是其义务。[③] 英国传统诉讼观点认为犯罪是个人之间的纠纷，是私诉。19 世纪以后才逐渐由警察承担追诉职能。1985 年英国颁布《刑事起诉法》，建立了统一的检察官起诉制度，以加强对犯罪的追诉机制。[④] 从世界各国关于公诉权范围的规定来看，公诉权包括立案控制权、提起公诉权、不起诉权、出席法庭权、变更起诉权、上诉权、申请再审权、监督刑罚执行权等，其中核心的权力就是提起公诉权与不起诉权。提起公诉权几乎是世界各国检察机关独享的权力，检察机关在侦查终结后，对案件进行审查，判断是否需要追究犯罪嫌疑人的刑事责任并向相应的法院提起公诉。提起公诉的条件也大体相同，即案件都要有明确的犯罪事实、明确的犯罪嫌疑人、足以证实犯罪事实的证据。我国《刑事诉讼法》第 176 条第 1 款规定，“人民检察院认为犯罪嫌疑人的犯罪事实已经查清，证据确实、充分，依法应当追究刑事责任的，应当作出起诉决定，按照审判管辖的规定，向人民法院提起公诉，并将案卷材料、证据移送人民法院”。第 200 条第 1 项规定，“在被告人最后陈述后，审判长宣布休庭，合议庭进行评议，根据已经查明的事实、证据和有关的法律规定，分别作出以下判决：（一）案件事实清楚，证据确实、充分，依据法律认定被告人有罪的，应当作出有罪判决”。可以看出，提起公诉的条件与法院判决有罪的条件近似。因

---

① ［日］田中守一：《刑事诉讼法》（第七版），张凌、于秀峰译，法律出版社 2019 年版，第 233 页。

② 黄豹：《刑事诉权研究》，北京大学出版社 2013 年版，第 43 页。

③ 克里斯蒂安·瓦格纳、朱军：《德国检察机关》，载《中德法学论坛》2005 年刊。

④ 徐鹤喃：《公诉权的理论解构》，载《政法论坛》2002 年第 3 期。

此，与法院在经过审判后认为被告人行为不构成犯罪而宣告无罪类似。当检察机关认为侦查事实不符合犯罪构成要件或者证据达不到定案的标准，抑或检察机关认为没有追诉必要时，检察机关即可行使与起诉相对应的另一项权力，即不起诉权。《德国刑事诉讼法》第 170 条第 2 项规定，“在其他情形，检察官应停止诉讼”。其规定的停止诉讼的情形是指在竭尽调查可能性后，仍没有提起公诉的足够理由的侦查情形。[①] 一般情况下是指欠缺构成犯罪的犯罪要素或是存在重大且可预见的难以克服的证据难题，如果预期被告人在法院审判时，几近确定不能被判决有罪时，就应当作出不起诉的决定。同时，对于轻罪，从诉讼便宜的角度出发，也可以停止下一步的程序。《全美检察准则》(第三版）第 4-1.3 条规定，检察官基于其自由裁量权剔除不适合起诉的因素，包括对被告人有罪与否存在疑问；缺乏充足的、可为法庭接受之有罪证据等。[②] 美国学者德科尔认为，“检察官欲达准确控诉需经历可证性（provability）、恰当性（propriety）与审慎性（prudence）三阶段评估，可证性就是指有无证据签发起诉状”。[③]

公诉权从本质上来说就是实体的审判请求权，根本上就是惩罚追究犯罪的权力，当违法情形发生后，由检察机关决定是否提起公诉，是否向法院求罪及求刑。实体的审判请求权就要具有“客观的犯罪嫌疑”[④]，也就是说要在侦查中充分地查明犯罪事实、收集犯罪证据。因此，对未查明的犯罪事实及未收集证据的补充侦查，是公诉权的必然要求。《合众国检察官手册》第 9-27.200 规定，“合众国检察官依‘相当理由’确信某人触犯联邦刑法时，应考虑请求或实施进一步侦查”。[⑤] 美国检察官在证据不足的情况下，可以暂不作出决定，并在一定的期限内继续进行案情调查。[⑥] 从我国的刑

① ［德］Hans_Jürgen Kerner:《德国刑事追诉与制裁》，徐泽天、薛智仁译，元照出版公司 2008 年版，第 158 页。

② 张鸿巍:《美国检察制度研究》，法律出版社 2019 年版，第 205 页。

③ 张鸿巍:《美国检察制度研究》，法律出版社 2019 年版，第 205 页。

④ ［日］田中守一:《刑事诉讼法》(第七版)，张凌、于秀峰译，法律出版社 2019 年版，第 234 页。

⑤ 张鸿巍:《美国检察制度研究》，法律出版社 2019 年版，第 211 页。

⑥ 李义冠:《美国刑事审判制度》，法律出版社 1999 年版，第 23 页。

事诉讼法的任务也可以看出，惩罚犯罪是我国刑事诉讼的第一要务[①]，实践中的刑事理念亦是如此，从制度设计上来讲，起诉法定主义仍然是我国刑事司法的传统理念，即便赋予检察官一定的酌定不起诉自由裁量权，但条件都相对比较严格且难以把握，且需由检察长决定，从实体条件与程序条件都可以看出起诉裁量权仍然较低，认罪认罚的前提也是事实清楚、证据确实充分，并非照搬域外辩诉交易的证据标准与检察机关所具有的自由裁量权。因此，起诉法定主义必然要求检察机关在证据不足时提出完善证据要求，以求最终达到起诉的条件，即便是行使自由裁量权的前提也需要事实清楚。侦查作为“公诉之准备”，所查明的事实、获取的证据都会作为检察机关或检察官裁量的首要前提。因此，补充侦查制度就是起诉法定主义的辅助。从根本上来说，其源于公诉权对事实、证据作出的判断，对证据的补正与核实、对非法证据的核查也都是基于提起公诉或是作出不起诉决定进行的前期准备。这也是检察机关对补充侦查是决定权而非建议权的原因所在。

二、执行权是一种侦查权

无论是否单独设置了补充侦查制度的国家，在程序设计上都规定了证据补充程序。从理论依据与制度设计上来看，补充侦查来源于或依托于侦查权。在“检警一体”的大陆法系国家，其源于“纠问制”的诉讼模式，国家强调社会控制论，侦查权、公诉权、审判权统一由国家设置一个强制机关实施，其目的在于追求实体真实，维护社会稳定。同时，检察官参与侦查是由于其“重视建立在精密侦察基础之上的追诉裁量以及重视审判中的检察官笔录”。[②] 在这一诉讼模式背景下，侦查权的意义在于服务检察权，检察机关作为侦查主体，拥有对司法警察的指挥侦查权，侦查机关只是检察机关的辅助主体。因此，在这种模式下，检察机关集公诉权与侦查权于一身，实行“大控方”的模式，侦查机关与检察机关任务、目标一

① 《刑事诉讼法》第1条规定，“为了保证刑法的正确实施，惩罚犯罪，保护人民，保障国家安全和社会公共安全，维护社会主义社会秩序，根据宪法，制定本法”。

② ［日］田中守一：《刑事诉讼法》（第七版），张凌、于秀峰译，法律出版社2019年版，第205页。

致，同属于控诉方。检察机关既是侦查主体也是公诉主体，可以随时介入警察侦查，对前期司法警察进行的初步调查或者侦查情况进行审查后，主导侦查活动，要求与之配合的司法警察补充调取证据，其介入后的行为本身就是侦查行为的延续，因此不存在单独的补充侦查程序，但是起到实质的补充侦查作用。以英国为代表的英美法系国家采取的是“弹劾制”的诉讼模式，其诉讼理念在于“控辩平等”，检察机关更多的是作为“政府律师”的身份参与诉讼，一般实施的是侦查权与检察权分离的“检警分立”的诉讼模式。“侦查只不过是侦查机关独自进行的准备活动而已。犯罪嫌疑人也单独准备。强制是为了将来进行审判，由法院单独实施。”① 检察机关对侦查活动没有指挥权，更没有独立进行侦查的权力，其与侦查权性质不同、权属不同，也不存在监督与被监督的关系。因此，其主要是根据侦查机关收集的证据判断是否达到起诉条件。如果没有达到，检察官可以根据证据要求或建议警察补充侦查，但无权指挥或监督警察的侦查活动。由于这种绝对分离关系，补充侦查自然属于侦查机关侦查权的一部分。

从我国刑事诉讼构造来看，我国不同于大陆法系国家，采取的是“检警分立”的构造模式，主要刑事案件的侦查权属于公安机关，检察机关与公安机关是配合制约的关系，检察官不能直接领导公安机关的侦查人员开展侦查工作，由公安机关独立开展侦查工作。这种侦查程序是独立的程序，而不是附属检察官的程序。检察机关只是对补充证据或事实提出要求，或对部分证据自行补充侦查。补充侦查的功能主要体现在对原有侦查的补充，从目的来看，都是为了查明事实、收集证据、查获犯罪嫌疑人；从对象来看，是就原有涉案事实的延伸查证以及原有证据的补充与完善；从手段来看，其与原侦查手段并无不同，同样可以采用讯问、询问、勘验、检查、扣押、搜查等侦查措施；从法律效力来看，其也与原有侦查并无不同，并与原有事实、证据共同结合判断。因此，就补充侦查权来说，其本身也是来源于侦查权。无论是从规范层面还是从实践层面，我们都可以看到，补充侦查的方式、手段、法律效力与所获

---

① ［日］田中守一：《刑事诉讼法》（第七版），张凌、于秀峰译，法律出版社 2019 年版，第 48 页。

得的证据与原侦查并无不同，就是对原侦查的扩展、延伸与补正。同时，补充侦查也是延长侦查羁押期限的一种方式。强制措施作为侦查活动的一部分，一方面用于保障诉讼进行，另一方面隐含规范侦查期限的作用。与域外羁押行为作为保障到庭、保障诉讼、限制危害社会可能不同，我国的侦查羁押更多体现在对侦查活动的保障上，通过限制犯罪嫌疑人的人身自由，利用羁押环境对其心理施压并且隔绝外部环境，迫使其供述犯罪事实成为侦查手段之一。通过补充侦查，一方面可以实际上延长侦查期限；另一方面可以通过延长侦查羁押期限，加大对犯罪嫌疑人的心理强制，推进案侦工作。从这个层面上亦可以看出，补充侦查权实际上属于侦查权。

三、补充侦查权同时也是法律监督权

检察机关在刑事诉讼过程中往往既是诉讼参与方，也是诉讼监督者。欧陆检察机关在近代的诞生和发展过程中，往往被称为“法律守护者”。检察官之职责不单单在于对刑事被告人之追诉，也在于“国家权力之双重控制”：作为法律之守护人，检察官既要保护被告人免予法官之擅断，亦要保护其免予警察之恣意。① 从德国检察机关的职能来看，具有检察机关最典型的追诉主义色彩，但仍然对侦查活动具有强大的监督权。其指挥侦查，对警方在各阶段的侦查活动进行领导并对其合法性予以监督，侦查程序以检察官决定提起公诉或中止侦查程序而终结。法国的检察机关享有极为广泛的监督权，既包括诉讼内监督，也包括诉讼外监督，被法国学术界誉为“公共利益的最后屏障”。检察官的侦查监督权主要体现为启动侦查程序监督权、强制措施监督权以及直接调查权。② 苏联检察机关对于警察机关侦查案件的本身是否构成犯罪、侦查活动的规范性、及时性、撤销案件的合法性等进行监督，并且也要参与案件个别侦查行为或者个别重要案件的侦查。③ 我国宪法与三大诉讼法均赋予了检察机关法律监督权，但

① 林钰雄：《检察官论》，法律出版社2008年版，第9页。
② 施鹏鹏：《法国检察监督》，载《检察日报》2014年10月14日，第3版。
③ 谢鹏程：《前苏联检察制度》，中国检察出版社2008年版，第226页。

不同于苏联以及新中国成立初期的一般监督权，现在的法律监督权相对狭窄，特别是从2018年修订的《人民检察院组织法》可以看出，检察监督主要是利用诉讼手段对案件的监督，是对诉讼活动的监督。侦查活动作为诉讼活动的一部分，也是检察监督的对象，对侦查机关的侦查活动是否合法依法实行监督，其中既包括对实体的监督也包括对程序的监督，具体监督方式就是：（1）立案监督，对应立案而不立案或不应立案而立案情形的纠正；（2）对侦查程序的监督中，对侦查程序违法行为的监督，如刑讯逼供、强迫作证、超期羁押等行为的纠正；（3）侦查结果的监督，不符合相应条件的犯罪嫌疑人作出的不捕、不诉的决定，以及对于应当逮捕，符合起诉条件的犯罪嫌疑人的追捕、追诉的纠正。

补充侦查程序正是由于检察机关发现原侦查活动存在相应的问题才会启动，其权力来源之一也是侦查监督权。其监督内容既包括程序监督也包括实体监督，一是对案件证据的合法性、全面性的监督；二是对案件有无遗漏犯罪嫌疑人、犯罪事实的监督；三是对是否需要追究刑事责任的监督；同时还需要对公安机关在补充侦查后，撤销案件合法性与合理性的监督。该监督对侦查机关具有拘束力和规范性，能够保证程序公正。补充侦查对原侦查活动同样也要进行程序和实体两方面的监督，程序上的监督是对侦查手段的合法性进行监督，对侦查程序、侦查手段、证据来源、证据形式进行监督，依法排除非法证据，查明违法侦查行为，避免“毒树之果”进入诉讼程序。实体上的监督一方面对侦查机关认定的事实和证据进行监督，分析侦查所获取的证据是否确实充分，得出的结论或事实认定是否清楚，证据之间能否达到足以相互印证、排除合理怀疑的程度，罪重、罪轻的证据是否收集完备，同时也对是否存在没有刑事责任能力、违法阻却事由等不需要追究刑事责任的情形进行监督；另一方面对案件事实中是否涉及其他犯罪嫌疑人、其他犯罪事实需要追究的监督。我国在1957年制定的《最高人民检察院关于侦查监督工作程序方面的意见（试行草案）》中规定，检察机关侦查监督的工作方式之一就是审查起诉。如果认为公安机关起诉意见书或免予起诉意见书中认定的犯罪事实尚未查明或证据不足时，可以提出具体的补充要求，退回公安机关办理，补充侦查的法律监督作用可见一斑。此外，检察机关的自行补充侦查权除具有补充性质外，另一重要性质就是法律监督，通过检察机关自行补充侦查，收集到侦查机关表示无法补充或是怠于补充的证据时，可以依法履行法律监督职责，纠正其违法行为甚至追究侦查人员刑事责任。可见，补充侦查权正是检察机关在侦查监督权上的具体体现，以确保侦查行为的客观性、全面性和公正性。

第五节　审查起诉阶段补充侦查制度的特点

从对我国审查起诉阶段补充侦查制度的发展沿革可以看到，随着社会形态、基础诉讼制度的变化，该制度也在同步调整，以适应不同诉讼模式的需要。从封建制度纠问制中的没有专门补充侦查程序，到清末民国时期借鉴大陆法系职权主义诉讼模式下的“检警一体”补充侦查制度，再到根据地及新中国成立初期对苏维埃社会主义制度的借鉴，最后建立并完善具有中国特色、符合中国诉讼体制与检警关系实际的补充侦查制度。我国审查起诉阶段补充侦查制度是在职权主义诉讼模式下，具有明显诉讼阶段划分的、检警分立关系下的补充侦查模式，区别于其他国家刑事诉讼制度中的补充侦查模式，有着鲜明的制度特点。

一、二维性

我国刑事诉讼中既有“检警分立”的诉讼模式，又有“检警合一”的制度设计，两者相互交织、相互并存。虽然我国检察机关有着独特的法律监督职责，但是在诉讼活动的关系中，与侦查机关之间没有领导与被领导、主体与附属的关系，两者诉讼地位平等，各负其责，在诉讼活动中互相配合、互相制约，在补充侦查中亦是如此。但检察机关自行补充侦查有着职权主义指挥侦查的色彩，在这种补充侦查模式中，检察机关作为侦查主体，公安机关只是配合主体，根据检察机关的要求配合调取证据，类似检察指挥侦查的“检警合一”关系模式。因此，这两种模式虽同属审查起诉阶段补充侦查制度，同样是为了查明事实、补充证据、追诉漏罪漏犯，但其执行主体、运行方式、法律功能等方面存在较大不同，带有明显的二维性特点，具体来说：

(一) 主体具有二维性

虽然同为检察机关决定启动的程序，但退回补充侦查与自行补充侦查的主体不同。从我国检察制度诞生到新中国成立，我国实行的是“检警合一”的关系模式，但随着司法制度的发展，“检警分立”模式逐步在我国确立。在当下刑事诉讼中的检警关系，检察机关与公安机关有着明确的职责分工。检察机关作为公诉机关与法律监督机关，其主要职责是公诉并对刑事诉讼活动进行监督，其所具有的侦查权也是基于法律监督权所衍生出来的监督手段。而公安机关作为侦查机关，负责对案件的侦查工作。在退回补充侦查以及补充证据材料程序中，检察机关作为补充侦查的决定主体，具有该程序的启动权，而公安机关作为该程序的执行主体，既符合我国检警之间相互配合、相互制约的思路，也符合检察机关与公安机关各自长于审查事实证据与侦查活动的现实状况。但在自行补充侦查中，检察机关既作为补充侦查的决定主体也作为执行主体，两种主体角色合一，公安机关没有独立取证地位，只是起到配合作用，这时候检察机关更多的是承担侦查主体的角色，根据案件办理的需要查明案件事实、补充相应证据。因此，在这两种补充侦查模式中，决定主体与执行主体以及检警关系之间呈现二维性的特点。

(二) 职权具有二维性

首先，检察机关与公安机关的职权具有二维性。检察机关在审查起诉阶段具有程序的启动权与选择权，既有对于是否启动补充侦查程序的决定权，也有采用何种程序予以补充的选择权。在检察机关作出决定之后，由公安机关负责完成补充侦查事由。在第一次补充侦查完毕后，检察机关还具有是否作出第二次补充侦查的决定权，同时对于侦查及补充侦查的结果具有评价权，通过行使起诉权，决定是进入下一诉讼阶段还是终止诉讼程序。检察机关享有审查权与决定权，公安机关具有执行权。

其次，自行补充侦查与退回补充侦查的职权具有二维性。由于检察机关与侦查机关本身职能与司法定位的不同，两种补充侦查有一定的适用区别。公安机关具有的侦查地位、权力、经验、技术条件等较之检察机关更为专业，因此，退回补充侦查应为“查明性补充侦查”，即其在需要采用强制性侦查手段时，发挥侦查机关所具备的专业优势，查明原侦查中仍存在疑问的事实并收集相关证据，侦查原侦查中遗漏的犯罪嫌疑人以及犯罪事实，其职能是为了完成原侦查中对于主要犯罪事实、主要犯罪证据未完成的收集任务，从而使之符合起诉的条件。而自行补充侦查更多的是作为补充性的“便宜性补充侦查”，其应当定位为补充侦查之补充。其职能主要是为了完善证明犯罪的非主要事实以及部分量刑情节。由于检察机关更多长于审查判断的职能，从权力内容以及专业化程度来看，都无法承担起主要的补充侦查责任，因此自行补充侦查应当作为退回补充侦查的补充及替代措施，更多起到查缺补漏以及退回补充侦查的救济作用，其侦查方式更多采用任意性侦查。总之，两种补充侦查的目的、方式以及检警关系都具有二维性。

最后，权力的运行方式具有二维性。在退回补充侦查中，检察机关虽然有着程序的启动权及补充方向的决定权，但主要侦查活动仍由公安机关开展，检察机关参与度不高。但在自行补充侦查中，决定权与执行权都归于检察机关一身，程序启动权触发程序执行权最终行使程序控制权，同时引发了公安机关的配合补充侦查职责。由检察机关决定启动自行补充侦查，同时对案件有着自行补充侦查权的执行权，由其自身完成补充侦查任务，并且最终完成审查起诉任务，作出是否起诉的决定，从补充侦查的决定到最后阶段结束，均由检察机关享有。公安机关在其中只是行使被动配合的职责，无法对权力的触动与行使产生影响。

（三）程序具有二维性

由于我国“检警分立”的关系模式，补充侦查运行模式的二维性决定了两种主要的补充侦查模式程序上也存在二维性。退回补充侦查模式有着明显的阶段划分，检察机关决定退回补充侦查使得案件重新回转到公安机关，侦查活动重新启动。公安机关在补充侦查阶段继续侦查，公安机关或是完成补查任务或者期限届满，终结补充侦查并将补充侦查结果向检察机关重新报送，检察机关根据补充侦查情况作出相应的决定，因此，其本身可以分为补充侦查的决定程序、执行程序、反馈程序及评价程序，各程序的主体不一、目的不一、法律后果不一。与之相对的，在自行补充侦查中，由于决定权与执行权都属于检察机关，且没有专门的诉讼阶段，无法划分明确的诉讼阶段，其程序呈合一模式。

二、补充性

补充侦查首要在于补充。《辞海》中对补充的定义是“增补，使原来不足之处得以充足”。因为原侦查存在不足需要进行补正，从而使原侦查不足之处得以充足，达到事实清楚，证据确定、充分的标准，故补充侦查是对原有侦查工作的补充，仍然是一种侦查行为，具有侦查的一切属性。[①]《人民检察院刑事诉讼规则》第354条规定，人民检察院在审查起诉阶段，可以适用本规则规定的侦查措施和程序。这也说明了补充侦查本身就是一种侦查措施。因此，法律在补充侦查制度的设计上，既体现了补充性的特点，也体现了侦查的本质。

（一）有限度的补充

补充是使原来不足之处得以充足，而不是另起炉灶，更不是推倒重来。因此，补充侦查只能是对原侦查的补足，与原侦查相比，补充侦查最主要的作用就是弥补原侦查的不足、遗漏，具体目的就是解决原来没有查明的案件事实、没有收集的证据等问题。因此这一制度的设置目的在于“补漏”。从审查起诉阶段的任务来看，就是检察机关对侦查作出判断，对于事实不清、证据不足的要求继续查明，对于不符合起诉条件的终止诉讼。由于侦查阶段已经终结，基础事实已经形成，因此不可能给予补充侦查与原侦查同等的时间要求，补充侦查只适用于对部分案件细节与证据进行补正。如果要对原侦查全盘否定，或是侦查新的犯罪事实，原则上不应当适用补充侦查程序，而应当重新侦查或是另行侦查，否则不符合补充侦查的立法原意。

但是有关法条中确实规定了补充侦查的启动条件还包括“存在遗漏罪行、遗漏同案犯罪嫌疑人等情形”，在现实中也的确存在此种情形需要通

---

① 左德起、韩阳:《论审查起诉中的补充侦查》，载《国家检察官学院学报》2003年第3期。

过补充侦查继续完善。这种情况应当理解为与原案相关联的犯罪事实，在基础事实已经查清的情况下，对于是否存在上下游犯罪或是关联事实需要一并查明，虽然系遗漏罪行，但是从广义上来看，仍是一案的涉案事实，为了完整地反映案件情况、全面地评价犯罪嫌疑人实施的行为所必需的补充内容。对于遗漏的犯罪嫌疑人，法条也予以了明确的范围界定，针对的是同案犯罪嫌疑人，这一范围应当包括三个方面：一是共同犯罪的犯罪嫌疑人，属于同案犯，应当予以查明，并根据其在共同犯罪中的地位作用追究其刑事责任；二是与案件有联系的犯罪嫌疑人，包括上下游的犯罪嫌疑人，比如非法持有毒品中的上游贩卖毒品的犯罪嫌疑人、财产犯罪中收买赃物的收赃人等；三是共同行为构成犯罪的犯罪嫌疑人，比如聚众斗殴中的斗殴双方、买卖枪支弹药犯罪中的对合犯等，也属于便于对原案事实进行评价而进行的补充侦查范围。除此之外，原则上不应当适用补充侦查，比如在审查起诉中犯罪嫌疑人供述了新的与原案毫无关联的犯罪事实，在这种情况下，不应当通过补充侦查的方式进行侦查，而应当重新或另行侦查。

（二）有必要的补充

法律事实不同于客观事实，侦查活动上也不可能还原所有客观事实，其只关注与定罪量刑有关的事实，且不是所有的事实都能对案件办理起到帮助作用。证据亦是如此。在侦查过程中，侦查人员有限的侦查资源与无限的事实及证据之间有着天然的矛盾关系。补充侦查在某种意义上来说是对原侦查的部分否定，同时补充侦查也会或多或少地拖沓诉讼效率，这一程序的启动一方面会影响检警之间的关系，另一方面也会影响司法机关与当事人之间的关系，因此不会轻易地启动补充侦查程序。对所有的事实细节都予以核实，这也不符合刑事诉讼的效率原则。比如在危险驾驶案件中，已经明确了血液酒精含量以及醉酒后驾驶机动车的行为，对于在何地与何人吃饭、饮酒的具体数量等事实，虽与案件存在一定关系，但在一般情况下与定罪量刑影响不大，除非有特殊法律意义，否则在原侦查中未能查实的事实也没有必要再进行补充侦查。

（三）有期待的补充

除要考虑限度与必要性外，还要考虑可能性，即补充侦查结果的期待性。证据收集及事实查明具有客观规定，记忆会伴随着时间而衰退，痕迹会被自然条件所影响，监控会因为时间距离过长而被覆盖，尸体也会因为自然规律而腐化，因此在对案件进行补充侦查时要考虑到能否补充的可能性。对于明显无法收集，且不能以其他间接证据予以弥补的，强行要求补充侦查，一方面会拖慢诉讼效率，造成不必要的诉讼资源的浪费；另一方面会影响检警关系，造成侦查机关对检察机关故意刁难的误解。比如要求侦查机关对于一年乃至数年前的监控进行调取，查明失踪多年的犯罪嫌疑人的身份并调取言词证据，向证人核实数十年前的事实的细节，调取犯罪嫌疑人的通话录音等，这既不符合司法规律，也无法保证补充侦查与收集到的证据质量。因此，对于补充侦查要符合“期待可能性”的要求，有着现实补充的可能与侦查的条件，否则这一制度就会被滥用或成为推卸责任的工具。

三、裁量性

裁量权又称“自由裁量权”，是指合理合法地进行自由选择的权力。以色列希伯莱大学法学院教授、最高法院法官 A. 巴拉克指出：“自由裁量权是在两个或更多的可选择项之间作出选择的权力，其中每一个可选择项皆是合法的。”[①]《布莱克法律词典》解释司法自由裁量权为，“自由裁量权的行使条件是存在两种可供选择的具有适用力的法律规定，法院可以根据其中任何一种规定行事”。裁量权是指在案件出现疑难情形时，法律存在冲突及漏洞无法与之作出合理的判断时，司法人员依据司法理念、司法原则、司法经验结合法律规定，作出选择性判断的权力。随着现代社会的发展，人们提高了对法律明确性、规范性、有效性的期待，但是由于法律本身的稳定性、滞后性、刻板性等局限与社会生活的易变性之间的矛盾，需要赋予司法人员以裁量权。侦查活动虽然有着自身的规律，但是案件事实及证据千变万化，法律无法亦不能全面涵盖，因此为实现实质正义，检察

① 转引自董晓文：《浅谈警察自由裁量权》，载《辽宁警察学院学报》2016 年第 3 期。

官对于补充侦查的自由裁量权就为司法过程之必需。

（一）诉讼地位的裁量化

与控、辩、审所形成的刑事诉讼构造相对应，日本学者团藤重光教授提出了侦查程序的诉讼构造。由于在侦查中采取令状主义，法院对侦查机关进行司法性抑制，同样赋予犯罪嫌疑人以辩护权，因此侦查诉讼构造与审判程序相同，由法院、侦查机关、犯罪嫌疑人（辩护人）三方面的关系构成。由于我国侦查机关并没有实行令状主义，主要侦查审批权由侦查机关自行决定启动，部分类似逮捕、回避等由检察机关审核，加之检察机关所具有的法律监督属性，因此，有学者提出我国侦查程序应当与审判程序有所区别，由检察官、侦查机关、犯罪嫌疑人（辩护人）形成三角关系，这样就使得检察官在侦查程序中职能裁量化、地位中立化，形成一种司法性侦查构造模式。补充侦查模式就具有典型的司法裁量化特点。

（二）决定作出的裁量化

在诉讼式侦查结构中，检察官具有作出决定的权威性，重视侦查机关与犯罪嫌疑人及其辩护人的关系，侦查活动在检察官、侦查机关与犯罪嫌疑人各为一角的三角诉讼结构中进行，且侦查阶段作为一个独立的诉讼阶段。在案件移送起诉之后，首先由侦查机关提出侦查意见，并移送相关证据，检察官在讯问犯罪嫌疑人、听取辩护人意见后作出相应决定。审查起诉的主要目的就在于判明事实，审核证据并且监督侦查活动的合法性，因此其方式就是在该阶段侦辩对抗，检察官居中裁判。由于我国刑事诉讼中审查起诉阶段检察官并不负责侦查，所具有的客观公正地位以及独立的审查起诉与法律监督地位决定其应当居于中立地位作出判断，在部分功能上代替了域外令状主义中法官的主体地位，成为该阶段的裁判官，这种居中听取双方意见作出判断的方式，具有典型的司法裁量色彩。

（三）判断标准的裁量化

在审查起诉阶段，检察官根据案件审查以及听取意见情况，决定是否启动补充侦查、启动何种补充侦查以及补充侦查的内容及方式。上述决定并非由检察官恣意作出，而是有着一定的标准。从刑事诉讼法以及相应配套制度来看，事实不清、证据不足，侦查漏罪、漏犯都是审查起诉阶段补充侦查的启动条件。裁量标准是刑事诉讼法律规范的具体化，案件事实的认定、侦查行为的目的、考虑要素、平等原则、比例原则乃至检察机关审查起诉过程中必然应用到的逻辑法则、经验法则，都应当理解为检察官用以裁量权时的当然要求，而非法外的标准。同时，标准应用过程也是运用裁量进行标准的方式之一。何种情况下作出何种决定，则需依靠检察官的裁量标准予以衡量。何时决定退回补充侦查，何时决定自行补充侦查，何时要求公安机关补充材料或是进行证据合法性说明，都要根据司法实际自由裁量。既要符合客观真实的要求，又要在与诉讼环节增加而导致的诉讼拖延中寻找一个平衡点；既要保证侦查的有效性，又要维护涉案人员的合法权益，这正是裁量所要达到的目的，也是司法裁量所具有的艺术。

四、多样性

从对补充侦查制度的梳理可见，审查起诉阶段补充侦查在补查内容、补查主体、补查形式以及处理结果上的多样性，是由复杂多变的侦查状况所决定的，多样性的设置带来了多样的诉讼结果与可能。

（一）条件的多样性

从刑事诉讼法规定来看，补充侦查的启动条件既包括事实条件也包括证据条件，事实不清、证据不足的都可以启动补充侦查，其中既包括关系定罪的事实、证据，也包括量刑的事实证据；既包括与犯罪构成相关的事实证据，也包括犯罪原因、犯罪对象等非必要性的要素；既包括犯罪本身的事实、证据，也包括与犯罪相关的事实、证据。同时，对于因为非法证据排除后造成事实不清、证据不足的情况，也需要启动补充侦查。从《人民检察院刑事诉讼规则》规定来看，除上述情形外，对于存在遗漏罪行、遗漏同案犯罪嫌疑人等情形，也需要启动补充侦查。因此，补充侦查除了对原侦查事实及证据的补充外，还需要对新的犯罪事实和犯罪嫌疑人进行补充，即补充侦查既包括“补旧”还兼顾“查新”，既针对事实证据，还针对罪名及犯罪嫌疑人，是对原侦查内容的全覆盖。

（二）主体的多样性

从补充侦查的主体来看，既包括原侦查机关，也包括负责审查起诉职能的检察机关。如果存在移送管辖情形的，还有可能包括管辖权变更之后的检察机关与侦查机关。从具体执行人员来看，既包括侦查机关的原案侦查员，也有可能变为同一办案单位的其他侦查人员。检察机关自行补充侦查的，既包括员额检察官，也包括检察官助理，同时也可以要求法警部门派遣法警予以协助。在配合检察机关自行补充侦查时，因为监督回避原则，有可能由其他侦查单位的侦查人员予以配合。

（三）形式的多样性

从刑事诉讼法条文规定来看，有四种补充侦查的方式，根据主体、方式的不同，审查起诉阶段补充侦查制度可以分为退回补充侦查、自行补充侦查、要求公安机关提供证据材料、要求公安机关对证据合法性进行说明。司法实践中，在审查起诉阶段，大量存在检察机关适时口头要求公安机关调取相应证据或是补充移送相应犯罪事实的情形。数种补充侦查方式相互混杂，没有明确的适用界限，没有明确的职能划分，没有明确的先后次序，因此给补充侦查措施的适用混乱留下了隐患。

（四）终局的多样性

从补充侦查最终的处理结果来看，第一次补充侦查后，根据补充侦查情况，在案件事实已经查清、证据收集完毕后，依据案件事实作出决定。未完成补充侦查任务的，视情况决定是再次启动补充侦查程序还是终结程序。同时，在补充侦查后，公安机关经过补充侦查发现属于不应当承担刑事责任或是犯罪行为不是犯罪嫌疑人所为的，既可以撤销案件自行终结程序；也可以重报检察机关，由检察机关不起诉进行终结。因此，检察机关与公安机关均享有终局结果处理权，终局结果既包括起诉、不起诉，也包括撤销案件。

第二章

审查起诉阶段补充侦查制度历史沿革与规范解读

第一节　审查起诉阶段补充侦查制度的发展沿革

一、近代中国的补充侦查

在中国传统纠问式的诉讼模式下，由审判官吏进行案件的侦查、当事人的讯（询）问、证据的审查、诉讼的提起以及最终案件的审理。侦捕诉审“四位一体”，不存在诉讼阶段的划分，审判官承担了警察、检察官、法医、法官等职责。虽然官吏也会聘请一些懂刑律的“刑名幕友”，协助其完成案件办理工作，但其不是朝廷的官吏，仅是官吏私人的参谋，没有法定的职权与地位，也不具有相应的权力与义务。在这种诉讼模式下，侦、诉、审同步进行，没有所谓的补充侦查程序。

鸦片战争之后，清政府部分人提出“中学为体，西学为用”的洋务运动，并且在立法上开始吸收其他国家的司法理念，在诉讼制度的选择上，在极短的时间内先后尝试了英美法系与大陆法系两种司法制度。[①] 光绪三十二年（1906 年）十月二十七日修订法律馆呈奏的《审判权限厘定办法折》和《大理院审判编制法》，得到清政府的批准和实施，标志着大陆法系诉讼制度在我国正式诞生[②]，使检察制度首次登上了中国法制史的舞台。检察权初步建立起了民刑分列包含诉状收受、指挥司法警察、预审请求、提起、实行公诉、监督判决执行、民事公益保护等多项职权。

---

① 王浩:《清末诉讼模式的演进》，中国政法大学 2005 年博士学位论文。

② 王浩:《清末诉讼模式的演进》，中国政法大学 2005 年博士学位论文。

民国初期至北洋政府期间，检察职能基本延续了清末的设置。“在法院编制法施行期间，刑事，依法令所定，实行搜查处分，提起公诉，实行公诉，并监督裁判之执行。民事及其他事件，依法令所定，为诉讼当事人或公益代表人，实行特定事宜。”[①] 检察机关享有刑事案件侦查权，于是立法上赋予检察官指挥调度司法警察的职权，具体包括检察官因主动发现犯罪事实而享有的羁押、搜查、逮捕等强制措施的实行权和交付司法警察的执行权。而司法警察对发现的犯罪案件，经过侦查后，必须交付检察官依据职权进行处理。就两者关系而论，检察官与司法警察之间是领导与被领导的关系；就两者的职责分工来看，却存在相互配合、相互制约的特点，体现了非专业化与专业化的区分。正因如此，检察侦查权的权力设置及其运行实效才成为评价检察权是否能够尽职履责的重要标准。又如民国四年（1915 年）十月二十日颁布的《京师地方检察厅暂行处务规则》中，专门对检察官行使职权的内设机构进行了规定，根据该规则第 30 条的规定，检察机关内部设置总务处、侦查处和执行处，各处设主任检察官一员，承检察长之命令，开展工作。并且，侦查处的检察官除侦查事宜外，执行公诉职务。就检察官在侦查处履行职务所具有的检察职权来看，不但享有侦查案件必备的如羁押、搜索、扣押等强制措施的处分权，对案件侦查后，根据证据决定是否起诉以及起诉和出庭后，对法院的判决和裁定还具有上告权和抗告权，但权力行使过程中需要得到检察长的同意。就刑事检察权行使的诉讼阶段而论，在侦查犯罪阶段，具有刑事侦查权；在起诉阶段，检察官对案件享有起诉决定权，警察是检察机关的附属，检察机关在整个侦查活动中起主导地位。

民国二十一年（1932 年）十月国民政府公布《法院组织法》，正式确立为三级三审、审检合署的司法新制。即法院分为最高法院、高等法院、地方法院三级，裁撤各级检察厅，设置于同级法院，其中最高法院设检察署，其他法院和分院各置检察官若干人，以一人为首席检察官。这是国民政府时期国家司法体制中的一大巨变，颠覆了清末延续至北洋时期的检察体制，检察机构以前与审判机构对峙的局面得以改变，在国民政府时期的

---

① 闵杉编：《中国检察史资料选编》，中国检察出版社 2008 年版，第 186 页。

检察权的权力类型中，刑事侦查权同样赋予检察官行使。“检察官在刑事诉讼中既代表国家为原告，所以有提起公诉之权。但检察官对于任何刑事案件，在起诉前，关于本案的事实，必先调查明白，须认被告确有犯罪嫌疑，且获有相当证据时，䌫能实行公诉，所以法律又授检察官以实施侦查之权。”① 对于司法警察官，依据民国十七年（1928 年）颁行的《刑事诉讼法》的规定，警察官长、宪兵官长、军士以及依法令规定关于税务、铁路、邮政、电报、森林及其他特别事项有侦查犯罪之权者均受检察官的指挥。立法上还规定县长、公安局局长、宪兵队长官在其管辖区域内行使侦查犯罪之权时，为司法警察官。由此可见，检察官对司法警察的指挥类型是广泛的。并且，检察官在侦查案件时，有向附近陆军军事长官派军队辅助的请求权。在检警关系中，如何确保警察机关和检察机关的职务配合和有效联系是调整两者关系的重点。民国三十七年（1948 年）七月十六日修正的《检察官与司法警察机关执行职务联系办法》中强调和重申了检察官和司法警察在办理刑事案件中的协作和配合的重要性。要求双方加强联系，随时交换意见，平常工作应指定专人交换意见，必要时可以召开联席会议。其具体举措包括：酌派检察官在警察机关设置办公处，加强对刑事案件的领导和指挥。在法院内部，派刑事警官、警察若干人；设立警察联络处，直接靠前接受检察官的指挥；双方每月列席对方的业务会议至少一次，根据业务的实际情况可以随时列席；对于案件侦查中的疑问，司法警察可以随时向检察官咨询和释疑；对于司法警察侦查的案件，检察官必须接收，不受时间的限制；对于侦查的案件，需要继续侦查时，司法警察必须配合，并将侦查情形告知检察官。上述诸多的规定，从职权行使的配合和有效行使来讲，是有较大帮助的。从案件相对人的权利保护来讲，检察机关在侦查案件过程中越是对侦查活动加强监督，越是自身具有较强的侦查素养，才能更加保护好刑事被告人的合法权益。这是民主宪政的应有之义，也符合检察官国家公益代表人的角色定位。在检察官对司法警察的指挥权的行使过程中，一般以指挥证的方式行权。依据民国二十八年（1939 年）二月国民政府颁布的《修正检察官指挥司法警察证暂行细则》的规

① 闵杉编：《中国检察史资料选编》，中国检察出版社 2008 年版，第 192 页。

定，最高法院检察署检察长和检察官的指挥证由检察长开单填写后呈请司法行政部填写发放。高等以下各级法院检察官的指挥证由各高等法院的首席检察官填写报司法行政部备案。指挥证在发放时要向所在地警察机关进行名单备案，以利于司法警察部门的配合。检察官在行使指挥权时，多在逮捕人犯或处理其他紧急事务时调度司法警察时使用。对法院内设的司法警察，也制定了相应的规定。民国二十九年（1940年）二月国民政府颁布《高等法院以下各级法院检察处司法警察服务及奖惩规则》，第2条赋予各级检察机构首席检察官、检察官和主任书记官以指挥司法警察之权。可见，由于清末以及民国时期采用的是大陆法系的诉讼模式，实行的是检察指挥侦查的“检警一体”的诉讼模式，检察机关为提起公诉具有查明犯罪的侦查权，检察官与司法警察之间是指挥与被指挥的关系，检察机关就案件侦查向司法警察发出指挥证，调度司法警察予以配合，司法警察就侦查情况及时报告检察官，并且检察官与司法警察根据实际需要列席对方的业务会议，检察官与司法警察就侦查中存在的疑问实时沟通，共同完成“提起公诉之权”。

二、新民主主义时期根据地的探索

在新中国成立前，根据地各检察机关主要是履行法律监督职责，负责监督国家企业与机关的运行以及土地政策的落实，同时负责贪污贿赂行为的审查和裁判工作。[①] 1941年10月公布的《晋冀鲁豫边区高等法院组织条例》规定，“检察院之职权如下：一、关于案件之侦查。二、关于案件之裁定。三、关于证据之搜集。四、提起公诉，撰拟起诉书”。[②] 1942年7月公布的《晋冀鲁豫边区公安总局 晋冀鲁豫边区高等法院关于公安司法部门工作关系的联合指示》规定，“凡经公安系统侦查起诉之案，在侦查阶段，应广为搜罗证据，证据充足，然后起诉解送”。可见，当时的检察机关既有侦查权也有起诉权。同时，公安机关也具有侦查权，其起诉的标准是“证据充足”。同时，当公安机关代行司法部门的检察权时，预

① 闵杉编：《中国检察史资料选编》，中国检察出版社2008年版，第200页。
② 闵杉编：《中国检察史资料选编》，中国检察出版社2008年版，第247页。

审清楚，以检察机关资格向司法机关起诉。[①] 1944年3月1日公布施行的《晋冀鲁豫边区太岳区暂行司法制度》第2章第12条第1款规定，“法庭对于公安机关的起诉，有受理任务，不得拒绝，但对于起诉材料不够具体，可以送还公安机关补充侦查一次”。[②] 由于没有审查起诉环节，直接由公安机关向法庭起诉案件，因此只有由法庭退回的补充侦查，这也是“退回补充侦查”的正式法律渊源，但由于由公安机关直接行使检察机关职责，故应是审判阶段的退回补充侦查。1941年4月18日通过并公布实施的《山东省各级司法机关办理诉讼补充条例》规定，检察官是代表国家公共利益的代表，在行使职务时，可以由公安局协助配合。1946年8月实施的《冀南区诉讼简易程序试行法》在公诉制度中规定，“未经公安机关侦查起诉者，送交公安局进行侦查，其侦查不具体或材料不充实者，得再行侦查”。[③] 1948年12月1日正式在内部发布实行的《哈尔滨特别市政府对公安局与人民法院关于处理民事案件的分工与联系决定》第6条规定，“人民法院于审理公安局检举之案件中，如发现案件中之一部或全部须有实行侦查之必要时，公安局有补充侦查之责任”。可见，在新中国成立之前的根据地时期，虽然受到苏维埃刑事诉讼模式的影响，但由于苏维埃刑事诉讼模式自身也深受大陆法系影响，在侦查模式上采用“检警一体”的模式。因此，在根据地大多沿用国民政府时期的诉讼模式，或是由公安机关代行检察机关职权，或是由检察机关同时行使侦查权与公诉权，对于案件证据不足的，在侦查阶段适时补充或是由法庭退回公安机关补充侦查。

三、新中国成立后的制度建立

（一）检察机关刑事诉讼法律监督职能的确立

新中国成立后，根据《中国人民政治协商会议共同纲领》我国彻底废除了国民党政府的“六法全书”等法律，并且借鉴当时苏联立法经验，在1950年制定了《中央人民政府最高人民检察署暂行组织条例》《各级地方

---

① 闵杉编:《中国检察史资料选编》，中国检察出版社2008年版，第249页。
② 闵杉编:《中国检察史资料选编》，中国检察出版社2008年版，第250页。
③ 闵杉编:《中国检察史资料选编》，中国检察出版社2008年版，第282页。

人民检察署组织通则》等法规条例，为新中国刑事诉讼制度的运行发挥了重要作用，也为未来的法律制定奠定了基础。其在明确了检察机关的一般监督权的同时，规定了检察机关的公诉权，“对反革命及其他刑事案件，实行检察，提起公诉”，同时规定各检察署“为有效完成其任务起见，得向各机关调阅有关的材料文件”[①]。1950年8月，时任最高人民检察署副检察长李六如在全国司法会议上作的《人民检察任务及工作报告大纲》中表示“凡已建立检察署的地区，对一切反动罪犯，虽仍由公安机关主要的负侦查与逮捕之责，但应经由检察机关审核，向法院提起公诉与出庭，检察机关还应该检察公安机关之侦查逮捕释放等是否合法”[②]。1954年9月，第一届全国人民代表大会第一次会议通过了《中华人民共和国人民检察院组织法》，首次以法律的形式确认了检察机关的职权，并更加强调了检察机关的法律监督职能，即“地方各级人民检察院，依照本法第二章规定的程序行使下列职权：……（二）对于刑事案件进行侦查，提起公诉，支持公诉；（三）对于侦查机关的侦查活动是否合法，实行监督”[③]；在第二章规定了人民检察院在侦查、公诉活动中的程序。在案件的侦查上，第10条规定，“人民检察院发现并且确认有犯罪事实的时候，应当提起刑事案件，依照法律规定的程序进行侦查或者交给公安机关进行侦查；侦查终结后，认为必须对被告人追究刑事责任的时候，应当向人民法院提起公诉”；第11条规定，“人民检察院对本级公安机关的侦查活动发现有违法情况，应当通知公安机关给以纠正。公安机关提起的刑事案件，侦查终结后，认为需要起诉的，应当依照法律的规定移送人民检察院审查，决定起诉或者不起诉”。上述规定明确了检察机关的侦查权、审查起诉权与对侦查行为法律监督权的行使方式；同时规定了检察机关在发现犯罪事实时既可以自行侦查也可以交由公安机关进行侦查，这实际上为审查起诉阶段的补充侦查权奠定了法律基础。

---

① 闵杉编：《中国检察史资料选编》，中国检察出版社2008年版，第391页。
② 闵杉编：《中国检察史资料选编》，中国检察出版社2008年版，第507页。
③ 闵杉编：《中国检察史资料选编》，中国检察出版社2008年版，第401页。

（二）审查起诉补充侦查的出现

时任最高人民检察院检察长张鼎丞在第一届全国人民代表大会第二次会议上发言时提到，对于公安机关要求批准逮捕人犯的案件中，“对于有些侦查不够充分、证据不足的，则送还公安机关补充侦查”。[①] 因此，虽然法律上没有明确审查起诉阶段，但在司法实践中，因为检察机关对公安机关侦查的案件进行审核，该审核的阶段就是实质上的审查起诉阶段。检察机关自行侦查的案件也有实际上的审查起诉阶段。1956 年《各级人民检察院侦查工作实行程序》中规定，侦查人员侦查终结后，认为被告人应受到刑事处罚的，应由侦查人员制作起诉书，报检察长批准后，连同侦查卷宗一并移送法院。对于侦查终结后认为证据不足或者可以免予刑事责任的，同样由侦查人员制作不起诉书或者报免予起诉书，经检察长批准后，送达诉讼参与人及告发机关。[②] 这一规定的设置在于当时各地做法不统一。部分地区设置了审判监督单位，侦查人员制作起诉意见书后，移送审判监督部门审查后，由其制作起诉书移送法院。在基层多数采取的是侦查人员直接制作起诉书移送法院。[③] 因此，针对检察机关自行侦查的案件，从简化流程、提高效率的角度上，将两程序的两文书合一，避免所谓的重复劳动。但在实践中，审判监督部门为侦查到审查增加了一道关口，一定程度上起到了审查起诉的作用。1957 年《最高人民检察院关于侦查监督工作程序方面的意见（试行草案）》明确了检察机关侦查监督的工作方式之一就是审查起诉。如果检察机关认为公安机关起诉意见书或免予起诉意见书中认定的犯罪事实尚未查明或证据不足，即应退回公安机关补充侦查，并在退回补充侦查意见书中提出具体的补充要求，连同全部侦查卷宗退回公安机关办理。[④] 这是在规范性文件中首次明确检察机关在审查起诉阶段的退回补充侦查权，规范了退回补充侦查的条件与方式，包括事实条件与证据条件，对于“犯罪事实尚未查明或证据不足”的情况，“应当”退回补

---

① 闵杉编:《中国检察史资料选编》，中国检察出版社 2008 年版，第 534 页。
② 闵杉编:《中国检察史资料选编》，中国检察出版社 2008 年版，第 459 页。
③ 闵杉编:《中国检察史资料选编》，中国检察出版社 2008 年版，第 469 页。
④ 闵杉编:《中国检察史资料选编》，中国检察出版社 2008 年版，第 472 页。

充侦查，且需由检察机关列明补充的具体要求。1962 年 11 月，《最高人民法院、最高人民检察院、公安部关于公、检、法三机关受理普通刑事案件的职责范围的试行规定》中明确了人民法院、检察机关、公安机关受理刑事案件的范围；同年 12 月，《最高人民检察院、公安部关于办理刑事案件的联合通知》规定，由检察机关受理案件中，重大复杂、需要侦查破案的，应由公安机关进行侦查。这一规定是由于公安机关侦查力量、侦查措施具有一定优势，基于确保侦查效果而作出的。

（三）审查起诉阶段补充侦查制度的出现

1963 年，在中央政法小组的主持下制定了《中华人民共和国刑事诉讼法草案（初稿）》，其在第三编第一章“审查起诉”中首次明确了刑事诉讼具有审查起诉阶段，同时明确了该阶段的补充侦查制度。第 115 条规定，“对于犯罪事实、情节不清或者证据不足的，应向侦查人员查询；必要时候可以退回公安机关补充侦查”；第 116 条规定，“公安机关对于补充侦查的案件，应当在十日内补充侦查完毕；如果不能按期完成或者认为不应当移送起诉的，应当通知人民检察院”。[①] 但由于处在特殊时期，实际在刑事诉讼中发挥作用的是《人民法院组织法》《人民检察院组织法》《逮捕拘留条例》，刑事诉讼没有单行的法律，因此该草案也没有最终生效。

虽然草案未生效，但草案的相关规定明确了五方面的内容，为 1979 年《刑事诉讼法》中补充侦查制度的最终确立奠定了基础：一是在法律层面上首次出现了审查起诉阶段的划分。“检警一体”模式，检察负责侦查并指挥侦查，侦查与起诉标准一致，侦查终结的标志就是提起公诉。随着我国现代司法制度的不断完善以及诉讼主体的相互磨合，诉讼阶段逐渐在我国刑事诉讼制度中确立。二是明确了审查起诉阶段的退回补充侦查权。三是明确了退回补充侦查的启动原则——必要性原则。退回补充侦查并非可以随意启用，也并非具有事实不清、情节不清、证据不足情形就即启动。在存在上述情形时，应当经向侦查人员查询后，认为确有必要的，才能启动该程序。若查询后查明事实、情节、补充相关证据，则无须启动。

---

① 闵杉编：《中国检察史资料选编》，中国检察出版社 2008 年版，第 438 页。

四是明确只有检察机关有着该程序的启动权，公安机关负责补充侦查的执行；同时明确了补充侦查的期限，以免造成不必要的诉讼拖延。五是赋予了公安机关的自行处理权。在退回补充侦查后，公安机关如果认为无法及时侦查终结或是认为属于不应当移送起诉的，则应当作出相应的决定，并通知检察机关。

第二节 审查起诉阶段补充侦查制度的嬗变

一、立法确定

十一届三中全会以后，党中央将人民民主专政的实现路径，由群众运动调整到法制建设上来，并遵循“加强社会主义法制”的方针，开启了大规模的立法活动。[①] 全国人大常委会法制委员会以 1963 年《中华人民共和国刑事诉讼法草案（初稿）》为基础，制定了我国第一部刑事诉讼法，即 1979 年《刑事诉讼法》。在制定过程中，首次将审查起诉阶段的补充侦查权写进了法律。其第 99 条规定，“人民检察院审查案件，对于需要补充侦查的，可以自行侦查，也可以退回公安机关补充侦查。对于补充侦查的案件，应当在一个月以内补充侦查完毕”。这一规定包含了两个方面的内容：一是规定了人民检察院享有补充侦查权的决定权，这也是由《刑事诉讼法》第 13 条规定的人民检察院与公安机关侦查权的界限所决定的，即“贪污罪、侵犯公民民主权利罪、渎职罪以及人民检察院认为需要自己直接受理的其他案件，由人民检察院立案侦查和决定是否提起公诉。第一、二款规定以外的其他案件的侦查，都由公安机关进行”。第 95 条也将是否提起公诉权交由检察机关决定。而是否提起公诉的前提之一就是证据是否确实、充分，为保证案件能够查清，授予检察机关以补充侦查权。二是为保证补充侦查效果，将原 1963 年草案中的 10 日的补充侦查期限延长为 1 个月，给补充侦查以充分的侦查期间。但为了防止案件久拖不决，以 1 个月为限，提高案件的诉讼效率，取消了在原草案中因为无法在补充

① 陈卫东：《刑事诉讼法治四十年：回顾与展望》，载《政法论坛》2019 年第 6 期。

侦查期限内查明犯罪事实后告知检察机关的程序。

1980年，最高人民检察院印发的《人民检察院刑事检察工作试行细则》第26条对刑事诉讼法中的补充侦查条款的具体执行进行了一定的细化，其将补充侦查的条件明确为人民检察院在审查案件中，认为主要犯罪事实不清、证据不足，或者有遗漏罪行、遗漏同案犯的情形时可以启动补充侦查程序，一定程度上避免了补充侦查启动事由的随意性，同时还要求检察机关对补充内容应当提出具体意见、指明具体补充内容。1991年，最高人民检察院对该细则进行了修改，再次增加了两项内容：一是将退回补充侦查适用主体从公安机关扩大到检察机关自行侦查的范围，并且在退回补充侦查时，需将案卷材料一并退回，便于补充侦查的效果；二是规范了追诉漏犯的程序。对于发现漏犯时，首先应当制作移送审查起诉被告人建议书，建议侦查机关移送审查起诉。在建议不被采纳，且检察机关认为犯罪事实清楚，证据确实、充分，应予追究的，可以直接提起公诉。对于自行侦查案件，刑事检察机关应当向本院侦查部门提出补充移送审查起诉的意见。如有异议，由刑事检察部门报请检察长或检察委员会决定。同时，公安部于1987年《关于公安机关办理刑事案件程序规定》中也对补充侦查进行了规范，尤其是对补充侦查后的处理进行了明确。对于经过补充侦查，发现不应移送起诉的，撤回起诉意见书，由公安机关撤回起诉；如果发现新的同案犯或者新的罪行，可根据情况重新制作起诉意见书或者补充起诉意见书，增加新的犯罪嫌疑人及新的涉嫌犯罪事实。

二、修改完善

（一）1997年刑事诉讼法的修改与完善

1979年的刑事诉讼法由于当时的时代背景及形势，决定了其自身带有鲜明的纠问式职权主义的色彩，重客观事实轻法律事实、重打击犯罪轻人权保障、重实体轻程序、重法律适用轻证据收集，尤其在庭审过程中控审不分、先定后审的情况普遍存在。其第108条规定，“人民法院对提起公诉的案件进行审查后，对于犯罪事实清楚、证据充分的，应当决定开庭审判；对于主要事实不清、证据不足的，可以退回人民检察院补充侦查；对于不需要判刑的，可以要求人民检察院撤回起诉”。人民法院在开庭前首先要对起诉书的内容以及证据进行审查，只有达到事实清楚、证据确实充分才能开庭审理，也就是说尚未经过庭审程序，法官已经对案件的事实与证据予以认定，庭审程序虚化，必然形成实际上的“先定后审”。在庭审程序中规定，公诉人宣读起诉书之后，由审判人员讯问被告人，物证、未到庭证人证言、鉴定人的鉴定意见、勘验笔录和其他作为证据的文书，由法官当庭出示、宣读，并且听取当事人和辩护人的意见等。上述规定实际上意味着由法官承担了公诉人对被告人的指控职能，公诉人在庭审过程中实际上只起到宣读起诉书、讯（询）问以及发表公诉意见的职能，并不对证据承担出示及组织的责任，这是典型“控审合一”的体现，并且在辩论制度之中进行了大量的限制，使辩护职能难以发挥其应有的作用。人民法院在开庭前7日对被告人送达起诉书副本，此时被告人才能聘请辩护人。实践中，辩护人在7日内要会见被告人、阅卷、申请补充证据或自行调查、准备辩护意见，根本无法对案件进行充分辩护。同时，对于“对杀人、强奸、抢劫、爆炸和其他严重危害公共安全应当判处死刑的犯罪分子，主要犯罪事实清楚，证据确凿，民愤极大的”，应当迅速及时审判，可以不受《刑事诉讼法》第110条规定的关于起诉书副本送达被告人期限的限制。① 也就是说，甚至在开庭前都可以送达起诉书副本，实际上剥夺了此类被告人的辩护权利。并且由于辩护介入时间在案件起诉之后，辩护人更无法对侦查行为、证据收集、起诉决定等提出任何意见建议，辩护职能虚化。因此，在1996年刑事诉讼法修改时，为了更好地实现庭审查明事实，发挥诉讼参与各方的作用，进行了审判方式的改革，将控辩式的庭审模式引入刑事诉讼法，对条文进行了大量的修改，比如将人民法院对证据与事实的实体性审查改为对起诉书中是否存在明确指控事实及证据目录的程序性审查；将庭审中出示证据的义务交由公诉人、辩护人；将犯罪嫌疑人首次接受讯问或被采取强制措施之日作为其委托律师提供法律帮助的时间点，委托辩护人的时间从庭审前7日提前到自移送起诉之日起等。同

---

① 崔敏：《中国刑事诉讼法的新发展》，中国人民公安大学出版社1996年版，第143页。

时，对补充侦查的条款进行了大量的修改与补充。具体有：

一是增加了在人民检察院在审查案件时，可以要求公安机关补充法庭审判时需要的材料，这里的补充材料并不是标准意义上的补充侦查程序，而是对案件事实已经查清，但尚有个别证据需要查证，没有完全达到庭审的要求，而又不必要补充侦查的案件，人民检察院可以要求公安机关提供个别的证据材料。[①] 之所以修改是为了适应刑事诉讼法修改后庭审的需要，由于庭审程序的变化，增加了公诉人、辩护人在庭审中的功能与职责，也使法庭审理更为实质化，避免"先定后审"的情况出现，程序上免除了法官的审前审查义务，当庭出示、当庭质证，对参与定罪量刑的证据要求更高，也更为细致。这部分证据的补充主要就是针对案件事实清楚，个别证据需要补充或者补正，不需要通过退回补充侦查的方式予以补充的情形。这既体现了刑事诉讼的效率原则，又减少了诉讼各方因退回补充侦查而产生的新的诉累。

二是调整了补充侦查方式的次序。将原有补充侦查方式中的自行侦查在前、退回补充侦查在后的顺序调整为"可以退回公安机关补充侦查，也可以自行侦查"。虽然两种补充侦查方式检察机关具有自由选择权，但是排列次序仍然代表一种潜在的先后选择权，即优先选择退回补充侦查。而次序之所以调换是因为考虑到检察机关在审查起诉期间主要的任务是对证据的审查与判断，而非代替公安机关进行侦查。只是针对部分通过自行侦查即可以对证据进行收集或准确认定事实的情况，可以自行侦查。

三是对于补充侦查的案件，增加了关于次数的规定。退回补充侦查以两次为限，防止利用退回补充侦查变相延长案件办理期限，无限期地退回补充侦查，避免案件久拖不决的情况发生。原侦查在应然情况下犯罪事实已经查清，证据应当收集完毕，补充侦查作为对原侦查的补充，势必不能按照原侦查期间计算，且回流程序也属例外，因此应当限制使用次数。同时，1984 年全国人大常委会通过的《关于刑事案件办案期限的补充规定》规定"补充侦查完毕移送人民检察院后，人民检察院重新计

---

① 全国人大常委会法制工作委员会刑法室编：《中华人民共和国刑事诉讼法条文说明、立法理由及相关规定》，北京大学出版社 2008 年版，第 332 页。

算审查起诉期限”。[①]

四是对于补充侦查之后仍然证据不足的如何处理予以了明确。对于补充侦查后的案件，人民检察院仍然认为证据不足，不符合起诉条件的，可以作出不起诉处理。由检察机关行使审查起诉职能，判断证据情况，决定是否起诉。

1999年，最高人民检察院出台《人民检察院刑事诉讼规则》，针对刑事诉讼法运行三年以来检察实践中存在的问题，对补充侦查制度以及实际操作予以了进一步的完善，增加以及明确了八项内容：

一是增加了退回补充侦查权的法定启动事由。《人民检察院刑事诉讼规则》第265条规定，“人民检察院审查起诉部门在审查中发现侦查人员以非法方法收集犯罪嫌疑人供述、被害人陈述、证人证言的，应当提出纠正意见，同时应当要求侦查机关另行指派侦查人员重新调查取证……侦查机关未另行指派侦查人员重新调查取证的，可以依法退回侦查机关补充侦查”。在除原主要犯罪事实不清、证据不足，或者有遗漏罪行、遗漏同案犯的情形外，增加了侦查机关未针对非法证据重新调查取证的情形下，检察机关也可以启动补充侦查程序，在补充侦查的功能上增加了监督属性。

二是在自行侦查中增加了要求公安机关协助权。由于侦查权限、侦查手段以及侦查人员的限制，在检察机关自行补充侦查中，必要时可以要求公安机关提供协助，从而在提升诉讼效率的前提下保证补充侦查效果。

三是针对检察机关自行侦查案件如何补充侦查进行了明确。对于本院自行侦查案件退回本院侦查部门补充，上级人民检察院侦查终结由下级人民检察院审查起诉的案件，下级人民检察院审查起诉部门认为应当对案件补充侦查的，可以退回本院侦查部门补充侦查，同时，上级人民检察院侦查部门应当协助进行。针对检察机关自行侦查案件，从刑事诉讼规则上来看，只有退回补充侦查的规定，没有自行补充侦查的设置。

四是明确了自行侦查的期间及计算标准。刑事诉讼法中对于退回补充

---

① 全国人大常委会法制工作委员会刑法室编：《中华人民共和国刑事诉讼法条文说明、立法理由及相关规定》，北京大学出版社2008年版，第333页。

侦查有着明确的期间。但对于自行侦查未规定侦查期间，是否统一适用补充侦查期间，侦查期间与审查起诉期间是否重合等问题在当时的司法实践中未能明确。为解决这一问题，《人民检察院刑事诉讼规则》对此进行了明确，即自行侦查的应当在审查起诉期限内侦查完毕。

五是对发现新的犯罪事实如何处理进行了明确。对于已经二次退回补充侦查后重新移送起诉发现新的犯罪事实的案件，应当移送公安机关立案进行侦查。这是考虑到针对新的犯罪事实属于重新侦查，需要重新拟定侦查思路、侦查方向、侦查手段，在二次退回补充侦查之后，检察机关从时间以及精力上更多地放在对二次退回补充侦查之后新的证据和事实的审查起诉工作上，无法再针对新的犯罪事实进行自行侦查，移送公安机关重新立案侦查更能保证侦查效果。但这一规定也并非没有考虑到例外情形，对于新的犯罪事实已经查清的情形，检察机关也可以不移送公安机关，直接依法提起公诉。

六是明确了在审查起诉期间改变管辖后的补充侦查方式，既可以通过原受理案件的人民检察院退回原侦查的公安机关补充侦查，也可以自行侦查，并明确了退回补充侦查总次数不能超过两次。

七是对于证据不足不起诉的前置程序予以了明确，不能机械适用两次补充侦查，而应该根据案件情况在法律规定的范围内确定补充侦查的次数。其中包含两层含义：其一，经过一次退回补充侦查，认为该案证据仍达不到起诉条件，且没有必要再进行补充侦查的，可以作出不起诉决定；其二，经过两次补充侦查，仍达不到起诉条件的，应当作出不起诉的决定。

八是对于发现侦查机关移送案件属于不应追究刑事责任的情形如何处理进行了规定。对于公安机关移送起诉的案件，应当说明理由后退回公安机关处理；对于本院侦查部门移送起诉的案件，应当退回本院侦查部门建议作撤销案件的处理。

《公安机关办理刑事案件程序规定》对于补充侦查予以了进一步的细化，并且作了五个方面的修改与补充。具体如下：

一是要求原侦查部门分析检察机关退回补充侦查意见，不只是就补充意见进行简单的证据补正，而应对原案的事实、证据和定性处理意见进行全面审查，从而更好地发现之前在事实认定、法律适用、证据收集中存在的问题，以及与检察机关之间的分歧。

二是增加了审批环节，对于补充侦查意见的处理应当报请县级以上公安机关负责人批准，一方面体现对该项程序结果运用的进一步规范，另一方面层层把关，提升补充侦查的质量与效果。

三是对补充侦查后的处理情况进行了调整，对于原认定事实情况缺乏相关证据的，在补充证据之后应当制作补充侦查报告书移送检察机关；不能补充的，应当对原因及情况进行说明；对于出现新的犯罪嫌疑人以及犯罪事实的，取消补充起诉意见书，统一为重新制作起诉意见书移送审查；对于补充侦查后发现事实有重要变化，不应追究刑事责任的，删除了原有的撤回起诉决定，变为提出新的处理意见，将在审查起诉阶段的程序终结权统一交由检察机关行使，由检察机关依法行使不起诉权。一方面避免了侦查程序的任意滥用；另一方面在案件移送起诉之后，意味着侦查阶段已经终结，其处理决定权应当由检察机关作出。

四是增加了公安机关对检察机关退回补充侦查权的制约。公安机关认为人民检察院退回补充侦查不当的，应当说明理由，移送人民检察院审查，这契合于人民法院、人民检察院和公安机关进行刑事诉讼互相制约的原则，也是对检察机关任意退回补充侦查的监督，减少了公安机关的诉累。

五是根据刑事诉讼法的修改，增加了公安机关在审查起诉阶段对提供法庭审判所必需的证据材料收集和提供的职责。

（二）2012 年刑事诉讼法的修改与完善

刑事诉讼法在 2012 年经历了第二次修改，进一步提升了庭审的实际作用，更加强调了程序正义，增加了对证据，尤其是证据收集中的程序要求。第 53 条对侦查终结、提起公诉和作出有罪判决规定了“案件事实清楚，证据确实、充分”的证明标准：定罪量刑的事实有证据证明；据以定案的证据均经法定程序查证属实；综合全案证据，对所认定事实已排除合理怀疑。这对传统模糊的证明标准进行了明确及细化，分为了三个层次，即定案证据本身程序合法、所涉事实均有合法的证据予以证实、对所认定的事实有充分的证据予以证明，自然也对侦查、公诉以及审判证据的合法性、关联性、客观性提出更高的要求，对于证据的收集和组织更是如此。

因此，刑事诉讼法对补充侦查的内容继续完善：一是检察机关除原有要求公安机关提供法庭审判证据材料之外，认为可能存在非法证据情形的，可以要求公安机关对证据收集的合法性进行说明，明确了在审查案件时发现证据收集可能不合法时的具体处理方法。这是在对原有的证据“量”上提出了更高的“质”的要求。新规定除要求提供证据之外，还要求对原有的证据合法性进行说明，从原有的证据“有无”的需求发展到了对证据本身“好坏”的评判和要求，这也是贯彻修改后刑事诉讼法中非法证据应当予以排除，不得作为移送起诉、审查起诉及判决的规定，同时也为在下一步庭审中检察机关对证据合法性进行证明在审查起诉环节所作的准备。二是明确了对于已经二次补充侦查的案件，人民检察院仍然认为证据不足，不符合起诉条件的，应当作出不起诉的决定。原有法条对于通过补充侦查，仍然认为证据不足，不符合起诉条件的，包含两种情况：一种是经过一次退回补充侦查，认为证据不足且没有再次补充侦查必要的，可以作出不起诉决定；另一种是经过二次退回补充侦查，仍不符合起诉条件的，可以作出不起诉的决定。这两种情况根据原有规定都只是“可以”作出不起诉决定。司法实践中，有退回公安机关让公安机关自己消化的情况。但在刑事诉讼法修改后，其法律后果更为明确，即“应当”由检察机关作出不起诉决定，不能有其他变通或者折中的处理方式。

2012年刑事诉讼法修改之后，最高人民检察院也相应对刑事诉讼规则进行了修改，对与补充侦查相关的四处进行了修改完善。

一是对本院自行侦查案件的补充侦查，由原来的退回补充侦查一种形式，增加了可以由审查起诉部门自行侦查，并可以要求侦查部门予以协助。这既与刑事诉讼法中补充侦查方式相统一，也有利于提高诉讼效率，符合补充侦查中案件质效相一致的要求。

二是对不起诉的前置程序进一步予以了明确，将“潜规则”变成了“明规则”，对于经过两次退回补充侦查，证据不足的，应当作出不起诉处理。对于一次退回补充侦查后，对下一步证据收集情况进行预判分析，如果确实无法再行收集的，没有必要进行二次退回补充侦查，可以终结司法程序。

三是增加了对退回补充侦查的监督。要求办案部门在案件退回补充侦查后，或者补充侦查完毕移送起诉后重新计算审查起诉期限时，应当在作出决定后10日以内通知人民检察院监所检察部门或者案件管理部门及看守所，一方面便于监所检察部门对被羁押的犯罪嫌疑人进行羁押必要性审查，减少不必要的羁押；另一方面便于案件管理部门及时对该程序进行流程监控，加强内部程序把控与监督。《公安机关办理刑事案件程序规定》增加了一项内容，将原有检察机关要求公安机关补正权从审查起诉阶段扩展到生效判决前，在人民法院审理的一审以及尚未生效的二审案件中，检察机关均可以要求公安机关予以补充证据。

四是删除了检察机关退回案件的程序。对于认为不构成犯罪的，依法作出不起诉决定，不能退回侦查机关要求侦查机关撤案，增加了案件由检察机关作出司法判断的过程，而非侦查机关的行政决定。

（三）2018年刑事诉讼法的修改与完善

2018年刑事诉讼法修订后，2019年12月2日最高人民检察院第十三届检察委员会第二十八次会议通过《人民检察院刑事诉讼规则》，对补充侦查相关事项进行了大量补充性的规定：一是增加了告知义务，对于审查起诉案件退回补充侦查等情形检察机关应当及时告知辩护律师，一方面及时告知诉讼进展，便于辩护人把握诉讼进展情况，更好开展工作；另一方面实现对补充侦查的外部监督。二是增加了退回补充侦查之后的监督，2020年7月公安部对《公安机关办理刑事案件程序规定》进行了修正，对审查起诉阶段补充侦查制度进行了调整，将应当书面向人民检察院说明情况的情形，从无法补充的证据一项，增加了对确实无法查明的事项也应书面说明情况；对于通过补充侦查发现“原认定的犯罪事实有重大变化，不应当追究刑事责任的”情形，从“重新提出处理意见”修改为“应当撤销案件或者对犯罪嫌疑人终止侦查”，对原有终局性决定权的主体范围进行了扩充，原负责侦查的公安机关在查明事实之后，也可以作出终局性的处理决定。

三、创新探索

为保证补充侦查效果，规范该项制度的良好运行，在修法的同时，司法机关也在对该项制度通过配套机制与措施予以完善。最高人民检察院《2018—2022年检察改革工作规划》中共确定了6个方面46项改革任务。其中，在健全发挥检察机关审前程序作用工作机制方面，要求加强自行补充侦查工作，完善自行补充侦查工作机制。《2023—2027年检察改革工作规划》共确定了完善“六大体系”36项改革任务。其中，在全面构建检察机关法律监督现代化制度体系，强化对执法司法活动的制约监督方面，再次将完善刑事案件自行补充侦查机制作为改革内容。2019年开始推行在市、县公安机关设立执法办案管理中心，探索建立派驻检察机制。通过向公安机关派驻检察室后，检察官在参加公安机关办理重大疑难案件的过程中将审查关口前移，变事后监督为事前、事中监督，促使侦查人员及时收集客观证据、关键定案证据保证取证质量。这一系列举措的重要内容之一就是完善补充侦查制度，提高补充侦查效果，提升刑事案件质量。

为解决在补充侦查工作中存在的问题，2020年3月27日，最高人民检察院、公安部共同制定并下发了《关于加强和规范补充侦查工作的指导意见》。该意见共22条，对包括审查起诉阶段退回补充侦查、自行补充侦查等需要补充相关证据程序的技术性操作进行了规范。针对审查起诉阶段补充侦查在八个方面进行了细化：一是确定了补充侦查必要性、可行性、说理性、配合性、有效性五大原则，明确了补充侦查程序、效果、配合等方面目标导向；二是明确了两次退回补充侦查分别具备的条件与要求；三是规范了退回补充侦查提纲的内容；四是明确了退回补充侦查后，人民检察院和公安机关相互配合的具体方式；五是明确了自行补充侦查的适用条件与侦查程序；六是规定了公安机关补充侦查以及配合检察机关自行补充侦查的要求；七是明确了检察机关针对公安机关未及时有效开展补充侦查工作的监督方式；八是细化了检察机关要求公安机关调取证据材料以及说明证据收集合法性的程序。该意见的出台，一定程度上完善了以证据为核心的刑事检察工作体系，提升了补充侦查工作的规范性与操作性，弥补了司法实践中法条规定较为原则、较为粗糙的缺陷，为一线检察人员更好地执行该项制度提供了依据。

第三节 审查起诉阶段补充侦查制度的规范解读

关于审查起诉阶段补充侦查制度，我国先后出台的法律法规以及规范性文件中，《刑事诉讼法》《人民检察院刑事诉讼规则》《公安机关办理刑事案件程序规定》以及最高人民检察院、公安部《关于加强和规范补充侦查工作的指导意见》(以下简称《指导意见》)对于审查起诉阶段补充侦查均有着相关的规定与细化的措施，这也是对审查起诉阶段补充侦查制度的执行的应然要求。从制度规范上来看，根据主体、方式的不同，审查起诉阶段补充侦查制度可以分为退回补充侦查、自行补充侦查、要求公安机关提供证据材料、要求公安机关对于证据合法性进行说明等四种形式，而这四种形式由于各自的特点，其运行模式也各有不同。

一、退回补充侦查制度的规范解读

退回补充侦查，即检察机关将公安机关、本院侦查部门移送起诉的案件退回移送机关或者部门，由承担侦查职能的机关或者部门对移送的案件事实进行补充相关证据。在审查起诉阶段，退回补充侦查系主要的、首选的补充侦查形式。

(一)启动条件

根据《人民检察院刑事诉讼规则》第342条、《指导意见》第6条规定，对于案件存在事实不清、证据不足或者存在遗漏罪行、遗漏同案犯罪嫌疑人等情形需要补充侦查的应当退回公安机关补充侦查。《人民检察院刑事诉讼规则》第73条规定，在排除非法证据后，没有其他证据能够证明犯罪嫌疑人实施了犯罪行为的，已经移送起诉的，可以退回补充侦查。这也是因排除非法证据导致其他证据不足以对该案犯罪嫌疑人所涉嫌犯罪事实予以证明，属于原有移送事实不清、证据不足，需要让原侦查机关继续收集证据。刑事诉讼法规定补充侦查以两次为限，两次补充侦查的条件也存在一定的区别。《指导意见》第6条第2款规定，“在案件事实或证据发生变化、公安机关未补充侦查到位、或者重新报送的材料中发现矛盾和问题的，可以第二次退回补充侦查”。第二次补充侦查的启动条件，重要的还是要考虑上述条件，否则一般不启动第二次退回补充侦查。同时，第9条规定了一般不退回补充侦查的情形，在不影响定罪量刑前提下，作案工具、赃物去向未查清，但有其他证据足以证实的、言词证据主要内容一致，个别不影响定罪量刑内容存在偏差、未及时移送补充同案犯罪嫌疑人的，以及补充事实或证据实际确实无法补充的情况，一般不退回补充侦查。出现上述情况的，检察机关直接根据原案事实、证据情况作出是否起诉的处理决定，避免不必要的退查，影响诉讼效率。

（二）退回补充侦查的程序

根据《人民检察院刑事诉讼规则》第342条规定，人民检察院认为犯罪事实不清、证据不足或者存在遗漏罪行、遗漏同案犯罪嫌疑人等情形需要补充侦查的，应当制作补充侦查提纲，连同案卷材料一并退回公安机关补充侦查。第345条对于检察机关自行侦查的案件退回补充侦查也进行了类似的规定。在案件符合退回补充侦查条件时，检察机关或者检察机关负责捕诉的部门应当制作补充侦查提纲与案件材料一并退回。同时，为了提升补充侦查的全面性、针对性、可行性与说理性，《指导意见》要求检察机关在第一次退回补充侦查时，应当向公安机关列明全部补充侦查事项，并对检察机关的补充侦查提纲提出了具体要求，列明了一般具备的七项内容，包括：（1）补充侦查的理由，即原案事实不清、证据不足的具体情况及原因；（2）补充侦查的方向及目的，即阐明补充侦查的理由，包括案件事实不清、证据不足的具体表现和问题；（3）明确需要补充侦查的具体事项和需要补充收集的证据目录；（4）根据起诉和审判的证据标准，明确补充、完善证据需要达到的标准和必备要素；（5）有遗漏罪行的，应当指出在起诉意见书中没有认定的犯罪嫌疑人的罪行；（6）有遗漏同案犯罪嫌疑人需要追究刑事责任的，应当建议补充移送；（7）其他需要列明的事项。

《公安机关办理刑事案件程序规定》第295条规定，“侦查终结，移送人民检察院审查起诉的案件，人民检察院退回公安机关补充侦查的，公安机关接到人民检察院退回补充侦查的法律文书后，应当按照补充侦查提纲在一个月以内补充侦查完毕”。检察机关自行侦查的案件退回补充侦查也有着类似的规定。《指导意见》第16条规定，公安机关开展补充侦查工作，应当按照人民检察院补充侦查提纲的要求，及时、认真补充完善相关证据材料；对于补充侦查提纲不明确或者有异议的，应当及时与人民检察院沟通；对于无法通过补充侦查取得证据的，应当书面说明原因、补充侦查过程中所做的工作以及采取的补救措施。第8条也要求在退回补充侦查之后，检察机关应与公安机关及时沟通，解决分析，对案件疑难复杂、事实证据发生重大变化以及公安机关提出请求的案件，检察机关可以跟进补充侦查情况，必要时可以列席公安案件讨论，提升退查效果。

（三）退回补充侦查后的处理

《公安机关办理刑事案件程序规定》第296条规定，根据退回补充侦查情况，经县级以上公安机关负责人批准，作出不同的处理决定，对于原案证据、事实存在瑕疵的，应当在查清事实、补充证据后，制作补充侦查报告书，移送人民检察院审查；对确实无法查明的事项或者无法补充的证据，应当书面向人民检察院说明情况；发现新犯或者新罪时，应当重新制作起诉意见书重新移送；发现原事实属于不应当追究刑事责任情形的应当撤销案件或者对犯罪嫌疑人终止侦查，并将有关情况通知退查的人民检察院。

检察机关在受理侦查主体退查重报的案件之后应予审查。《人民检察院刑事诉讼规则》第367条规定，对于人民检察院对于二次退回补充侦查的案件，仍然认为证据不足，不符合起诉条件的，经检察长批准，依法作出不起诉决定。人民检察院对于经过一次退回补充侦查的案件，认为证据不足，不符合起诉条件，且没有再次退回补充侦查必要的，经检察长批准，可以作出不起诉决定。对于已经二次退回补充侦查的案件，应当及时作出不起诉决定；对于一次退回补充侦查的案件，在对下一步侦查进展的预判后，认为没有必要再次退回补充侦查，即对终止诉讼程序，减少诉讼环节以及诉讼活动带给案件当事人不必要的诉累。同时规定，在作出证据不足不起诉之后，出现新的证据，还可以再行起诉。对于在审查中已经退回公安机关二次补充侦查的案件，在审查起诉中又发现新的犯罪事实的，根据《人民检察院刑事诉讼规则》规定，应当将线索移送公安机关。对已经查清的犯罪事实，应当依法提起公诉。为保证对新的案件事实的侦查时间与侦查效果，依法惩治犯罪，在案件事实查清之后，在原案尚未判决前依法可以补充起诉，原案已经判决的，由具有管辖权的检察机关向人民法院重新提起诉讼，与原判决数罪并罚。

（四）监督制约

检察机关对退回补充侦查有着内部的监督制约。《人民检察院刑事诉讼规则》第614条规定，人民检察院在办理案件过程中，犯罪嫌疑人被羁押时，办案部门在作出退回补充侦查决定，或者补充侦查完毕移送起诉后重新计算审查起诉期限的，应当在作出决定10日以内通知本院负有监督职责的部门，对犯罪嫌疑人的羁押必要性以及退回补充侦查决定是否恰当进行审查，如果不具有羁押必要的，则建议侦查机关或者办案部门变更强制措施。《指导意见》第4条明确规定，人民检察院开展补充侦查工作，应当书面列出补充侦查提纲。补充侦查提纲应当分别归入检察内卷、侦查内卷。这样在对案件进行评查时，能够说明退查理由及事项，从内部更好地把控案件质量。除内部监督外，还有着外部监督制约。《刑事诉讼法》第47条规定，案件审查起诉之日起，检察机关应当允许辩护律师查阅、摘抄、复制本案的案卷材料。案卷材料包括案件的诉讼文书和证据材料。同时，该条款还规定了退回补充侦查时，应当及时告知辩护律师，一方面方便辩护律师及时把握案件进程，另一方面便于辩护律师通过查阅案件诉讼文书与案件材料情况判断退回补充侦查的必要性，从辩护的角度对检察机关的决定进行监督，对不必要的退查提出异议。对非律师的辩护人，检察机关在案件事实不清、证据不足，或者遗漏罪行、遗漏同案犯罪嫌疑人需要补充侦查时，可以拒绝其提出的查阅、摘抄、复制案卷材料或者申请同在押、被监视居住的犯罪嫌疑人会见和通信的请求。这也是由律师独立的诉讼地位与职责所决定的。公安机关对于检察机关不当退回补充侦查具有异议权。《公安机关办理刑事案件程序规定》第296条第4款规定，公安机关认为原认定犯罪事实清楚，证据确实、充分，人民检察院退回补充侦查不当的，应当说明理由，移送人民检察院审查。公安机关认为检察机关退回补充侦查不当的，有意见表达和提出异议的权力。该异议权与不逮捕不起诉的复议复核权在强制力上存在区别，但仍然能够起到一定的监督制约作用。同时，公安机关对于检察机关因证据不足作出的不起诉决定还可以依法复议复核。

公安机关对检察机关退回补充侦查案件的处理，同时也要受到检察机关的监督，包括对漏罪、漏犯的监督，对处理决定的监督以及对补充侦查效果的监督三个方面。检察机关在审查公安机关移送的案件时，发现遗漏罪行或者有依法应当移送起诉的同案犯罪嫌疑人未移送起诉的，应当要求公安机关补充侦查或者补充移送起诉。对于犯罪事实清楚，证据确实、充分的，也可以直接提起公诉。检察机关作为法律监督机关，依法对刑事诉讼进行监督，对于应当立案而没有立案，或者应当追诉而没有追诉的，依法应当提出监督意见。在退回补充侦查之后，检察机关应当跟踪案件进展情况，既跟踪公安机关的处理情况，又关注补充侦查效果。根据《人民检察院刑事诉讼规则》第 347 条规定，1 个月的补充侦查时限届满，公安机关未将案件重新移送起诉的，检察机关应当要求公安机关说明理由，并对其理由进行审查。如果发现其理由不成立的，应当要求公安机关移送起诉；如果发现公安机关违反法律规定撤销案件的，应当启动立案监督程序，撤销其不立案决定。对于公安机关没有及时说明理由或是补充侦查超期甚至超期羁押的，检察机关应向公安机关提出纠正意见，涉嫌犯罪的应当依法立案侦查。《指导意见》明确要求公安机关经补充侦查重新移送起诉后，检察机关应当对照补充侦查提纲，结合补充侦查报告及补充的证据，对补充侦查的效果、程序、内容进行审查，对于公安机关未及时有效开展补充侦查工作的，进行口头督促；对于公安机关不及时补充侦查导致证据无法收集影响案件处理的，必要时可以发出检察建议；对于公安机关存在非法取证等情形的，应当依法启动调查核实程序，根据情节，依法向公安机关发出纠正违法通知书，涉嫌犯罪的，依法进行侦查；对于发现非法证据收集情形的，检察机关可以要求公安机关另行指派侦查人员重新调查取证，必要时也可以自行调查取证；对于补充侦查后，仍无法达到起诉条件的，依法作出不起诉的决定。

（五）补充侦查期限与次数

《刑事诉讼法》第175条规定，对于补充侦查的案件，应当在1个月以内补充侦查完毕，且应以两次为限。《人民检察院刑事诉讼规则》第350条规定，在审查起诉期间改变管辖的案件，改变管辖前后退回补充侦查的次数不得超过两次。不论案件管辖次数发生过几次变更，补充侦查的总次数均不发生变化，这样就避免了因管辖发生变化而导致无限次的补充侦查。同时，刑事诉讼法规定，在补充侦查完毕移送检察机关后，检察机关重新计算审查起诉期限。这也是为了在补充侦查之后，检察机关可以全面审查事实和证据，综合作出判断。

二、自行补充侦查制度的规范解读

除退回移送机关补充侦查外，检察机关还可以自行侦查或自行补充侦查，对于上述单位移送案件，检察机关认为没有必要退回补充侦查的，可以自行收集证据，其与退回补充侦查在启动条件、侦查主体、侦查程序等方面存在一定的区别。

（一）启动条件

对于公安机关侦查以及本院自行侦查的案件，《人民检察院刑事诉讼规则》在检察机关决定自行补充侦查上的启动条件较之退回补充侦查并没有特别的规定，在程序的选择权上也没有明确，可以由检察机关自行决定适用。在《指导意见》第11条予以了一定的明确，即在具有自行侦查可能性的前提之下，影响定罪量刑的关键证据存在灭失风险，需要及时收集和固定证据、经退回补充侦查未达到要求的、有证据证明侦查人员存在非法取证、违法取证等情形的，检察机关认为自行补充侦查更为适宜的，可以自行补充侦查。

（二）补充侦查主体

检察机关自行补充侦查，其侦查主体应为检察机关工作人员，根据《指导意见》规定，自行补充侦查应当由检察官进行组织安排，进行补充侦查的检察人员不少于两人，这里的检察人员是指办案部门的检察官、检察官助理、书记员。同时，《人民检察院刑事诉讼规则》第35条规定，审查起诉阶段参加自行补充侦查的人员可以承办该案的审查逮捕、审查起诉、出庭支持公诉和诉讼监督工作，但是对于本院自行侦查的案件，检察机关参与前期侦查的人员不能再作为刑事检察部门人员承办该案，只能协助参与补充侦查工作。需要技术支持和安全保障的，由检察机关的技术部门和警务部门派员协助。因此，补充侦查的人员范围不包括检察机关技术部门与警务部门的人员，其在补充侦查过程中只是分别起到技术支持与安全保障作用，并不承担取证责任。同时，根据刑事诉讼法的规定，检察机关自行补充侦查还可以要求公安机关予以配合。

（三）补充侦查程序

《指导意见》第12条规定，“人民检察院自行侦查，适用《中华人民共和国刑事诉讼法》规定的讯问、询问、勘验、检查、查封、扣押、鉴定等侦查措施，应当遵循法定程序，在法定期限内侦查完毕”。检察机关自行补充侦查案件在侦查措施上应当按照刑事诉讼法关于侦查取证规则进行。自行补充侦查期间根据《人民检察院刑事诉讼规则》规定，应当在审查起诉期限内侦查完毕。一般刑事案件检察机关审查起诉期限为1个月，重大、复杂案件可以延长15日；适用速裁程序案件应当在10日以内作出决定，对可能判处有期徒刑超过一年的，可以延长至15日，其自行补充侦查案件期限也应与之对应。在自行补充侦查结束后，所获证据应当作为认定案件事实及适用法律的依据。

三、要求公安机关提供证据材料的规范解读

除上述两种补充侦查模式外，对于无需通过退回补充侦查，但检察机关自行收集存在一定困难，由公安机关收集用于法庭审判所必需的证据材料更为适宜的，由公安机关予以收集。同时规定，对于证据的合法性，也需要由公安机关予以说明。

（一）启动条件

对于要求公安机关调取证据的情形，《指导意见》第10条规定，案件事实清楚，补正难度不大且可以在审查期间完成；证据存在一定瑕疵，但瑕疵较为轻微，可以在审查起诉期间补正；缺乏到案经过前科材料等情

形，均可以通过调取证据的方式予以补证。

对于证据的合法性说明，启动条件就是人民检察院在证据审查过程中，发现存在《刑事诉讼法》第 54 条规定的以非法方法收集证据情形的[①]，应当要求公安机关对收集的程序的合法性提供书面的说明或者证明其合法性的材料。

（二）提供程序

对于调取证据的情形，由检察机关向公安机关发出调取证据材料通知书，并围绕认定事实、适用法律存在的问题，列明需要调取的各项证据材料，提出调取证据方法和途径的建议，并根据实际情况，提出相应的工作要求。

对于证据合法性说明，检察机关可以要求公安机关对证据收集的合法性作出书面说明或者提供相关证明材料，必要时，可以自行调查核实。如果无法证实证据的合法性，或是合法性存疑，则排除非法证据，并且要求公安机关继续调取相应证据；如果没有其他证据证实，则依法启动正式的补充调查或侦查程序；同时发现公安机关存在违法事项时，应当依法启动调查核实程序，根据情节，依法向公安机关发出纠正违法通知书，涉嫌犯罪的，依法进行侦查。

---

① 《刑事诉讼法》第 56 条第 1 款规定，"采用刑讯逼供等非法方法收集的犯罪嫌疑人、被告人供述和采用暴力、威胁等非法方法收集的证人证言、被害人陈述，应当予以排除。收集物证、书证不符合法定程序，可能严重影响司法公正的，应当予以补正或者作出合理解释；不能补正或者作出合理解释的，对该证据应当予以排除"。

第三章

退回补充侦查制度现状考察与运行困境

在审查起诉阶段虽然设置了多种补充侦查方式，但是实践中更多采用的是退回补充侦查与自行补充侦查两种模式，这两种模式也是理论与司法实践中通说承认的两种标准补充侦查模式。虽然二者都属于对原侦查的补正，但是由于其制度设计、补查主体、运行模式、侦诉关系等有着明显的不同，在价值追求、制度设计、实践运行方面存在根本的区别，也存在自身特有的问题。退回补充侦查作为在补充侦查中应用最多的方式，对于查明事实、惩罚犯罪有着积极的作用，但随着司法实践的不断推进，其暴露的问题越发需要加以重视。

第一节　退回补充侦查制度的现状考察

一、运行现状

（一）退回补充侦查数量及比例有所下降，但仍居高不下

正如前文所述，侦查、起诉、审判是刑事诉讼的不同阶段，其阶段结束的前提是该阶段的任务已然完成。阶段完成后，原则上不应再行回转。因此，退回补充侦查应当是刑事诉讼中的非常态以及例外情形。但从图3-1、表3-1我们可以看出，2018年以前，全国检察机关退回补充侦查案件数的绝对数量不断增加（数据来源于聚法案例），从2015年的146505件到2018年达到顶峰，全国退回补充侦查案件254050件，2019年开始下滑。退回补充侦查率也逐年上升，其中2015—2016年度上升最多，上升了2.4%，到2019年与案件办结趋势相同，开始下降，且不只是退回补充侦查案件数量下降，比例也大幅度下降，下降了3.4%，甚至低于2015

年，到 2021 年达到 33083 件，案件数量不足 2015 年的四分之一。但从全国各省市的退回补充侦查数量及比例来看，至 2019 年全国只有六个省市的退回补充侦查率低于 20%，但最少也在 10% 以上。据不完全统计，2023 年全国检察机关退回补充侦查率 4.5% 左右，虽较之 2021 年的比例有一定降低，但从全国审结总数来看，绝对数量仍较高。因此可以看到，全国无论是经济发达地区还是相对落后地区，其退侦率都较高，仍不符合非必要不启动的理念。

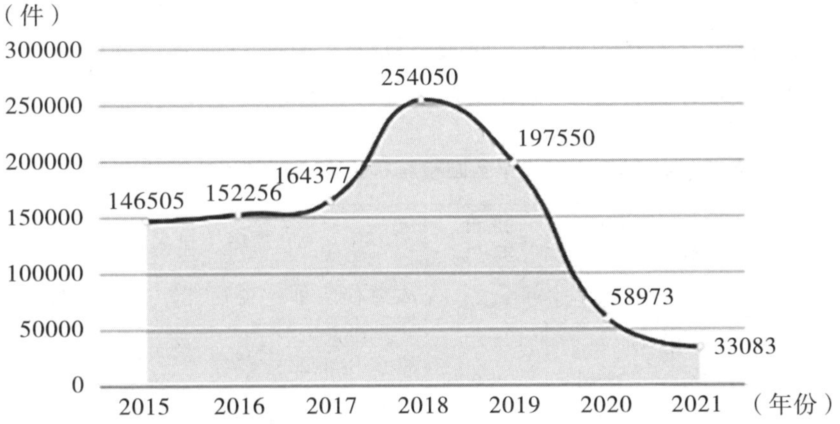

图 3-1　2015—2021 年全国检察机关退回补充侦查案件数

表 3-1　2015—2021 年全国检察机关退回补充侦查率

年份	2015	2016	2017	2018	2019	2020	2021
案件办结数 / 件	697155	639116	735926	1180724	1058877	362921	607496
案件退侦数 / 件	131047	135746	164287	259789	196902	58973	33083
退查率 /%	18.8	21.2	22.3	22	18.6	16.2	5.4

（二）从全国范围来看，退回补充侦查存在明显地域特点

从全国各地退回补充侦查的情况来看，2015—2021 年退回补充侦查绝对数量排名前十的依次为：广东、浙江、江苏、湖南、福建、四川、河北、河南、云南、贵州（见表 3-2），其主要原因是上述诸省案件基数大，因此导致了案件退回补充侦查的绝对数量排在全国前列。

退回补充侦查的绝对数量并不能够反映真实的退回补充侦查情况，退

表 3-2　2015—2021 年全国检察机关退回补充侦查案件数量前十名统计

省份	广东	浙江	江苏	湖南	福建	四川	河北	河南	云南	贵州
受案数量	387875	333273	373108	180441	177559	194273	147047	234462	123723	121101
退查数量	79952	58223	55921	46449	42750	42707	37211	35650	29026	28973

回补充侦查情况应当从退回补充侦查率来反映，具体计算公式应为“案件退回补充侦查数 / 案件审结数”，从退回补充侦查率来看，排名前十的省市与上述省份有着很大不同，西藏、辽宁、山西、青海、湖南、江西、河北、海南、黑龙江、福建退回补充侦查率在全国高居前十（见表 3-3）。

表 3-3　2015—2021 年全国检察机关退回补充侦查率前十名统计

省份	受案数量 / 件	退查数量 / 件	退查率 /%	罪名（排名前五）
西藏	2232	707	31.70	故意伤害罪；盗窃罪；交通肇事罪；诈骗罪；走私、贩卖、运输、制造毒品罪
辽宁	80191	23186	28.90	故意伤害罪；盗窃罪；诈骗罪；走私、贩卖、运输、制造毒品罪；危险驾驶罪
山西	64209	18300	28.50	盗窃罪；故意伤害罪；诈骗罪；走私、贩卖、运输、制造毒品罪；寻衅滋事罪
青海	13760	3922	28.50	盗窃罪；故意伤害罪；危险驾驶罪；诈骗罪；走私、贩卖、运输、制造毒品罪
湖南	180441	46449	25.70	盗窃罪；故意伤害罪；走私、贩卖、运输、制造毒品罪；诈骗罪；寻衅滋事罪
江西	91249	23284	25.50	盗窃罪；故意伤害罪；走私、贩卖、运输、制造毒品罪；诈骗罪；开设赌场罪
河北	147047	37211	25.30	故意伤害罪；盗窃罪；寻衅滋事罪；诈骗罪；交通肇事罪
海南	36571	9035	24.70	走私、贩卖、运输、制造毒品罪；故意伤害罪；盗窃罪；诈骗罪；寻衅滋事罪
黑龙江	102217	24903	24.40	盗窃罪；故意伤害罪；诈骗罪；走私、贩卖、运输、制造毒品罪；危险驾驶罪
福建	177559	42750	24	盗窃罪；故意伤害罪；走私、贩卖、运输、制造毒品罪；诈骗罪；开设赌场罪

同时，退回补充侦查率较低的十个省市依次为：上海、江苏、河南、

新疆、浙江、重庆、山东、陕西、安徽、广东（见表 3-4）。

表 3-4　2015—2021 年全国检察机关退回补充侦查率较低十省份情况统计

省份	受案数量 / 件	退查数量 / 件	退查率 /%	罪名（排名前五）
上海	128310	15746	12.30	盗窃罪、诈骗罪、非法吸收公众存款罪、寻衅滋事罪、故意伤害罪
江苏	373108	55921	15	盗窃罪、诈骗罪、故意伤害罪、危险驾驶罪、寻衅滋事罪
河南	234462	35650	15.20	盗窃罪、诈骗罪、故意伤害罪、寻衅滋事罪、交通肇事罪
新疆	38234	6563	17.10	盗窃罪；诈骗罪；走私、贩卖、运输、制造毒品罪；故意伤害罪；危险驾驶罪
浙江	333273	58223	17.50	盗窃罪；诈骗罪；走私、贩卖、运输、制造毒品罪；开设赌场罪；故意伤害罪
重庆	102772	19257	18.70	盗窃罪；走私、贩卖、运输、制造毒品罪；诈骗罪；故意伤害罪；危险驾驶罪
山东	164015	30680	18.71	盗窃罪；故意伤害罪；诈骗罪；寻衅滋事罪；走私、贩卖、运输、制造毒品罪
陕西	69370	13919	20.10	盗窃罪；故意伤害罪；走私、贩卖、运输、制造毒品罪；诈骗罪；交通肇事罪
安徽	136642	27931	20.40	盗窃罪、故意伤害罪、诈骗罪、开设赌场罪、寻衅滋事罪
广东	387875	79952	20.60	盗窃罪；走私、贩卖、运输、制造毒品罪；故意伤害罪；诈骗罪；开设赌场罪

从全国的数据可以看出，退回补充侦查率具有一定地域特点：

1. 地区退回补充侦查率与经济发展水平存在一定的映射关系

根据马克思政治经济学理论，物质决定意识，经济基础决定上层建筑。法律作为典型的社会中的上层建筑，其运行状况也与经济基础紧密关联，根据 2019 年各省市发布的政府工作报告可以看到，退回补充侦查的运行状况与经济发展水平呈一定的映射关系，经济发展水平较高的地区，往往各方面法治化水平较高，因此，退回补充侦查这种非必要不启动的程序使用率相应较低，广东、江苏、山东、浙江、河南、上海、安徽 GDP 排名以及退回补充侦查率较低的省市同样排名前列，即便是案件绝对量在全国排名前三位的广东、江苏、浙江，其退回补充侦查率却处于较低水平。同样，西藏、青海、海南、黑龙江在GDP排名以及退回补充侦查率较低的省市排名较后，另外贵州和吉林退回补充侦查率仅次于福建，与其GDP排名亦存在相应的映射关系。但西藏、青海、海南案件量在全国排名倒数前四，其退回补充侦查率反而处于全国较高水平。

2. 退回补充侦查情况有一定的地域性特点

由于刑事案件自身以及侦查活动的规律性，从全国范围来看，退回补充侦查的整体态势与运行状况具有一定的共性，退回补充侦查数量较多、退回补充侦查率较高的罪名也存在一定的相似性。但是，由于全国经济发展的不平衡与各地的地域特点，各地退回补充侦查的情况呈现鲜明的地域特色。

云南毗邻东南亚，毒品犯罪高发，其走私、贩卖、运输、制造毒品犯罪的退回补充侦查数量最高，占该省退回补充侦查数量的19.7%；退回补充侦查率达28.3%，高于全国25.24%的平均水平。同时，云南多林地、山地，其森林覆盖率在59.3%，因此非法占用农用地罪，尤其是占用林地案件数量较多，其退回补充侦查数量较多，系全国唯一一个省级退回补充侦查数量排名前五的罪名（见表3–5）。

表3–5　云南省检察机关退回补充侦查情况统计

省份	结案数/件	退查数/件	退查率/%	罪名（排名前五）
云南	123723	29026	23.50	走私、贩卖、运输、制造毒品罪；盗窃罪；故意伤害罪；非法占用农用地罪；诈骗罪

近几年，由于国家金融秩序的不断完善以及对金融犯罪打击力度的不断提高，非法吸收公众存款等集资类的案件大幅度增加，案件量从2014年的2306件上升到2018年的6237件，上升了2.7倍。由于该类案件的特点，其退回补充侦查率通常较高。经济较发达地区的该类案件多发，因此其所在地区的退回补充侦查数量较多。北京、上海、天津三地该类罪名的退回补充侦查数量位于该省退回补充侦查数量前五，江苏、河北、浙江的该类犯罪的退回补充侦查数量在全国排名前列，均在千件以上（见表3–6）。

由于浙江、福建、广东等地均为沿海城市，因此其往往与国外经济活动相勾连，因此在上述省份的退回补充侦查案件中，电信网络诈骗、网络赌博案件占有较大比例（见图3–2、图3–3），以网络诈骗为例，2016—

表 3-6　集资类案件退回补充侦查率较高地区统计

省份	受案数 / 件	退查数 / 件	退查率 / %	罪名（排名前五）
上海	128310	15746	12.30	盗窃罪、诈骗罪、非法吸收公众存款罪、寻衅滋事罪、故意伤害罪
北京	71581	15140	21.20	盗窃罪、故意伤害罪、诈骗罪、寻衅滋事罪、非法吸收公众存款罪
天津	46967	10145	21.60	盗窃罪、故意伤害罪、诈骗罪、非法吸收公众存款罪、寻衅滋事罪

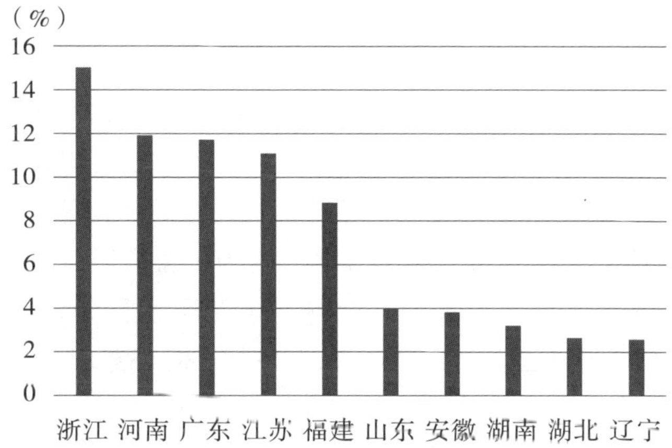

图 3-2　2016—2018 年网络诈骗案件地域前十

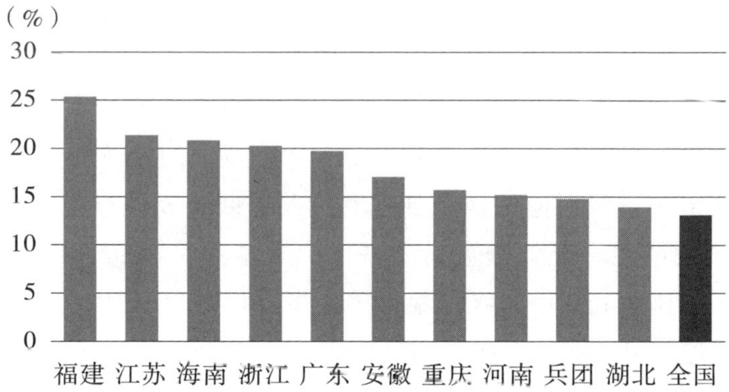

图 3-3　网络诈骗案件在全部诈骗案件中占比处于全国平均值以上地区

2018年，各地网络诈骗占全部诈骗案件比例为4.44%—25.26%，福建、浙江、广东等十地占比超过全国平均水平。[①] 由于案件涉及人数多、涉及金额大、服务器及犯罪嫌疑人大多在国外，取证难度大，因此需要较长的侦查周期，相应的补充侦查案件较多。从罪名上来看，诈骗、开设赌场两个罪名也排在退回补充侦查的前五罪名之列。

此外，地域相邻的省市，其气候条件、经济发展、地理环境、生活习惯、文化传统存在一定的相似性，因此刑事案件的案发特点、办案模式、司法理念存在一定的相似性，退回补充侦查的情况也较为类似。山东、山西排名前五的退回补充侦查罪名均为"盗窃罪；故意伤害罪；诈骗罪；走私、贩卖、运输、制造毒品罪；寻衅滋事罪"。河北、河南排名前五的退回补充侦查罪名均为"故意伤害罪；盗窃罪；寻衅滋事罪；诈骗罪；交通肇事罪"。黑龙江和辽宁前五的退回补充侦查罪名均为"盗窃罪；故意伤害罪；诈骗罪；走私、贩卖、运输、制造毒品罪；危险驾驶罪"。青海、新疆、甘肃前五的退回补充侦查罪名均为"盗窃罪；故意伤害罪；危险驾驶罪；诈骗罪；走私、贩卖、运输、制造毒品罪"。浙江、福建、江西、广东排名前五的退回补充侦查罪名均为"盗窃罪；故意伤害罪；走私、贩卖、运输、制造毒品罪；诈骗罪；开设赌场罪"。四川与重庆排名前四的退回补充侦查罪名为"盗窃罪；走私、贩卖、运输、制造毒品罪；故意伤害罪；诈骗罪"；排名第五的罪名分别为交通肇事与危险驾驶，同属《刑法》第133条，其他相邻的省市也各有相同之处。

3. 不同层级检察机关退回补充侦查数量与退回补充侦查率呈反比

从全国数据来看，2015—2023年全国检察机关公开案件中，办结案件为490万件，其中区、县检察机关办结案件为421万件，85.9%的案件在基层检察机关。相对应的区、县检察机关退回补充侦查绝对数量在全国各级检察机关退回补充侦查数量中占比也非常高，为95.64%；市级检察机关次之，占比4.17%；省级检察机关最少，仅占比0.19%（见图3-4）。

但是从退回补充侦查率来看刚好相反。由于区、县检察机关受理的案

---

① 数据来源于中国司法大数据研究院，网络犯罪特点和趋势（2016—2018）司法大数据专题报告。

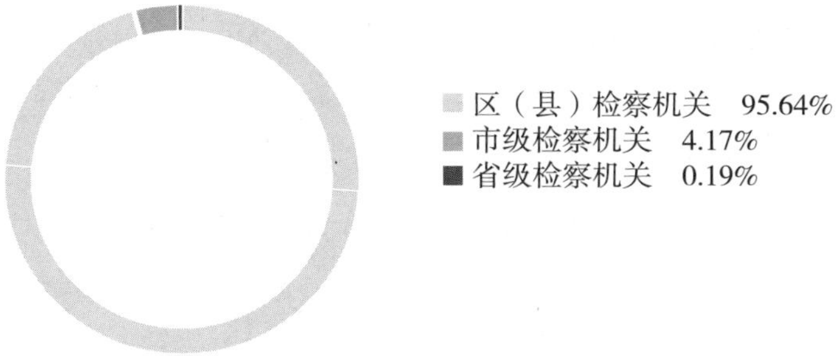

图 3-4 2015—2023 年省、市、区（县）检察机关退回补充侦查数量占比统计

件案情相对简单、涉案金额不高，因此其退回补充侦查率相对较低，仅为 20.1%，二次退回补充侦查率为 8.2%。案件事实更为复杂、涉案金额更大、涉案人数更多的案件往往在市级以上检察机关，因此从数据上我们可以看到，层级越高的检察机关退回补充侦查案件数量越少，但退回补充侦查率越高。其中，市级检察机关退回补充侦查率为 56.6%，二次退回补充侦查率为 35.4%；省级检察机关退回补充侦查率最高，达 61.68%，且二次退回补充侦查率为 42.5%（见图 3-5）。

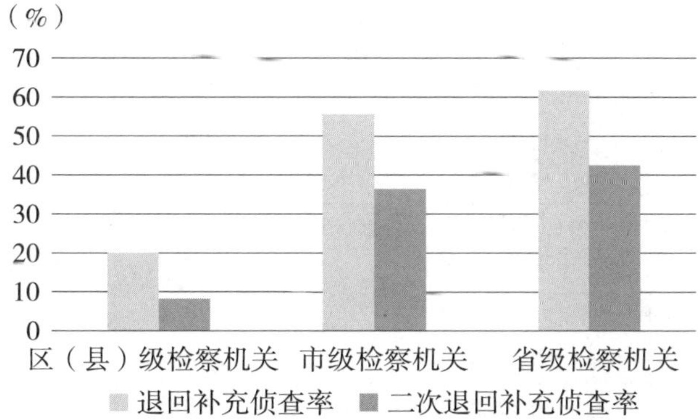

图 3-5 2015—2023 年省、市、区（县）检察机关退回补充侦查率统计

（三）从罪名上来看，退回补充侦查率与案件类型关联度极高

案件的复杂度越高，侦查的难度越高、取证的周期越长、投入的侦查资源也就越多。退回补充侦查作为原侦查活动的补充自然也遵循这样的规律。通过数据分析我们可以发现，退回补充侦查率的高低与案件类型存在极高的关联度。

1. 退回补充侦查率较高的犯罪往往与经济关联度较高

笔者对全国检察机关退回补充侦查的案件进行梳理后发现，在退回补充侦查率较高的罪中，排名前三十的有（见表 3-7）：

表 3-7 全国检察机关退回补充侦查率罪名排名统计

序号	罪名	办结数/件	退查数/件	退查率/%
1	集资诈骗罪	2175	1731	79.59
2	违法发放贷款罪	947	731	77.19
3	非法吸收公众存款	22112	15347	69.41
4	串通投标罪	2589	1742	67.28
5	骗取贷款、票据承兑、金融票证罪	3377	2235	66.18
6	破坏计算机信息系统罪	861	564	65.51
7	贷款诈骗罪	1062	695	65.44
8	组织、领导传销活动罪	9887	6300	63.72
9	对非国家工作人员行贿罪	846	536	63.36
10	生产、销售伪劣产品罪	5399	3369	62.40
11	非法采矿罪	6282	3873	61.65
12	非法转让、倒卖土地使用权罪	1141	702	61.52
13	合同诈骗罪	21684	13233	61.03
14	聚众扰乱社会秩序罪	2844	1702	59.85
15	单位行贿罪	3605	2083	57.78
16	强迫交易罪	2774	1568	56.52
17	组织、领导、参加黑社会性质组织罪	1138	634	55.71
18	假冒注册商标罪	7432	4125	55.50
19	非国家工作人员受贿罪	3314	1818	54.86
20	挪用资金罪	6785	3722	54.86
21	虚假诉讼罪	920	498	54.13
22	辩护人、诉讼代理人毁灭证据、伪造证据、妨害作证罪	1003	541	53.94
23	销售假冒注册商标的商品罪	7346	3947	53.73
24	虚开发票罪	2667	1428	53.54
25	破坏生产经营罪	2429	1298	53.44
26	职务侵占罪	16827	8865	52.68
27	非法经营罪	26250	13764	52.43
28	侵犯公民个人信息罪	7330	3823	52.16

续表

序号	罪名	办结数 / 件	退查数 / 件	退查率 / %
29	滥用职权罪	4668	2423	51.91
30	走私罪	4043	2075	51.32

在这 30 个罪名中，其中属于“破坏社会主义市场经济秩序罪”一章的罪名共有 20 个，占比 66.67%；“妨害社会管理秩序罪”一章的罪名共有 6 个，占比 20%；“侵犯财产罪”与“贪污贿赂罪”一章的罪名各有 2 个，分别占比 6.67%。除“聚众扰乱社会秩序罪”外，其他的罪名常与经济活动相关。非法采矿罪常与矿产挖掘、矿石买卖相关；挪用资金、职务侵占发生于公司经营过程之中，伴随经济活动发生；组织、领导、参加黑社会性质组织罪往往伴随强买强卖、收取保护费、套路贷等案件；侵犯公民个人信息大量通过商业行为获取的个人信息或是基于商业目的获取或者提供；妨害作证、虚假诉讼也往往与经济活动相连；职务犯罪与经济活动的勾连更不用说。该类犯罪的退回补充侦查率均高于 50%，60% 以上退回补充侦查率的罪名有 13 个。从章节上来看，职务犯罪、经济犯罪的退回补充侦查率位于前三，且均在 40% 以上，除“危害公共安全罪”一章外，其他章节的罪名退回补充侦查率均在 20% 以上（见表 3-8）。从各类犯罪案件的退回补充侦查比例来看，侵犯知识产权，破坏金融管理秩序，生产、销售伪劣商品，危害国家安全、侵犯公民个人信息、商业贿赂、金融诈骗等新类型以及经济类犯罪、涉众型犯罪退回补充侦查比例较高，侵犯公民人身、财产类等情节较为轻微的犯罪的退回补充侦查率相对较低。

表 3-8 职务类犯罪、经济类犯罪退回补充侦查率统计

章节	结案数 / 件	退查数 / 件	退查率 /%
渎职罪	11659	5890	50.52
破坏社会主义市场经济秩序罪	229595	115699	50.39
贪污贿赂罪	54752	22324	40.77
危害国家安全罪	48	18	37.50
危害国防利益罪	989	367	37.11

续表

章节	结案数 / 件	退查数 / 件	退查率 /%
妨害社会管理秩序罪	1001149	282862	28.25
侵犯公民人身权利、民主权利罪	492270	127583	25.92
侵犯财产罪	1147522	241025	21.00
危害公共安全罪	1373741	93316	6.79

2. 涉及罪名广泛但又相对集中，因层级呈现不同特点

从退回补充侦查案件的范围来看，2015—2023 年退回补充侦查总数在 1000 件以上的案件涉嫌的罪名有 81 个，涉及各章各类罪名。从绝对数量来看，盗窃，故意伤害，走私、贩卖、制造、运输毒品，诈骗，寻衅滋事罪排在前五（见表 3–9）。之所以该类案件的绝对数量较大，是因为案件基数大，相应的绝对数较多并不代表其退回补充侦查率高，从绝对数量前十的案件中我们可以看到，不是排名前三十的罪名但超过 40% 的也仅有一类犯罪，还有四类犯罪的退回补充侦查率在 20% 以下。作为全国办案数量最多的危险驾驶罪甚至只有 3.05% 的退回补充侦查率。

表 3–9　2015—2023 年排名前五罪名退回补充侦查数与退回补充侦查率比较

序号	罪名	办结数 / 件	退查数 / 件	退查率 /%
1	盗窃罪	912587	117858	12.91
2	故意伤害罪	434352	93642	21.56
3	走私、贩卖、运输、制造毒品罪	314519	74523	23.69
4	诈骗罪	142774	54561	38.21
5	寻衅滋事罪	149529	41275	27.60
6	危险驾驶罪	1226965	37388	3.05
7	交通肇事罪	347645	33833	9.73
8	开设赌场罪	99465	30530	30.69
9	掩饰、隐瞒犯罪所得、犯罪所得收益罪	63420	21459	33.84
10	容留他人吸毒罪	108277	17324	16.00

从各级检察机关退回补充侦查的案件来看，也存在明显的区别，省、市检察机关排名前五的案件罪名几乎相同，毒品类犯罪是退回补充侦查绝对数量最高的罪名，其他四类犯罪虽然排名不同，但均位居前五。由于故意

杀人以及走私类案件一般由省、市检察机关办理，基层检察机关更多的是办理案情相对简单或犯罪金额较小的案件，因此，区、县检察机关排在第一的是盗窃罪，同时不同于省、市检察机关，寻衅滋事罪也是基层检察机关退回补充侦查排名前五的罪名。

3. 除危险驾驶罪外，其他罪名退回补充侦查均处于高位运行态势

危险驾驶罪往往相对简单，绝大多数案件系交警部门临检挡获，属于典型的“由人到证”的侦查模式，且往往人、证均在第一时间收集完毕，故案件办理周期短。全国各地都在探索短时间审结该类案件的办理模式。如 W 区试行了“3+2+2”的办理模式，在 7 个工作日内从侦查到起诉再到审判环节的办理。① 正是因为此类犯罪的认定一般情况下依靠鉴定意见等客观证据，无须犯罪嫌疑人供述等言词证据，且一般也不存在抓捕其他犯罪嫌疑人的情况，因此侦查完成后，除非因为侦查程序瑕疵几乎不会出现回转，退回补充侦查率极低。从数据上来看，契合非必要不回转的理念。

表 3-10　省、市、区（县）检察机关退回补充侦查排名前五的罪名

级别	罪名				
省级检察机关	走私、贩卖、运输、制造毒品罪	走私罪	故意杀人罪	诈骗罪	故意伤害罪
市级检察机关	走私、贩卖、运输、制造毒品罪	故意杀人罪	故意伤害罪	走私罪	诈骗罪
区（县）检察机关	盗窃罪	故意伤害罪	诈骗罪	走私、贩卖、运输、制造毒品罪	寻衅滋事罪

但除此类犯罪外，其他犯罪均处于高位态势运行状态。从退回补充侦查数量排名前 100 名的罪名来看，除危险驾驶罪以及非法种植毒品原植物罪外，其他犯罪的退回补充侦查率均在 10% 以上，60% 以上的 13 个，50% 以上的 35 个，40% 以上的 52 个，30% 以上的 72 个。在这些罪名中，大量案件至少退回补充侦查一次，有的甚至要退满两次。统计可见，72 个罪名中 1/3 的案件存在退回补充侦查的情况，对诉讼活动的稳定性产生

① 《构建“醉驾”案件快速办理机制“一站式”办理实现 7 个工作日内快速审结》，载湖北省人民检察院官网，http：//www.hbjc.gov.cn/jyjl/202007/t20200710_1497024.shtml。

了较大影响。此外，除具体类案以外，涉黑恶犯罪的退回补充侦查比例也较高。涉黑恶犯罪案件与普通犯罪案件相比，涉及案件事实多、涉案人员多、涉案关系复杂、法律适用存在交叉，而且往往由于时间久远、案情复杂，加之涉案团伙人员变动较大，部分涉案人员暂时无法到案，被害人、证人短时间无法联系或是记忆模糊，部分物证已经灭失或是案发当时没有收集。因此，为了查明案件事实，突破新的案侦方向就需要作退回补充侦查处理，导致该类犯罪以及相关类犯罪退回补充侦查率相对较高。

二、运行中存在的问题

司法实践中，虽然退回补充侦查为查明案件事实、补充证据起到了重要的作用，但是仍存在实践异化或者运行不佳的状况。尽管各地检察机关进行了探索，由于诸多原因而效果不佳，影响了该项制度运行的效果。

（一）部分地区第一次补充侦查质量不高，二次退回补充侦查及重复退查情况仍居高不下

在调研中有公诉人反映，补充侦查存在质量不高、补充侦查事项完成度不高、需要再次退回补充侦查的情况。根据笔者在C市W区人民检察院随机抽取的100个卷宗发现，第一次退回补充侦查共提出补侦要求426项，第二次退回补充侦查的重复补侦事项达到227项，重复退查理由达到53.3%。其中22.6%的二次退回补充侦查理由包含在第一次退回补充侦查提纲之内；17.4%的退回补充侦查事项以情况说明形式重报后，再次以补充侦查理由退回。案件的重复退查理由说明第一次退回补充侦查效果不佳，需要再次予以核实或者补正。重复退查降低了诉讼效率，拖延了诉讼期间，侵害了案件当事人的合法权益。

（二）退回补充侦查罪名以及理由相似，引导侦查效果不佳

对全国各级检察机关2019—2023年退回补充侦查的罪名的统计显示，各级人民检察院退侦案件类型基本相似，变化不大（见表3-11）。

我们可以看到，从省、市、区三级检察机关五年的退回补充侦查罪名变化来看，每年退回补充侦查所涉及的罪名变化不大。固然与该类案件本身数量较大有关系，但笔者也发现，在相同类型案件出现的类似问题虽然

表 3-11　2019—2023 年全国各级检察机关退回补充侦查罪名统计

年份	省级检察院	市级检察院	区、县级检察院
2019	走私、贩卖、运输、制造毒品罪；故意杀人罪；走私罪；合同诈骗罪；诈骗罪	走私、贩卖、运输、制造毒品罪；故意杀人罪；故意伤害罪；诈骗罪；受贿罪	盗窃罪；故意伤害罪；走私、贩卖、运输、制造毒品罪；诈骗罪；交通肇事罪
2020	走私罪；走私、贩卖、运输、制造毒品罪；故意杀人罪；诈骗罪；合同诈骗罪	走私、贩卖、运输、制造毒品罪；故意杀人罪；故意伤害罪；走私罪；受贿罪	盗窃罪；故意伤害罪；走私、贩卖、运输、制造毒品罪；诈骗罪；交通肇事罪
2021	走私、贩卖、运输、制造毒品罪；走私罪；故意杀人罪；故意伤害罪；受贿罪	走私、贩卖、运输、制造毒品罪；故意杀人罪；故意伤害罪；走私罪；受贿罪	盗窃罪；故意伤害罪；诈骗罪；走私、贩卖、运输、制造毒品罪；寻衅滋事罪
2022	走私罪；走私、贩卖、运输、制造毒品罪；诈骗罪；故意杀人罪；故意伤害罪	走私、贩卖、运输、制造毒品罪；故意杀人罪；故意伤害罪；走私罪；诈骗罪	盗窃罪；诈骗罪；故意伤害罪；寻衅滋事罪；走私、贩卖、运输、制造毒品罪
2023	走私、贩卖、运输、制造毒品罪；走私罪；故意杀人罪；故意伤害罪；走私废物罪	走私、贩卖、运输、制造毒品罪；故意杀人罪；故意伤害罪；走私罪；诈骗罪	盗窃罪；诈骗罪；故意伤害罪；寻衅滋事罪；走私、贩卖、运输、制造毒品罪

被多次提出，但仍时有发生，造成退回补充侦查次数增加。

以 S 省为例，该省 2019 年因事实不清、证据不足而退回补充侦查的案件占绝大部分。从原因看，因事实不清、证据不足而退回补充侦查的案件占比超过 90%，因排除非法证据、遗漏罪行、遗漏同案犯及其他理由退回补充侦查的案件占比不到 10%。[①] 从笔者调取的 C 市 W 区检察机关办理的 100 件退回补充侦查案件中，以事实不清、证据不足为由的有 87 件，占比 87%。涉及要求查明以及追诉同案犯罪嫌疑人、追诉罪行以及犯罪嫌疑人未到案的情形的占 13%。其中，人身伤害类案件的退回补充侦查理由主要集中在主观故意、责任能力、作案工具、伤情鉴定、证人证言等上，以北京市某检察院针对故意伤害案件的退回补充侦查提纲

① 林红宇、林昇：《退回补充侦查工作情况分析与对策》，载《检察日报》2020 年 7 月 21 日，第 3 版。

为例，关于要求侦查机关对作案工具进行法医物证鉴定、组织证人（被害人）对犯罪嫌疑人进行辨认、说明具体抓获经过（是否认定自首），以及调取犯罪嫌疑人以前服刑的释放证明（是否认定累犯）四项就占据了退回补充侦查要求的一半以上。① 侵财类犯罪的退回补充侦查理由集中在金额认定、赃款（物）取向、转账记录、涉案财物价值鉴定、身份信息、前科材料、主观认知、共同犯罪、通话（信）记录等方面。职务犯罪包括身份职责、犯罪金额、主观明知等方面。经济类犯罪的退回补充侦查理由集中在转账记录、真伪认定、通话（信）记录、数额认定、审计情况、主观明知、单位犯罪等方面。例如，针对全国退回补充侦查率排名前三的集资类犯罪，笔者调取了 C 市 W 区检察院 18 个非法吸收公众存款案件的补充侦查提纲，其中退回补充侦查理由均包括公安机关查明资金去向、核算犯罪数额、查明遗漏罪行、追诉同案犯罪嫌疑人等内容，重复率 100%。妨害社会管理类犯罪的退回补充侦查理由集中在数额认定、主观故意、案发原因、共同犯罪、犯罪后果等方面。未成年人犯罪案件中往往还需要补充身份信息、社会调查等情况。这说明以往的退回补充侦查工作只对个案起到了指导作用，对类案并没有起到帮助作用，重复出现的问题没有得到很好的解决。

（三）退回补充侦查周期较长，但效果不佳

在退回补充侦查案件中，大部分案件是用尽或几乎用尽退查时间。以 S 省为例，2019 年，全省案件退查后重报平均用时超过 27 天，绝大部分案件用满一个月退查期限。② 其中二次退回补充侦查案件中，退查后重报时间为 29 天，94% 的二次退回补充侦查案件用尽了所有的退查期限。但较长的退查时间并未与较高的补充侦查质量形成正比关系。部分案件经退查后，能够补正瑕疵，补充侦查质量相对较高，但亦不乏退而不查、查而不清、一退再退、退无可退的情况。

---

① 周萃芳:《关于北京市检察机关审查起诉阶段补充侦查进行情况的调研报告》，载《中国刑事法杂志》2002 年第 3 期。

② 林红宇、林昇:《退回补充侦查工作情况分析与对策》，载《检察日报》2020 年 7 月 21 日，第 3 版。

（四）对于追捕、追诉的要求多，但不明晰且落实少

在调查中发现，在退回补充侦查提纲中列明“追查遗漏的犯罪事实或追捕遗漏的同案犯罪嫌疑人”的补充侦查要求不在少数。在对退回补充侦查提纲进行调研中发现，有 34% 的退回补充侦查提纲提出了上述要求。结合侦查卷宗发现，这类事项一般分为两种。

一种是案件当事人的言词证据反映还有其他犯罪嫌疑人或是其他犯罪事实，但由于身份不明或是指向性不强尚未抓捕到案或是查证属实，侦查机关在侦查期间内无法予以核实。这时检察机关往往以退回补充侦查的方式要求公安机关继续侦查，但从效果上来看并不理想。一方面，因为检察官提出的要求过于概括，对于抓捕犯罪嫌疑人，通常表述为“查明犯罪嫌疑人‘某某’身份，并予以抓捕”，侦查人员对于此种指向性较低的人员，往往无从下手；追诉犯罪事实则表述为“查明某年某月某日盗窃事实并补充移送”，具体补充证据的种类、内容均不明确，无法有效补充。另一方面，侦查能力与精力有限，没有实际开展侦查工作。如部分案件回复“侦查阶段已经开展该项工作，目前在侦查过程之中”。

另一种是通过检察官对案件证据的梳理，发现了侦查机关未能发现的线索，进而提出追捕、追诉要求，但公安机关因为无法对其自身产生直接、正面的积极效应或是没有其他的外在压力而动力不足。比如任某某涉嫌伪造事业单位印章、诈骗案中，检察官通过对其微信聊天记录梳理发现其除审查起诉的案件外，还有其他诈骗事实，遂退回公安机关要求补充侦查。但因为继续侦查需要耗费大量的人力、物力，侦查机关最终以无法查实的情况说明予以应付。

（五）证据不足不起诉案件往往退回补充侦查两次，诉讼周期较长

虽然刑事诉讼法规定在退回补充侦查之后，如无继续补充侦查可能，可以不再退回补充侦查，直接作出不起诉决定，但在司法实践中，检察官还是要经历两次退回补充侦查才会作出决定。大量案件将“两退三延”的时间全部用尽之后才会作出决定，从时间上来算，最少也要经历 5 个月的时间。以 S 省为例，2020 年全省存疑不起诉 555 人，其中第一次退回补充侦查 173 人，第二次退回补充侦查 382 人，占比 69%。从罪名上来看，

在退回补充侦查后不起诉的案件中，排在前五的罪名依次是诈骗罪、故意伤害罪、走私、贩卖、运输、制造毒品罪、寻衅滋事罪（见图 3-6）。

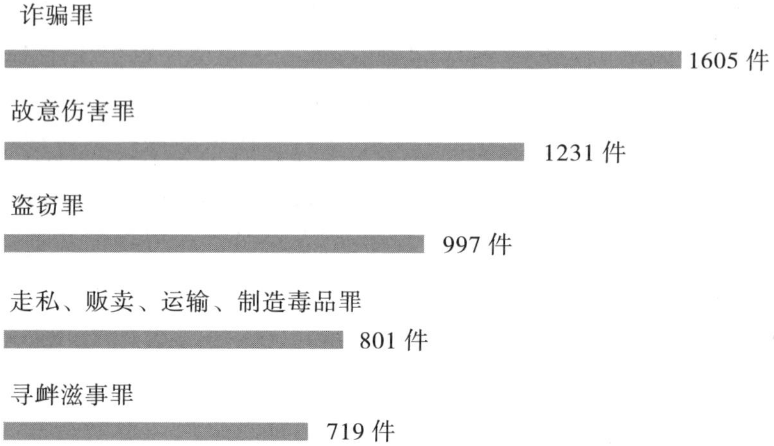

图 3-6　退回补充侦查后不起诉案件排名前五罪名统计

三、原因分析

从调查的卷宗结合最后认定事实来看，退回补充侦查的原因多方面，总结起来分为两大类：一类是实体性补救的程序回转，另一种是程序性补救的程序回转。实体性补救的程序回转主要是由于原侦查活动质量不高，事实没有查清或者证据没有收集完善，以及存在漏罪、漏犯的情形。程序性补救主要是因为在原有侦查活动中，尤其是取证活动中存在瑕疵或是非法取证的情形，对其进行补正的情况。具体来说：

（一）原侦查活动质量不高，导致需要通过退侦予以完善

笔者从 C 市 W 区检察院随机抽取了 100 件退回补充侦查的案件，对退回补充侦查提纲进行分析发现，在原侦查过程中存在质量不高、主要或者次要事实不清、量刑证据没有调取、是否具有同案犯罪嫌疑人不明的情况，这些本应当在原侦查中查明的情况，因为各种原因没有查明，而要通过退回补充侦查予以完善。

1. 侦查质量不高导致犯罪事实不清

由于侦查水平、人员、技术等影响，在原侦查过程中存在较多犯罪事实不清的情况，既包括主要犯罪事实不清，也包括犯罪情节不清的情况。

一是犯罪构成基本事实没有查清。这类案件有着相同的特点，往往经济关系比较复杂、涉及人员多、经济往来多、专业性强且作案手法十分隐蔽，证据难以收集。由于经济行为的专业性以及经济活动的频繁性，往往无法将犯罪证据从其他证据中剥离出来，初次侦查效果不佳，不足以达到证明标准。例如在集资类案件中，资金去向、犯罪金额等常因公司、个人账户使用混杂，财务记录混乱或是被销毁无法全部查明；侵犯计算机信息网络犯罪中，对于侵入次数、损害评估、影响范围等无法准确认定；合同诈骗类犯罪中，非法占有的故意、是否具有偿还能力、是否用于奢侈消费等无法准确评估与证明。

二是犯罪构成的法律关系没有查清。上述案件类型中除在犯罪事实的侦查上存在缺陷，在法律关系的梳理上也存在问题。由于经济活动的复杂性，刑民交叉、交易惯例、工作习惯等因素，容易出现经济纠纷与刑事犯罪的混淆，合法行为与非法行为的交织。比如集资类犯罪中项目的真假、诈骗犯罪中的借贷关系、骗取贷款中的被害对象、串通投标中的围标行为、传销与直销的认定、职务侵占中工作便利与职务之便的区分等，均涉及因法律关系认定影响犯罪构成的认定。

三是犯罪情节没有查清。在案件侦查中，除需要对整个犯罪事实进行查明外，还需要对每个犯罪嫌疑人在整个犯罪中的地位、作用分别认定，以区分主从犯、教唆犯、首要分子、积极参加者、一般参加者，单位犯罪还是个人犯罪，是否存在共同犯罪等。公安机关在原侦查过程中，更重视对犯罪事实的查明，忽略了对犯罪情节的认定。但在审查起诉时，由于要对犯罪嫌疑人的行为进行全面评价，因此需要对所有法定以及酌定情节进行认定，进而需要在实践中通过补充侦查来查明。

2. 原有取证不符合证据要求

在侦查机关移送起诉的证据中，往往会出现证据内容存在缺失或是矛盾的情形，这也是退回补充侦查的主要原因。

一是言词证据缺乏针对性和系统性。在调研的案件中发现，部分侦查人员组织、形成证据过程存在问题，讯问或询问的内容缺乏关联性、针对性、系统性，比如有些对查清案件事实起关键作用的细节没有在言词证据中提及，或是数个言词证据之间相互矛盾等，而在移送案件之前又未能针对该证据进行复核，为查清楚案件事实，检察机关需将此类案件退回原侦查机关“返工”，重新补充相关证人对某些事实的证言，对证人证言进行完善。该问题在多人多次的重大复杂案件中尤为突出，尤其是在寻衅滋事、故意伤害、聚众斗殴等暴力型、群体性案件中集中出现。由于该类犯罪参与人员多、场面混乱、持续时间不长，且双方往往互不认识，因此参与人员的行为、人员之间的关系、如何离开现场、主观明知、工具准备等情况经常相互矛盾或是相互推诿，无法反映案件的真实情况。

二是现场勘查过于粗疏。部分案件中，现场勘查笔录不能有效显示案发后现场或者涉案财物的状况、形成位置，或只反映其中部分情况，不能全面反映情况。如在王某盗窃案中，现场勘验笔录未能反映车内外详细情况、有无脚印等情况，导致部分案件事实无法认定。又如，在某入户盗窃案中，对于在窗台提取的指纹，没有标明指纹所处的详细位置，仅表述为在被害人的窗框处提取到了指纹一枚，但是在窗框内还是窗框外没有列明，导致给犯罪嫌疑人以辩解空间。

三是犯罪嫌疑人的身份证据存在缺陷。身份证据包括两个方面的内容：一方面是自然人主体身份证据，另一方面是特殊主体身份证据。自然人主体身份方面的证据问题包括行为人与在案犯罪嫌疑人同一性证据问题，还有未成年人的年龄证据问题。主体身份证据中容易出现冒用他人身份的情况，比如在杨某某涉嫌抢夺案中，犯罪嫌疑人多次表示其并非犯罪嫌疑人，但有同案犯罪嫌疑人的辨认等证据，检察机关两次退回补充侦查后，真正犯罪嫌疑人被抓获，最终由公安机关作出撤案处理。同时，在涉及未成年人案件中，查证未成年人的实际年龄关系到未成年犯罪嫌疑人是否需要承担刑事责任，被害人是否需要得到未成年人特殊保护等关键性问题，同时也关系到未成年人特别程序以及司法政策的适用等诸多方面。因此，未成年人的年龄证明材料应作为首要审查的关键证据。如何某某涉嫌盗窃案，其户籍材料显示其已经年满 18 周岁，但犯罪嫌疑人及母亲均称其户籍材料是为少交罚款而将年龄上大，最终调取的学籍资料证实其与犯罪嫌疑人供述一致，其户籍材料证明力继而存疑。

四是特殊主体的身份材料缺失。主要是指缺乏犯罪嫌疑人职责及身份的证明材料。比如犯罪嫌疑人在单位或者公司中的职责、职务，实际所从事的工作内容，是否具有法定或职务上的义务，是否系公司的实际控制人等证明材料。尤其是在实践中，大量挂名法人的存在，犯罪嫌疑人往往是公司的实际控制人或由他人代持股份，其本人并不在公司任职，公安机关在这方面的证据收集易存在缺陷。还有一部分职务犯罪案件中，部分人员的职务与其实际从事的工作存在一定的出入，系工作职责还是工作便利难以区分，也需要进行补充侦查了解实际职责。

五是量刑证据缺乏规范性。实践中，反映犯罪嫌疑人是否具有自首、立功、坦白等法定量刑情节的证据主要有两种，即抓获经过和受案登记表，实际就是侦查人员或者接警人员的证言。但在实践中公安机关对该类证据重视不够，往往表述得较为模糊，如是否明知被害人报警而主动留在现场等待、是否在投案路上被抓捕等情形，难以与其他证据相互佐证以证实犯罪嫌疑人的自首或者立功情况。比如李某某强制猥亵案中，公安机关出具的抓获经过表述为被害人报警后，公安民警到达现场后抓获犯罪嫌疑人。如何抓获，犯罪嫌疑人是否明知被害人报警，有无被阻拦行为、犯罪嫌疑人留在现场的主观心态均未表述，且其他言词证据和客观证据中也没有反映，无法认定是否存在主动投案情节。

3. 案件复杂，证据组织时间不够

由于部分案件案情复杂，如集资类案件中，往往涉及数百名被害人或投资参与人，犯罪嫌疑人也往往在三人以上，资金流水、财务审计需要时间形成，在侦查过程中往往还有新的被害人出现，金额始终处于变化过程中。但由于侦查羁押时间有限，往往还没有收集齐全或是财务审计报告尚未形成，侦查期间就已届满，被迫移送起诉。这即需要增加办案时间来继续收集证据，审查起诉期间以及退回补充侦查就成为侦查机关继续侦查的时间。从全国的数据可见，此类案件退回补充侦查率较高的原因就在于利用移送起诉后的时间以及阶段来开展侦查活动。

（二）需要对证据瑕疵进行补正，排除合理怀疑

程序性补救更多是因证据的程序性问题而产生对证据真实性的怀疑而采取的补救行为。在刑事案件中，越来越重视程序正义，程序非正义犹如“毒树之果”，证据往往不被采纳。在调研的退回补充侦查提纲中，

31% 的退回补充侦查内容涉及证据合法性的问题。在证据中通常存在以下瑕疵：

1. 言词证据获取程序违法

在言词证据获取中，侦查机关更多关注的是言词证据的内容，而忽视取证程序，导致程序出现瑕疵。如在笔录制作中，经常出现讯问人员违反回避规定、实质上单人讯问、缺少特定诉讼参与人签名和言词证据之间重复率过高等瑕疵情形，影响证据的可信度。如杨某涉嫌妨害公务罪案中，讯问笔录以及同步录音录像显示现场有两名讯问人员，但其中一名讯问人员多次出入讯问室，其间打电话、发短信，并没有实际参与讯问，导致被辩护人质疑。

2. 物证扣押、清点、保管程序不当

物证的瑕疵往往因为搜查、扣押和查封、冻结程序存在违法或者不规范情形，主要表现为各种笔录记载内容有误、文书之间内容不一致。如耿某涉嫌销售假冒注册商标的商品罪案中，扣押记录及勘验记录上写明有 4000 余个墨盒，但清点人员只有两人，清点时间仅为 1 个小时，明显不符合常理。后公安机关虽对笔录瑕疵进行了补正，并组织重新清点、辨认、鉴定被扣押物品，但仍有一份搜查笔录未补正，且犯罪嫌疑人拒绝在重新列明的扣押清单上签字。此外，物证普遍存在的问题是勘验、检查笔录缺少见证人签字，以及对物品的强制措施适用有误。

3. 书证调取来源与内容模糊

法律要求公安机关在采集书证时应当有提供人签字，表明书证来源，但实践则否。如田某涉嫌非法吸收公众存款罪案中，卷中有一份涉案公司业务人员业绩汇总表，但公安机关并未标明证据来源，也未出具工作记录对该证据进行说明，导致对该证据采信存在困难。此外，实践中亦存在公安机关将书证作为物证移送的情形。

4. 视听资料制作形式违反法律规定

法律要求制作讯问录像光盘时应当密封附卷、加盖派出所公章并标明提取人、提取时间、提取过程和内容。但公安机关移送的讯问录像光盘往往无法达到上述要求。如杨某涉嫌盗窃案中，侦查卷宗虽随案移送光盘，却未标明任何信息、未加盖公章，影响该证据的可信性。此外，讯问录像也存在无声音现象或是录像分段的情况，导致无法作为证据使用。

5. 辨认笔录不合逻辑

辨认笔录由于其主观性很强，依托辨认人的主观判断，因此容易产生被误导的可能，亦为质疑最多的证据之一。第一，见证人主体资格不适格，如李某涉嫌抢劫罪案中，犯罪嫌疑人辨认笔录中见证人为派出所治保队员，不符合无利害关系人的要求。第二，缺少见证人，如乔某涉嫌掩饰隐瞒犯罪所得罪案中，公安机关附卷的两份辨认笔录均无见证人签名。第三，辨认对象明显，如柴某涉嫌诈骗罪案中，被辨认人柴某的照片与其他11张照片有显著区别。此外，笔录制作存在瑕疵：一是辨认对象记录有误；二是记录时间有误差，影响辨认的可信性。第四，辨认笔录明显不符合逻辑。如在冬天19点过，证人距离犯罪嫌疑人20多米，且案发时间不到5分钟，在无明显特征情况下对其辨认有违常理。

（三）需要追诉漏罪、漏犯

刑事诉讼法中，对于需要追诉漏罪、漏犯，规定为补充侦查的启动条件之一。在调研的退回补充侦查提纲中也可以看到要求侦查机关追诉漏罪、漏犯，或查明有无共同犯罪人以及遗漏犯罪事实的情况。这是因为，一方面抓捕犯罪嫌疑人或者查明犯罪事实需要时间，但原侦查时间不够。在侦查期间届满之时，侦查机关就会将在案的犯罪事实以及犯罪嫌疑人移送起诉，先行处理。另一方面，先移送起诉部分犯罪嫌疑人及事实，待案件起诉或者判决之后，再展开对其他犯罪嫌疑人的抓捕或者侦查工作。但检察机关在审查起诉时，需要对案件全面审查，对于事实相对清楚的案件可以先行起诉，但是往往案件中反映的其他犯罪嫌疑人以及事实需要侦查后才能对案件进行全面评价以及处理，因此检察官需要对案件退回补充侦查，由侦查机关继续侦查。

还有一部分退回补充侦查是为了查明犯罪嫌疑人犯新罪或漏罪的情况。在部分案件中会出现犯罪嫌疑人在审查起诉期间犯新罪或是查明漏罪线索的情况。由于案件已经移送起诉，原侦查阶段已经终结，如果直接起诉，会出现两次起诉的情形，造成司法资源的浪费，且不符合数罪并罚的基本精神。因此需要退回补充侦查对新发现的犯罪事实进行侦查后并案处理。对于漏犯也是同理，所有犯罪嫌疑人一并处理的司法效果明显强于分别处理，因此，在能够查明同案犯罪嫌疑人的情况下，一并处理更节约司法资源，提升诉讼效率，也便于查明案件全面情况，避免因部分犯罪嫌疑人未到案而产生的认定错误。

第二节　退回补充侦查的制度缺陷

从立法原意上，退回补充侦查能够起到实现刑事诉讼实体正义与程序正义的双重效果，从而查明犯罪事实、保护当事人合法权益。实践中，退回补充侦查制度的确起到了上述作用，为案件的顺利起诉和审判起到了重大作用。但是由于其立法上的不完善，在适用该规定时出现了诸多问题。具体来说，法律规定的不明确、不规范，条文规定较为粗糙，缺乏法律上的监督与相应的限制条件等，是上述现象产生的首要原因。

一、法律规定不清晰

退回补充侦查制度缺乏明确的适用条件，导致出现了启动条件不明、选择条件不清的情况；同时，两次退回补充侦查也没有区别性条件，导致司法实践中出现了滥用的情况。

（一）缺乏明确的启动条件

刑事诉讼法规定启动退回补充侦查的条件是“需要补充侦查的”，但对于“需要”的内容以及判断，没有予以具体的界定。《人民检察院刑事诉讼规则》对启动条件进行了明确，即“人民检察院认为犯罪事实不清、证据不足或者遗漏罪行、遗漏同案犯罪嫌疑人等情形需要补充侦查的”，可以启动退回补充侦查，这意味着补充侦查的条件要同时满足两个层面的条件。第一个层面是客观条件，即案件中存在“犯罪事实不清、证据不足或者遗漏罪行、遗漏同案犯罪嫌疑人等情形”，这也是第一顺位的要件要求。在这一要件中，只需符合上述情形之一即满足该条件的要求。但如果不存在上述情形，则应当排除补充侦查的适用。第二个层面是判断条件，即“人民检察院认为……需要补充侦查”。这一条件分为两个方面，首先，对于客观条件的判断是由检察机关作出的，检察机关作为公诉机关，对案件是否符合起诉乃至判决条件的判断具有专业性；其次，检察机关要对补充侦查的必要性作出判断。案件事实与客观事实之间本来存在差距，侦查过程中对于待证事实必然有所选择，对于先前侦查行为的判断过程由检察机关进行把握，并决定是否有必要启动补充侦查程序。上述条件看似科学客观，但实际上存在以下两个方面的问题：

1. 对于犯罪事实不清、证据不足的标准不明

“犯罪事实不清、证据不足”如何界定，相关法律及司法解释没有细化性规定。从诉讼规律出发，法律事实无限向客观事实靠拢，但不能等同于客观事实，证据所证明的事实势必不能完全反映案件事实。因此，需要对事实不清的情况进行细化界定。事实不清在案件中一般表现为定罪事实不清、量刑事实不清、其他事实不清三种情形，同时存在证明上述事实证据不足的情形，具体来说：

一是定罪事实不清。包括罪与非罪、此罪与彼罪、一罪与数罪的事实不清。这关系到是否提起公诉、提起公诉的罪名等问题。这既是案件侦查的基本问题，也是原侦查阶段应当解决的主要问题。如果定罪事实不清，表明原侦查阶段的基本任务没有完成，需要重新启动侦查程序予以查明。因此，一般情况下，定罪事实不清需要退回补充侦查争议不大。

二是量刑事实不清。包括法定量刑事实不清以及酌定量刑事实不清。虽然侦查既需要收集有罪、罪重的证据，也需要收集无罪、罪轻的证据，但这是否意味着对量刑证据的核实需要通过退回补充侦查的方式来予以完善，尤其是针对罪轻事实的侦查，如果需要通过增加侦查环节、延长侦查时间、增加羁押时间的方式侦查犯罪嫌疑人从轻的犯罪事实，存在于理不合的悖论。

三是其他事实不清。部分案件事实虽然不影响定罪量刑，但其本身与案件事实存在一定关联，对于准确认定法律关系、全面反映案件情况有着重要作用。对于这类事实的侦查是否也需要退回补充侦查没有明确规定。

2. 遗漏罪行、同案犯罪嫌疑人的程序选择标准不明

从全面反映案件事实以及全面评价犯罪嫌疑人出发，对于漏罪、漏犯通过退回补充侦查予以补充，有其存在的合理性与必要性。同时，从检察

机关法律监督权出发，通过启动退回补充侦查程序，可以有效实现追诉漏罪、漏犯的法律监督职责，符合诉讼效益的要求。但是从侦查原理出发，在原侦查阶段已经结束的情况下，针对新的犯罪事实，重启原有侦查程序，势必不符合原侦查活动的侦查目的；并且补充侦查也只是对原有侦查活动的补充，从设置目的上来看，应当就原有犯罪事实为基础进行补充，而不能侦查新的犯罪事实。从司法实践来看，对新的犯罪事实和新的犯罪嫌疑人的侦查，势必需要投入新的力量，需要更长的侦查时间，这实际上会拖沓诉讼效率，侵犯其他在案犯罪嫌疑人的合法权益。这一针对漏罪、漏犯的侦查，也可以另案侦查的方式予以实现。因此，选择何种侦查程序缺乏明确的选择标准。

（二）缺乏明确的选择条件

与启动条件相同，退回补充侦查亦缺乏明确的选择性条件。正如前文所述，审查起诉阶段补充侦查包括多种补查方式。但何种情况适用退回补充侦查，何种情况适用自行补充侦查缺乏相对应的适用条件，检察官在制度选择上同样拥有较大的自由裁量权。既然在制度设计上规定了程序选择权，就应当给予其选择的明确条件，而不应是仅凭检察官自己的自由裁量而进行选择。从法条规定中可以看出，启动补充侦查的条件是“案件事实不清、证据不足，遗漏罪行，遗漏同案犯罪嫌疑人等情形”，哪些事情不清，证明何种事项的证据不足，选择适用何种补充侦查程序也没有明确的划分，是否所有需要追诉漏罪、漏犯的案件均需要启动退回补充侦查程序也没有统一的标准。《指导意见》对于不适用于退回补充侦查以及适用调取证据材料、自行补充侦查的情形进行了规定，从另一侧面明确了退回补充侦查的适用条件。但其只明确了反向不适用的条件，而没有明确适用条件。同时，即便对不适用的情形的适用也表述为“一般不退回补充侦查”，并没有类似“应当”的表述，反而将“案件存在事实不清、证据不足或者存在遗漏罪行、遗漏同案犯罪嫌疑人等情形需要补充侦查的”作为退回补充侦查的应然适用条件。其仍然回避了“事实不清、证据不足”的表述，导致在实践中，对于一些程序上存在轻微瑕疵，或是一些虽然证据存在缺陷，但较为容易补正，通过向公安机关发出调取证据材料通知书可以在审查起诉阶段调取的情况，检察官也以“事实不清、证据不足”的理由对其退回补充侦查。如张某等人涉嫌寻衅滋事罪案，补充侦查提纲中仅需要补充犯罪嫌疑人的前科材料，但在程序选择上，承办人选择了退回补充侦查；而在另一起王某涉嫌盗窃案中，同样是补充前科材料，同一名案件承办人选择了自行补充侦查的方式，自行到人民法院调取了相关的判决情况。同一类情况不同的处理方式，恰好反映了由于缺乏明确的选择条件，导致同案不同处情况的发生。

（三）两次补充侦查启动条件混同

正是由于补充侦查的启动与选择条件不同，造成了司法机关在适用该项制度上的任意性。由上文可见，补充侦查作为例外的程序回流、弥补性措施，必须严格控制，没有特别情况不得启动。一旦启动，原则上应彻底解决原侦查中的缺陷。如果需要再行启动，标准应当较之首次更加严格，所存在的问题应当更加紧急。根据刑事诉讼法规定，审查起诉阶段的补充侦查以两次为限，但没有细化每次补充侦查的具体适用标准，甚至适用的原则都存在缺失，尤其缺乏对案件进行第二次补充侦查的明确标准。这就造成了在实践中，检察机关二次补充侦查的数量仍然较大。实践中，针对一些案情重大、疑难复杂的案件，经历了第一次补充侦查之后仍然没有查清事实或者主要证据未能补强的，大量进行了第二次补充侦查。究其原因，在于法律对于二次补充侦查的标准不够明确及规范，没有硬性要求，给予了检察人员二次补充侦查的空间。

二、救济程序不完善

关于审查起诉阶段的补充侦查，我国刑事诉讼法以及相关配套司法解释并没有规定告知犯罪嫌疑人及其辩护人，被害人及其诉讼代理人的程序，亦没有相应的知情权以及意见表达权。因此，检察机关在决定补充侦查时，没有听取犯罪嫌疑人以及辩护人的意见，为了侦查效果也不会主动告知其案件的补充侦查情况以及理由，只是在全国检察业务应用系统的退回补充侦查文书中，设计了对犯罪嫌疑人的告知文书，但也只是告知决定情况，并非听取意见，更没有涉及异议权。

（一）未保证案件当事人及律师的知情权

在诉讼活动中，诉讼阶段的变更意味着诉讼行为以及期间的变化，其直接影响案件当事人的合法权益，知情权是其应当享有的基本权利。我国刑事诉讼法、律师法经多次修改，司法机关需要承担相应的义务，保证了案件当事人以及律师的诉讼权利，但是并没有要求检察机关对退回补充侦查承担告知义务，即便2020年出台的《指导意见》也没有要求检察机关履行相关义务。这实际上剥夺了案件当事人以及律师的知情权。实践中，补充侦查决定书只是告知犯罪嫌疑人诉讼阶段、办案单位的变化以及羁押时间的变化，既不会告知案件当事人以及律师退回补充侦查的理由以及内容，也没有告知其相应的权利义务，更不会告知案件当事人补充侦查会产生的法律后果。因此，由于在实践中缺乏相应的程序，绝大多数案件当事人不知道“被退回补充侦查”的理由，加之没有规定异议权的表达渠道，案件当事人无法对此表示异议。

（二）缺乏适用退回补充侦查的救济权

“无救济则无权利”，任何一项司法制度都应当有其相应的救济机制，这也是现代司法制度设计的基本原则。刑事诉讼作为对涉案犯罪嫌疑人或者被告人诉讼权利侵犯最严重的制度，更需要足够的救济途径，尤其是针对被羁押的犯罪嫌疑人来说，其人身自由被剥夺，作为最严厉的强制措施，应当对其权利有着相应的救济途径。正如前文所述，退回补充侦查会实际延长犯罪嫌疑人的羁押期限，但是由于补充侦查系检察机关依职权作出的决定，被补充侦查的犯罪嫌疑人无法对其提出异议。同时，由于该项制度是检察机关的单方职权行为，犯罪嫌疑人往往处于被羁押状况，客观情况上无法参与决定过程，辩护人的发表意见权也往往针对案件的事实、证据、法律适用以及最终的决定，无法参与到检察机关适用具体程序中来。因此，在决定是否启动退回补充侦查时，缺乏案件当事人、辩护人、诉讼代理人的介入及第三方的监督，更谈不上对程序启动的否决权或者救济权，即便是补充侦查主体的公安机关也只有在退回后发表意见的权力，但不能否决退回程序，检察机关拥有排他性的权力。这一程序设计，导致该项制度的启动理由、时间、进度等均属于相对封闭的状况。

（三）缺乏对补充侦查结果的告知义务

律师法规定了在刑事诉讼程序中的阅卷权，只有通过有效的阅卷才能保证犯罪嫌疑人的辩护权。案件经过补充侦查之后，往往会补充相应的事实及证据。但补充侦查重报之后，检察机关或者侦查机关并没有程序告知义务。因此，辩护人往往不知晓补充侦查新增证据情况，对于补充的新证据无法发表有效的辩护意见，也无法了解案件新的进展。

三、监督机制不健全

（一）对退回补充侦查决定缺乏有效监督

检察机关作为退回补充侦查的启动主体，存在退回补充侦查启动的随意以及不规范。这就意味着当事人的诉讼权利的私权与检察机关的公权，以及检察机关与公安机关之间的矛盾冲突。由于缺乏私权对公权的有效监督，加之公安机关的异议权也只是表达意见的权力，并不能对检察机关起到否定性评价或是阻止程序的进行，外部监督无法发挥实质的作用。因此，只有通过检察机关内部监督机制来规范这一权力的运行。

检察机关内部监督一般分为事前监督与事后监督两种方式，事前监督通过对程序适用的审批权进行监督，以传统的三级审批或者两级审批制度来规范权力的运行。但随着员额检察官案件责任制的落地，案件的程序性及实体性决定权大量下放给员额检察官。2024年7月，最高人民检察院印发的《关于人民检察院全面准确落实司法责任制的若干意见》规定，检察官依照法律、司法解释的规定和检察长的委托，依法行使下列职权：组织收集、调取、审核证据，开展调查核实工作；组织搜查、查封、扣押、冻结、勘验、检查等；审查案件材料。以S省为例，在2020年下发的《办理刑事案件职权配置意见》中，在与审查起诉阶段相关的职权配置上，一般案件的退回补充侦查、要求公安机关补充移送起诉漏罪漏犯等事项，由检察长决定，反而基层人民检察院自行补充侦查要在检察长、部门负责人的指挥下开展。因此，通过事前监督限制退回补充侦查的适用，违背“谁办案谁负责”的司法责任制要求，也不符合司法体制改革的要求。

另一种监督方式就是事后监督。事后监督的具体监督方式就是案件评查。案件评查必然涉及制定相应明确的案件评查的标准。虽然最高人民检察院与公安部联合下发了《指导意见》，对退回补充侦查的适用条件进行了进一步的明确，但在具体应用中，《指导意见》虽为最高检下发的文件，但其本身也只是指导意见，法律位阶较低，只有依靠上级检察机关的有力推动才能保证其落实落地。另一方面，由于案件情况复杂，个案需要补充侦查的方式、内容及侦查条件等情况不同，采用的补充侦查方式也会不同。因此，《指导意见》中采取排除法，将不适用的情形列明，而不列举应当适用的情形，且不适用也不是强制性的要求，这固然增加了适用条件的灵活性，但也给检察官的自由选择提供了例外的空间，而这一空间的预留给如何对检察官进行事后监督增加了难度。因此，负责案件评查工作的案件管理部门也只能对退回补充侦查手续的规范性与退回补充侦查提纲的完整性进行审核，而无法对退回补充侦查的必要性进行审核，无法起到监督作用。

监督结果的运用也存在严重的桎梏。即便认定检察机关的退回补充侦查决定存在问题，但如何进行处罚存在法律上的空白。如上文所述，实践中缺乏对检察机关外部退回补充侦查的监督手段及合适主体。现实中只有通过对检察机关的控告、信访反映，但由于没有超过诉讼期限也没有明显违法，最终往往会作出有罪判决，因此，无论是国家赔偿还是上级督查都不符合相关条件。在内部监督中，如果发现此类情况一定程度会影响检察官的绩效考核以及相应的案件评查结果，但这与对当事人的影响相比不值一提。实践中，检察官往往对类似无罪判决、认定事实以及适用法律错误等问题较为关注，对错误退回补充侦查问题往往关注较少。这种无法落实的监督结果，无法对承办检察官进行有效的规制，也不会对其谨慎适用退回补充侦查产生太大影响。

（二）检察机关对补充侦查效果缺乏有效监督手段

从补充侦查的适用率来看，退回补充侦查占补充侦查模式的大多数，因此，公安机关的补充侦查效果对于案件的顺利办理起到重要作用。与原侦查相比，退回补充侦查的针对性更强、目的性更明确。且退回补充侦查往往包括对原侦查程序违法的补正，因此其对于证据的合法性要求更高。但是，由于公安机关对补充侦查的重视不足，导致补充侦查质量不高。这种情况下，就需要外部监督来推动该项制度。检察机关作为法律监督机关，同时作为退回补充侦查的决定主体，对公安机关补充侦查进行监督自然是应有之责。但在实践中，检察机关对于退回补充侦查效果的监督存在界定难、纠正难、制约难的困境，缺乏有效的监督方法。

首先，对于怠于补充侦查的界定难。由于侦查阶段的封闭性以及侦查活动的保密性，与审查起诉阶段与审判阶段倡导开放式、多主体参与的模式不同，侦查秘密原则往往排斥其他主体的参与。对于案件的实际情况往往只有侦查人员最为清楚，检察官对于案件的了解一般通过案卷材料及案件当事人的反映，没有直观的印象，对于案件是否存在其他情况、证据调取的可行性等情况往往不够了解。因此，侦查人员反馈证据无法补充或是事实无法查明的情况，检察官无法了解是否系真实情况。同时，即便检察官通过自行补充侦查获取到通过退回补充侦查未能调取到的证据，或是查明相关事实，对侦查人员主观上怠于补充或是客观上取证条件、侦查人员能力不足、与被取证主体沟通不畅等其他原因未能有效补充的认定也存在困难。

其次，对于怠于补充侦查的纠正难。检察机关对于侦查活动的监督方式，明确规定的仅有书面纠正违法、侦查活动监督通知书、口头纠正违法三种形式，但上述三种监督方式一般侧重于侦查程序及实体的重大违法行为，对于取证中存在的非法证据可以通过上述方式予以监督，但无法对案件侦查证据收集不到位、事实调查不清等问题进行监督。《指导意见》也只是规定通过口头督促以及检察建议的方式予以督促，缺乏具有强制力的纠正方式。由于检察机关与公安机关是相互平等的诉讼主体，侦查阶段与审查起诉阶段是前后相邻的两个阶段，两者不存在相互隶属或者领导的关系，只有在侦查人员出现非法取证的情况，已经影响到原有证据、事实的认定，且继续由其侦查无法保证继续补充侦查结果的客观性时，才能建议公安机关更换侦查人员。因此，检察机关对于怠于补充侦查的公安机关或者侦查人员无法类似域外，具有直接提出变更侦查单位或者侦查人员的权力。

最后，对于怠于补充侦查的制约难。检察机关对公安机关并非领导或者指挥关系，警察对检察官也非隶属关系，而是配合制约关系，《指导意见》只是针对公安机关违法取证的情形通过发出纠正违法通知书等方式予以纠正，在退回补充侦查之后应当移送而没有移送的情形才具有审查以及立案监督的权力，对于没有合理理由未重新移送甚至撤案的，可以行使立案监督权。2018 年修改的《刑事诉讼法》第 19 条第 2 款规定："人民检察院在对诉讼活动实行法律监督中发现的司法工作人员利用职权实施的非法拘禁、刑讯逼供、非法搜查等侵犯公民权利、损害司法公正的犯罪，可以由人民检察院立案侦查。"该规定保留了检察机关部分自行侦查与机动侦查权，但也进行了严格限制。最高人民检察院明确了自行立案侦查的 14 个罪名，包括：非法拘禁罪，非法搜查罪，刑讯逼供罪，暴力取证罪，虐待被监管人罪，滥用职权罪，玩忽职守罪，徇私枉法罪，民事、行政枉法裁判罪，执行判决、裁定失职罪，执行判决、裁定滥用职权罪，私放在押人员罪，失职致使在押人员脱逃罪，徇私舞弊减刑、假释、暂予监外执行罪。公安机关怠于补充侦查，系应当履行职权而不履行的情形，属于玩忽职守的行为。但根据最高人民法院、最高人民检察院《关于办理渎职刑事案件适用法律若干问题的解释（一）》规定，国家机关工作人员滥用职权或者玩忽职守，具有下列情形之一的，应当认定为《刑法》第 397 条规定的"致使公共财产、国家和人民利益遭受重大损失"：（1）造成死亡 1 人以上，或者重伤 3 人以上，或者轻伤 9 人以上，或者重伤 2 人、轻伤 3 人以上，或者重伤 1 人、轻伤 6 人以上的；（2）造成经济损失 30 万元以上的；（3）造成恶劣社会影响的；（4）其他致使公共财产、国家和人民利益遭受重大损失的情形。据此可以看到，怠于补充侦查行为与司法解释要求构成该罪的后果要件明显不一，且其所造成的后果也往往无法评估，与最终无法追究刑事责任之间的因果联系难以判断。因此，《指导意见》只对于可能存在刑讯逼供、暴力取证等行为，可能涉嫌非法拘禁、刑讯逼供、暴力取证等犯罪的才予以立案侦查。尽管上述规定赋予了检察机关对公安机关怠于侦查的制约权，但因仅限于特定方式、特定情形，效果不是很理想。

第三节　退回补充侦查适用的实践困境

一、检警理念存在分歧

退回补充侦查之所以在实践中存在诸多问题，首要原因在于检察机关与公安机关在理念上存在重大差异，导致对补充侦查认知的态度不一，直接影响了退回补充侦查的效果。

（一）检警在诉讼理念上存在区别

公安机关在刑事诉讼活动中承担案件侦破以及抓捕犯罪嫌疑人的职责，加之预审制度的废除，导致公安机关缺乏一个中立审查的内设部门，虽然法制部门实际上起到了部分原预审部门的职责，但是实际作用有限。从维护社会稳定的角度出发，公安机关往往更多强调对犯罪嫌疑人的打击惩罚效果，强调对社会秩序的维护，强调对犯罪嫌疑人采取羁押措施从而降低其对社会危险性，其职能定位决定了其重破案、轻证据，重客观事实、轻法律事实的指导思想。侦查作为刑事诉讼的首个阶段，面对的是具有现实危险性的犯罪形势，必然要求侦查机关迅速对犯罪作出回应，制止犯罪、查获犯罪嫌疑人，控制和消除犯罪带来的影响。[①] 虽然刑事诉讼法规定了在侦查中既要收集有罪、罪重证据，也要收集无罪、罪轻证据，但在实践中，部分侦查人员存在重破案、轻审判的倾向，某些案件在没有完全查清案件事实的情况下，将不具备起诉条件的案件移送检察机关审查起诉，使得退回补充侦查成为必然。一旦将案件移送起诉后，即认为案件已经审结，对于退回补充侦查的重视度相对减弱。检察机关的工作重心是对公安机关证据收集的审查判断，尤其在审查起诉阶段，检察机关需要对案件进行全面审查，其更多考虑的是法律事实是否查清、证据是否充足、证据收集过程是否合法、是否存在无罪的可能。对于出现犯罪嫌疑人进行无罪辩解或是客观事实反映无罪可能时，往往更为慎重。同时，在认罪认罚制度实施之后，对检察机关提出了精准量刑的更高要求，对案件事实、情节作出精

---

① 许昆主编:《侦查学》，高等教育出版社2016年版，第129页。

准判断，对罪重、罪轻的证据要求更成为检察机关作出精准化量刑建议的基础。但检察人员往往对自行补充侦查的主动性不足，存在对公安机关的依赖心理，存在只重视发现问题而忽视解决问题的情况。

（二）检警对案件办理的思路存在区别

实践中，侦查模式一般分为两种：一种是“由案到人”的侦查模式，即先发现犯罪事实，再抓捕犯罪嫌疑人，其“以现场勘查为基础，以因果关系为导向，以轨迹侦查为途径，综合运用措施手段”[①]。另一种是“由人到案”的侦查模式，通过信息反馈确定犯罪嫌疑人，进而查明犯罪事实。这种主动进攻的侦查模式在现有的刑事案件中大量存在，在这种侦查模式下，往往通过言词证据确定犯罪嫌疑人以及侦查方向。公安机关作为案件的侦查机关，其从案件办理开始全程参与，与犯罪嫌疑人及被害人、证人等案件当事人第一时间的接触、对客观物证的收集、对书证的理解都是其作出侦查结论的基础。由于侦查的亲历性，侦查人员对案件、犯罪嫌疑人的判断带有一定的感性认识与先入为主的观点，尤其是侦查人员往往首先接触到的是被害人或被害人亲属，常以被害人的陈述和提交的证据作为侦查的初始思路，从而组织证据、形成事实、组成案卷。其所作出的侦查结论带有一定内心确认的因素，故而对证据及证明要求相对较低。而检察机关据以作出判断的是公安机关移送的案卷材料，没有先入为主的感性因素影响，其对事实及证据作出的判断更为客观，且检察机关往往首先接触犯罪嫌疑人，更重视犯罪嫌疑人的辩解与案卷材料之间的矛盾，尤其是当犯罪嫌疑人翻供时，更需要依托其他客观证据予以证明，对于证明有着较高的标准，因此与侦查人员对案件理解有着不同的观点。

（三）检警在证据标准上存在区别

由于在实践中，侦查与审查起诉的证据标准既存在区别，又缺乏统一的证据指引，导致侦查所获取的证据材料未必完全符合提起公诉的证据要求。公安机关关注破案，往往忽视侦查程序与取证程序的合法性，因此其

---

① 谢盛坚、李松梅：《论新时期常见刑事案件侦查的基本思路》，载《广州市公安管理干部学院学报》2013 年第 2 期。

取证的角度、内容与检察机关在庭审中举证、质证的要求存在一定的差距。尤其是在普通刑事案件中，较为依赖犯罪嫌疑人供述、证人证言、被害人陈述等言词证据的收集，而忽略了客观证据的调取，一旦犯罪嫌疑人翻供，只能将案件退回补充侦查。而检察官作为职业公诉人，对案件在庭审中可能会产生何种问题、辩护人乃至法官对证据会提出何种异议有着预判，其以公诉的标准来衡量证明标准，故所掌握的证明标准较之侦查终结的证明标准更高。有时侦查人员认为已经达到了起诉的证据标准，但检察机关却有不同的意见，认为事实不清、证据不足，公安机关在补充侦查后重新报送，仅以情况说明的方式表示无法补正的情况屡见不鲜，导致在司法实践中，检警之间的无效重复往返情况，使得案件久拖不决。如在王某某涉嫌盗窃案中，有多笔盗窃的事实仅有犯罪嫌疑人供述与被害人陈述，既没有在犯罪嫌疑人处查获涉案财物，也没有指纹鉴定、监控视频等客观性证据印证，存在事实认定风险。

（四）检警之间的沟通不畅也会导致反复退回补充侦查的情况发生

正是由于公安机关与检察机关之间的分歧，更需要侦查人员与检察官在案件办理过程中加强沟通与交流，《指导意见》也要求两机关对于个案及类案进行及时的沟通、交流，力求统一认识，但实践中仍然存在两机关沟通不畅的情况。这也是在检察机关实施“捕诉一体”模式，检察官对审查逮捕后的案件的继续补充侦查工作提出要求后，仍然有大量退回补充侦查的情况发生的原因之一。一是侦查人员往往认为检察官对案件要求过于细致，而检察官认为侦查人员在侦查过程中收集证据过于粗糙，两者对于案件的要求理解不一。从对检察人员及侦查人员的调研中可以发现，两机关存在相互不理解的情况，有的侦查人员认为检察官不理解侦查人员的现实情况，对证据要求过细，甚至于吹毛求疵。同时，检察官在退回补充侦查前没有与侦查人员充分沟通，往往只是向侦查人员告知需要补正的内容，但对于如何补正、需要何种证据、需要证据达到何种证明程度缺乏明确意见。二是在审查逮捕以及退回补充侦查后，侦查人员对于补充侦查的情况及遇见的困难不会主动向检察官反馈，检察官也不会主动跟进补充侦查进程，关注补充侦查效果，对于公安机关补充的证据也没有在补充侦查程序中及时审查，提出新的意见。只是在退查重报之后，对补充侦查情况进行审查，对未补充或未足以补充的证据再次退回补充侦查，要求公安机关重新补充收集。如有的侦查人员希望与检察人员一同补充侦查，了解侦查工作的现实困难；还有的侦查人员不认为补充侦查是为了提高案件质量，更多的是检察官延长期限的一种方式。与之相对应，检察人员也对侦查人员有着一定的意见，认为补充侦查是由于原侦查行为不规范、不全面所致，由于侦查人员侦查水平以及工作责任心等原因，导致审查起诉环节工作量增加，同时认为补充侦查效果不佳、退而不查的情况时有发生。再好的制度也需要好的执行才能发挥效能，相互抵触、对立不仅不能推动刑事诉讼的进程，反而会阻碍其发挥应当发挥的作用。

二、公安机关动力不足

（一）考核指标决定侦查人员对补充侦查工作存在抵触

公安机关常年以破案率、批捕率作为考核指标，导致“破案等于结案”的理念根深蒂固，案件移送起诉甚至移送审查逮捕就意味着案件办结。以C市为例，笔者在调研中了解到，2020年C市公安机关取消了破案率、批捕率考核指标，取而代之的是针对不同情况的专项行动，比如打击九类涉恶罪名、打击侵财犯罪、打击盗抢机动车犯罪等，这些专项行动的考核指标是刑拘的犯罪嫌疑人人数以及案件数。这种考核指标必然要求快侦快结。加之侦查拘留时间较短，收集口供以及其他言词证据以外的其他证据耗时耗力，想方设法获取口供成为最为简单、高效、省力的侦查方式。有时就会导致仅有口供而缺少物证，或是根据口供形成的其他证据材料。一旦犯罪嫌疑人翻供，或者证人翻证，案件就会缺乏其他客观的证据基础。

实践中，言词证据在案件证据中占比较高，但由于言词证据的易变性，易导致案件存在先天缺陷，再行收集证据时已经错过了黄金时间，进而增加侦查人员的工作量。因此，侦查人员往往对原侦查案件缺乏补充侦查的动力，反而对可能增加新的犯罪嫌疑人以及新的犯罪事实的案件的补充侦查更为关注。在对侦查人员的调研中了解到，其普遍表示由于出现无罪判决会导致刑事拘留措施错误，因此其对是否构成犯罪的情况予以重点关注，但构成何种犯罪，可能判决的刑期，是否具有从轻、从重的量刑情节，除非案件情况较为特殊，否则基本不予关注，因此导致侦查人员对补充侦查存在抵触情绪。

（二）公安机关的运行模式使得侦查人员对补充侦查疲于应对

域外侦查机关中，刑事警察或者司法警察往往只承担侦查工作。我国侦查人员大量集中在基层派出所，普通刑侦民警除承担侦查工作外，还要承担应急值守、安全保卫、矛盾调解等相关工作职责。加之公安机关“一室两队”建设，将原有的刑侦民警、治安民警归口到执法办案队，由其办理治安案件与刑侦案件。在调研中，笔者发现这种改革固然提升了治安处罚案件办理的规范性，增加了行刑衔接工作的力度，但也导致原有刑侦民警承担了更多治安处罚案件办理任务，他们的精力更多放在了治安处罚案件的办理上，对于新发的刑事案件尚且力有不逮，对于不产生“案件GDP”效果的补充侦查更疲于应对。以S省为例，2019年全省案件退查重报平均用时超过27天，绝大部分案件用满一个月退查期限。[①] 但有效补充侦查时间一般不超过一周，且大多集中在退回补充侦查初期以及到期前，突击补正情况严重，这使得一些本可收集到的证据错过了证据收集的黄金时间后无法收集或是证据状况不佳。

（三）对侦查人员消极补充侦查工作缺乏内部制约机制

由于我国检察机关与公安机关在诉讼进程中是平等主体，两者之间没有指挥与被指挥的关系，并且不同于检察机关可能面临的诉讼风险，公安机关不需要承担因事实和证据所带来的无罪责任，因此公安机关对于补充侦查工作不够重视，其内部也没有设置相应的制约机制。而与之相对的是，公安机关重视的是刑拘数、批捕率等直接指标，案件移送起诉的后续程序视作职责以外的工作，将精力及时间转为放在新案件的办理上，忽视检察官提出的补充侦查意见。

① 林红宇、林昇：《退回补充侦查工作情况分析与对策》，载《检察日报》2020年7月21日，第3版。

三、退回补充侦查提纲针对性不强

退回补充侦查提纲作为补充侦查的方向，往往被侦查机关称为“药单”，侦查机关根据“药单”照单抓药。因此，“药单”的全面性、针对性、可行性直接决定了退回补充侦查的效果。《指导意见》中也强调了退回补充侦查提纲的地位及重要性，亦对退回补充侦查提纲的内容提出了规范化的要求，全国检察业务应用系统中也有着标准的提纲模板，但实践中仍然存在退回补充侦查提纲制作不规范的情况。在作出退回补充侦查决定之后，承办检察官需要撰写详细的退回补充侦查提纲，但由于案件情况的复杂性、证据收集的难易等诸多因素影响，存在多种不规范的情况。

（一）退回补充侦查提纲条理不清晰

在某些案件中，由于案情比较复杂，需要补充的事项较多，在撰写退回补充侦查提纲时，就会罗列一系列的事项要求公安机关补充，其中可能既包括事实也包括证据，还可能涉及证据补正的情况，甚至包括要求追诉漏罪、漏犯。有些退回补充侦查提纲未将其项目分类、归纳，显得杂乱无章，不利于侦查人员侦查。同时，由于担心公安机关忽略次要重要的事实或者证据补充侦查要求，对于补充侦查的内容也没有区分轻重缓急，使得侦查人员在本来有限的时间内平均用力或是没有抓住重点，导致补充侦查效果不佳甚至错失补充侦查机会。如毛某、尤某涉嫌盗窃案，因需要查明案件事实、收集证据，遂将案件退回公安机关补充侦查，并出具了退回补充侦查提纲。

××分局：

你局于2019年7月26日以××号文书移送起诉的毛某、尤某盗窃案，经本院审查认为部分事实不清，需补充侦查如下事实：

1. 对锁定毛某为犯罪嫌疑人的过程进行详细说明。

2. 本案共五处被盗现场，但现有证据显示仅对三处被盗现场进行了勘验。另外两处被盗现场是否进行了现场勘验，如进行了现场勘验，请将现场勘验笔录附卷；如未进行现场勘验，请说明情况。

3. 被害人杨某提供的被盗笔记本电脑的价格凭证来源不明，且部分内容不清晰，暂无法确认与被盗财物之间的关联性，要求其说明来源，并重新提供价格凭证。

4. 对被害人已经提供价格凭证的被盗财物，委托物价部门进行价格认定。

5. 详细询问各被害人是否有其他证人或书证能够证实被盗财物的种类、数量、价格，如有提取相关证人证言及书证，请根据证据提取情况委托物价部门对被盗财物进行价格认定。

6. 让各被害人对从毛某处扣押的手机、iPad 等财物进行辨认，核实是否有被害人被盗财物。对其中两部手机及其一部 iPad 进行电子数据取证，核实相关数据，是否系现已核实被盗家庭所有，并移送电子数据审查起诉。

7. 从犯罪嫌疑人毛某、尤某涉嫌盗窃的现场提取到了相关指纹及痕迹，但未移送指纹比对鉴定及痕迹鉴定文书，现仅有犯罪嫌疑人毛某的供述，需移送上述证据审查，排除其他可能性。

8. 根据图侦及周边监控视频查获犯罪嫌疑人，需进一步完善犯罪嫌疑人所持手机流动轨迹与监控视频进行比对，并扣押、提取犯罪嫌疑人毛某、尤某持有手机的电子数据。

我们可以看到，在该案中，检察人员在退回补充侦查提纲中罗列的事项有 8 项，补充内容涵盖了盗窃行为、犯罪现场、财物价值、财物与被害人之间关联性等内容，但是补充内容相互交织且较为混乱。退回补充侦查提纲中，第 1、8 两项与犯罪行为相关，第 2、7 两项与犯罪现场勘验相关，第 3、4、5 项与被盗财物价值相关但内容相互交叉，第 6 项与财物、被害人之间关联性相关。这种退回补充侦查提纲逻辑混乱，没有相应的补充目的与补充目标，内容也过于概括和含糊，使得侦查人员无法准确理解检察官的补证目的与证明思路，最终导致了两次退回补充侦查。

（二）退回补充侦查提纲缺乏针对性

退回补充侦查提纲应当明确指出原有的缺陷，并指出应当补充哪些证据或者从哪些方面以及角度补充相关证据。但在实践中，部分案件的退回补充侦查提纲中罗列的事项过于概括和笼统，同时也没有指明在补充侦查中应当注意的相关事项和可能出现的风险，导致侦查机关无从下手。如在王某受贿案中，列明要求当时检察机关的反贪部门“解决言词证据过于一致的问题”。作为行受贿类对合性犯罪案件，其多发生于行受贿人之间，且多为现金交易，主要依靠言词证据确定犯罪事实，言词证据的一致性势必是侦查人员所要追求的，也是符合证明规则的。言词证据一致性反而成为退回补充侦查的理由让侦查人员无所适从，不知如何补充。如陈某某诈骗案中，犯罪嫌疑人谎称自己系银行工作人员，可以帮助陈某某投资，但与陈某某签订借款合同后，长达数年以各种理由推托还款。后其接受公安机关讯问时表示自己是借款，没有非法占有的故意。因此，检察官退回公安机关补充侦查，要求补充证明“犯罪嫌疑人陈某具有主观上非法占有的故意”。众所周知，证明主观类事项较为困难，需要客观性证据予以证明，但侦查人员尤其是基层侦查人员办案经验较少，需要检察官的专业性引导意见，但该份退回补充侦查提纲对可以从哪些方面证明具有非法占有的故意、从哪些方面补充、收集哪些证据、达到何种证据标准均没有列明，该案经两次退回补充侦查后，公安机关也没有补充到有效的证据，最终以存疑不起诉结案。可以看到，这种退回补充侦查提纲无法使公安机关明白应当补充何种证据才能达到检察机关的要求，缺乏针对性。

（三）退回补充侦查提纲内容不全面

在笔者调研的案件中，还存在退回补充侦查提纲内容不全面的问题。不全面的情况具体分为两种情形：

一种是退回补充侦查内容不全面。这种情况相对较少，主要是由于个别检察官没有全面罗列出需要补充侦查的事项，也没有跟进补充侦查进程、提出补充意见，导致二次退回补充侦查的情况发生。如在张某涉嫌制造毒品案中，检察官先后两次退回补充侦查。第一次退回补充侦查时，要求公安机关补充制毒原料的来源、毒品成品的去向，并要求公安机关调取制毒工具上的指纹并进行比对。在公安机关补充侦查完毕重报之后，又将该案第二次退回补充侦查，要求公安机关对于抓获现场的固液混合物的成分、含量等进行鉴定。根据对检察官的调研发现，其一开始认为制造毒品案件不需要计算含量，故在公安机关没有进行含量鉴定时也没有提出，但在涉及量刑时发现含量还是存在一定影响的，因此又退回公安机关进行补充。如果其在第一次退回补充侦查时就考虑到该因素，即可以避免第二次退回补充侦查。

另一种是退回补充侦查分析不全面，这种情况较为普遍。实践中，大多数案件的退回补充侦查提纲虽然已经列明全部补充侦查事由，在《指导意见》以及系统文书规范之后，也开始详细说明退回补充侦查理由以及证明目的，但还是缺乏对现有证据的分析以及补充侦查方向的引导，尤其是列明需要何种证据、从哪个角度予以证明在退回补充侦查提纲中很少看到。

（四）退回补充侦查提纲缺乏可操作性

除全面性与针对性以外，退回补充侦查提纲还需要具有可操作性。补充侦查是对原侦查活动存在缺陷的补正，因此，退回补充侦查提纲也是对原有缺陷弥补的"药方"，如果不具有可操作性，那么原侦查中的"病症"也就无法治愈。因此退回补充侦查提纲中所需要补充的内容，必须是能够予以查明的事实或者收集的证据，否则无法实现退回补充侦查所预期的效果。但是在实践中，退回补充侦查提纲中的证据往往根本无法补充或是存在极大的难度，侦查人员明显无法实现。如王某某涉嫌诈骗、伪造国家机关证件案中，检察机关要求公安机关调取犯罪嫌疑人所有的微信聊天记录并进行分析，但犯罪嫌疑人已经将手机的微信聊天记录全部删除。由于缺乏相应的技术条件，加之聊天记录过多，即便恢复所有聊天记录，也存在聊天记录内容庞大的问题。这样即便经过退回补充侦查，实际上也难以达到补充侦查的目的。还有的案件确实存在其他在逃的犯罪嫌疑人，但是由于在案犯罪嫌疑人只了解其绰号，并不知晓其真实身份情况，检察官以需要查明及追诉其他犯罪嫌疑人为由，将案件退回补充侦查。对这种情况的退回补充侦查，退回补充侦查提纲只起到了记录工作的作用。

第四章

自行补充侦查制度现状考察与运行困境

自行补充侦查制度作为补充侦查制度的重要组成部分，在量刑证据的补正以及对侦查机关的监督上起着重要作用，可有效地实现对简单证据的补正以及对怠于行使侦查权的侦查机关及人员的监督。但是在现实运行中，这项制度却出现了适用率不高、补查效果不佳的困境，检察人员不敢用、不会用、不能用的情况大量存在，导致该制度运行虚化，没有达到立法预期。

第一节　自行补充侦查制度的现状考察

除退回补充侦查外，自行补充侦查在补充侦查中同样起到了重要作用。由于自行补充侦查在程序上没有专门的阶段，而是与审查起诉同享诉讼期间，因此对全国的自行补充侦查的总体情况相对难以把握。但从各地的实践探索来看，自行补充侦查制度发挥了重要的作用。通过对各地自行补充侦查情况的梳理，发现实践运行中存在下列特点：

一、适用率远低于退回补充侦查

在调研中发现，近年来检察机关越来越重视自行补充侦查权的运用工作，对自行补充侦查工作予以了进一步限制和规范，自行补充侦查案件数量上升。如F省J区人民检察院建立“三个三”工作机制，2020年上半年“三个三”机制推动以来，该院积极构建适时有度有力的自行补充侦查机制，启动自行补充侦查公诉案件16件，居F省检察机关前列，共发出侦查活动监督通知书 23 份。[①] 从各地的探索和数据可见，自行补充侦查的质量、作用、范围不断提升和扩展。

与部分地区积极探索形成鲜明对比的是，自行补充侦查率较之退回补充侦查率仍相距甚远。如 M 市两级检察院在 2018 年共受理侦查机关移送起诉案件 3776 件，经审查后一次退回侦查机关补充侦查 1051 件，退回补充侦查率 27.83%，占补充侦查案件总数的 97.5%；二次退回侦查机关补充侦查 317 件，占一次退回补充侦查的 30.16%。自行补充侦查案件数 27 件，仅占受理案件数的 0.7%，占补充侦查案件总数的 2.5%。[②] 笔者调研的 C 市 W 区的案件中，2018 年受理审查起诉案件 995 件 1354 人，一次退回补充侦查 184 件 360 人，二次退回补充侦查 92 件 238 人，分别占比 18.5%、9.2%；自行补充侦查 50 件 76 人，占比 5.2%，在补充侦查案件中占比 15%。2019 年受理审查起诉案件 1154 件 1439 人，一次退回补充侦查 177 件 305 人，二次退回补充侦查 83 件 160 人，分别占比 15.3%、7.1%；自行补充侦查 64 件 81 人，占比 5.5%，在补充侦查案件中占比 19.7%。从上述数据可以看出，自行补充侦查在补充侦查中占比仍然不高。

二、启动原因较为集中

通过对自行补充侦查启动原因的分析可见，自行补充侦查一般情况下是对简单证据的补正，以及发现存在侦查违法或瑕疵情形而启动的监督性程序。其启动原因一般分为以下四种情形：

（一）从内容上来看主要集中于补充量刑证据

由于自首、立功证据、累犯、前科等量刑证据收集相对简单，无须通过专门的侦查方法，且往往由公安机关、人民法院等司法机关提供，不存在侦查对抗的情形。该类证据几乎不涉及罪与非罪的问题，一般不通过退回补充侦查获取。在退回补充侦查中涉及此类事项的补正的，没有单独以

① 福州晋安区检察院探索自行补充侦查“三个三”机制提升办案质效，载人民网福建频道，2020 年 8 月 15 日，http：//fj.people.com.cn/n2/2020/0815/c181466-34228965.html。

② 刘戈、闫平、陈彩华：《检察机关自行补充侦查权研究》，载《南方论刊》2019 年第 8 期。

此作为退回补充侦查理由，而是结合其他需补充侦查事项一并退回。在单独就此类事项的查明时，一般通过自行补充侦查或者要求公安机关提供审判所需的材料的方式补充。如在C市W区的114件自行补充侦查案件中，其中涉及补充此类量刑证据的案件48件，占比42.1%；共调取证据60份，占比34.1%，位居自行补充侦查情形首位。又如在李某某强制猥亵案中，由于公安机关侦查卷宗内的情况说明对于犯罪嫌疑人到案情况表述较为含糊，虽在现场等待公安机关前来，但无法认定是否系主动投案。检察官通过讯问犯罪嫌疑人、询问被害人，走访现场保安查明当时情形，判断犯罪嫌疑人心理状态与动机，查明其心态系等待公安机关前来解决与被害人之间的纠纷，而非投案的心态，最终得到人民法院的支持。

（二）监督性事项在自行补充侦查启动事由中占比较高

在对自行补充侦查进行分析的过程中发现，除了对上述事实以及证据的补正外，还存在在逮捕后，检察机关向公安机关发出的继续补充侦查意见书或是经历补充侦查程序，公安机关未补充或是表示无法补充，由检察机关自行补充侦查的情形。在检察机关自行补充侦查相关证据后，往往会向侦查机关发出纠正违法通知书，监督其怠于履职的行为。这种自行补充侦查就是检察机关行使其法律监督职责的手段，可以称为“监督性补充侦查”。如在C市W区的自行补充侦查案件中，此类情形案件15件，占比13.2%，主要集中在电子证据收集分析（4件）、书证调取（3件）、现场勘验检查（3件）、证人询问（3件）、鉴定意见（2件）等方面，均向公安机关发出了侦查监督类的法律文书。其他地方检察机关也存在类似情况，如无锡市B区检察院在办理一起故意伤害致死案时，犯罪嫌疑人两兄弟都称对被害人实施了追打，且两人各持一根铁水管，经鉴定，被害人脑后枕部颅骨骨折，系死亡主要原因，致死伤只有一处，公安机关移送案件证据却未能证实是由两兄弟中哪一个实施，经过两次退查仍然未能查明。检察机关即开展自行补充侦查，再次走访现场证人、勘查案发现场，并通过复原案发现场进行模拟实验，最终确认只有靠近死者头部的哥哥能够击中死者致死部位，至此案件事实得以水落石出，最终顺利起诉并得到法院判决支持。[①]

（三）排除非法证据也是检察机关自行补充侦查的重要启动原因

《刑事诉讼法》第 57 条规定，“人民检察院接到报案、控告、举报或者发现侦查人员以非法方法收集证据的，应当进行调查核实”。对于非法证据线索，检察机关有着专门的调查核实职能及程序，但其往往与审查起诉进程相互结合。案件的审查既包括查缺补漏，也包含不断纠错。针对侦查机关在取证过程中出现的违法取证，乃至于伪造证据等情形，已经不适宜由侦查机关“自证清白”，公诉人在审查中应当通过自行补充侦查，保证案件证据客观真实合法。确认证据的真实性，往往也是检察机关自行补充侦查的内容。如 F 市 G 区检察院在审查林某涉嫌盗窃罪一案时发现被害人笔录中被盗手机购买时间被涂改，存在侦查人员涉嫌违法取证的可能。检察机关启动自行补充侦查工作，通过补充侦查，一方面确定了被盗手机的实际入网时间，确定了其真实价值；另一方面确认了被害人陈述的真实内容，从而认定被害人笔录系侦查人员虚假制作，最终对该案作出了绝对不起诉的决定，并将可能存在的渎职线索移送相关部门。[②]

（四）未成年人犯罪案件中常见检察机关自行补充侦查

在未成年人犯罪案件中，年龄证据、身份情况、社会调查等多为补充侦查的理由。一方面，根据最高人民法院《关于适用〈中华人民共和国刑事诉讼法〉的解释》第 146 条规定[③]、最高人民法院《关于审理未成年人

---

① 王光辉:《公诉自行侦查的实践困境与机制完善》，载《法制与社会》2019 年第 3 期。

② 《福州市鼓楼区检察院启动自行补充侦查开展非法证据排除》，载《福建法治报》2017 年 12 月 18 日。

③ 第 146 条规定:“审查被告人实施被指控的犯罪时或者审判时是否达到相应法定责任年龄，应当根据户籍证明、出生证明文件、学籍卡、人口普查登记、无利害关系人的证言等证据综合判断。证明被告人已满十四周岁、十六周岁、十八周岁或者不满七十五周岁的证据不足的，应当认定被告人不满十四周岁、不满十六周岁、不满十八周岁或者已满七十五周岁。”

刑事案件具体应用法律若干问题的解释》第4条[①]规定，认定被告人犯罪时实际年龄，一般情况下应当以户口登记为基本依据。因此，公安机关从证明力与取证的便利性出发，在实践中往往采信户籍登记。另一方面，由于公安机关在刑事犯罪中的立场主要在于打击犯罪，属于暴力执法机关，其定位决定了其所作出的社会调查具有倾向性。公安机关用成人司法理念办理案件，关注的主要是涉罪未成年人的行为是否构罪，并非其走上犯罪道路的原因和犯罪前后的表现，与带有个别化矫正理念的社会调查职能不相符。而且公安机关现在缺少专职办理未成年人案件的部门，影响其社会调查的质量及客观性。因此，检察机关往往从客观公正的角度，自行调取相关证据，最终作出判断。如上文提到的何某某盗窃案，其年龄证据存疑，第一次退回补充侦查后，公安机关仍坚持其户籍证明为真实年龄，表示没有其他客观证据与之矛盾。检察机关通过自行补充侦查调取了学籍材料，发现根据入学登记卡，其实际年龄应为17周岁，再结合其他证据，未采信其原有户籍材料，认定其犯罪时系未成年人。

（五）对退查重报案件进行自行补充侦查

在对自行补充侦查情况进行梳理时发现，实践中或因公安机关主观能力及态度，或因现实侦查情况等原因，侦查机关在案件退查后，常以“情况说明”回应补充侦查事项。这种无效补充侦查容易导致无法有效办理案件。同时，由于部分犯罪嫌疑人的“幽灵抗辩”，加之侦查机关难以收集证据证实其供述内容不客观真实，往往使得其抗辩得逞。这时有必要通过自行补充侦查来确认案件的真实情况。如C市W区检察院办理的一起涉嫌交通肇事案中，犯罪嫌疑人在肇事后离开现场，两小时后到医院看望被害人。其辩解离开现场并非逃逸，而是为被害人筹集治疗费用。检察机关两次退回补充侦查要求核实离开现场情况，侦查机关均表示无法核实。对于这种明显虚假的辩解无法提供其他证据予以推翻，检察官通过自行补充

---

① 该条规定：“对于没有充分证据证明被告人实施被指控的犯罪时已经达到法定刑事责任年龄且确实无法查明的，应当推定其没有达到相应法定刑事责任年龄。相关证据足以证明被告人实施被指控的犯罪时已经达到法定刑事责任年龄，但是无法准确查明被告人具体出生日期的，应当认定其达到相应法定刑事责任年龄。”

侦查调取沿路监控查明其系饮酒后肇事，心理慌张而离开现场，最终案件成功起诉。

三、调取的证据形式相对单一

虽然从自行补充侦查的内容上来看，其所补正的对象既涉及主观证据也涉及客观证据，但从补正后收集的证据来看，多系言词证据。从数量上来看，以C市W区检察院为例，在其自行补充侦查的114件案件中，共调取了176份证据及材料，其中涉及自首证据材料44份，占比25%，其中38份为侦查机关出具的情况说明，其本质就是侦查人员的言词证据，说明犯罪嫌疑人如何到案的情况；6份为犯罪嫌疑人、被害人、证人的言词证据，同样反映其到案的详细经过。涉及前科材料16份，为法院的判决及释放证明，占比14%。涉及证据收集过程的36份，占比20.5%，均系侦查人员、见证人以及案件当事人等在场人员对证据收集过程的说明，其中部分在审判阶段通过出庭作证的方式予以出示，亦属于言词证据。针对鉴定意见的说明7份，占比4%，主要是鉴定人员对鉴定意见的说明，也属于鉴定人员的言词证据。涉及犯罪嫌疑人以及被害人年龄的证据21份，主要包括原始户籍材料、证人证言、当事人的陈述等，其中言词证据17份，占比10%。未成年人社会调查材料18份，占比10.2%，多为言词证据，系未成年犯罪嫌疑人家属、同学、朋友的证言，证实其平时表现情况。针对犯罪嫌疑人以及被害人手机中的聊天记录、照片等电子数据的调取共21份，占比11.9%。针对网上交易记录、资金流水清单等19份，占比10.8%。综合上述情况，在176份证据材料中，属于言词证据的占69.3%，主要证据形式较为单一，且多表现为侦查机关的情况说明。其他各地检察机关也存在类似情况。如S省S区办理的施某某等29人虚开增值税专用发票案中，检察机关为认定是否为单位犯罪，通过赴工商部门调取涉案单位的工商登记信息，查阅企业登记档案资料；根据登记信息通知形式上的法定代表人并进行询问，核实单位实际负责人、管理人；询问涉案单位知情的原工作人员，核实单位经营及涉案情况，最终成功认定单位犯罪。在自行补充侦查过程中，其所补充的除工商登记信息外，均为言词证据。[①]

四、多需侦查机关配合

刑事诉讼法规定，检察机关自行补充侦查既可以自行补充，必要时也可以要求公安机关配合，且公安机关应当配合。从实践中的运行情况来看，检察机关对侦查机关具有较强的依赖性，除监督性事项外，一般都由侦查机关配合调取。监督性事项是检察机关依据法律监督职责对案件的侦查进行的实体及程序性监督，因此，在对此种情况进行自行补充侦查时，一般不会让侦查机关配合。一方面确保调取证据的客观性与真实性；另一方面让侦查机关收集证据用以监督自己，违背基本逻辑，侦查机关往往存在抵触心理。因此，此类情况多为检察机关自行调取。比如S省W县检察院在审查张某涉嫌危险驾驶罪案过程中，承办人发现其存在更换血液样本的行为，即启动自行补充侦查机制，最后成功追诉3名漏犯。[②] 该案本身就存在侦查违法情形，依靠侦查人员无法查明案件真实情况，只能依靠检察机关自行侦查。

除此之外，检察机关自行补充侦查的情形多通过公安机关或与公安机关共同侦查。以C市W区检察院为例，正如上文罗列的自行补充证据的内容可见，到案经过需要侦查机关出具证明、证据收集程序需要侦查机关配合、证人需要侦查人员通知、银行流水需要与公安机关一同调取，大量事项必须依靠侦查机关予以配合。从该院自行补充侦查获取的证据来看，71%的证据收集与公安机关相关联。通过对检察官的访谈，81%的检察官表示在审查起诉阶段需要补充的证据一般会口头或者书面出具补充侦查函，要求侦查机关配合提供；84%的检察官表示除非证据涉及是否定罪，如不调取或不规范调取将导致犯罪嫌疑人出罪，否则一般不会亲自补充侦查，而选择其他方式补充证据。

---

① 《宿迁市宿城区人民检察院依法对施某某、洪某某等29人虚开增值税专用发票案自行补充侦查》，载宿迁市人民检察院官网“典型案例发布”版块，http://sq.jsjc.gov.cn/zt/dxalfb/201806/t20180620_478192.shtml。

② 温健:《规范自行补充侦查 提升办案质效》，载《检察日报》2017年12月1日，第3版。

第二节　自行补充侦查制度若干问题之争

由于法律规定的概括性，导致自行补充侦查出现了与一般侦查乃至刑事诉讼法其他条文之间的矛盾，其侦查活动的合法性受到严重质疑，继而在此制度运行下的证据收集、强制措施、侦查结果的合法性等存疑。

一、侦查权性质之争

自行补充侦查权自产生之初，其权能性质就存在争议。关于自行补充侦查权的性质，学理上主要存在“侦查权说”“侦查性权力说”“诉权说”“监督权说”“综合说”。

“侦查权说”认为，公诉环节的自行侦查权是一种侦查权。在制定法国家中，国家机关的“权力”来源于法律。从刑事诉讼法和相关司法解释来看，自行补充侦查的目的和意义与侦查阶段的侦查权没有本质的区别，都是为了“准确、及时地查明犯罪事实，正确应用法律，惩罚犯罪分子，保障无罪的人不受刑事追究”；从侦查内容、侦查手段、侦查程序来看，也没有明显的区别，只是证据收集的主体由侦查机关变为检察机关而已。因此，自行补充侦查权本身属于侦查权的一种，具有侦查的属性，行使主体与所处诉讼阶段的不同并不会影响其性质。

“侦查性权力说”认为，侦查权是公安机关、检察机关在案件办理过程中专门性的调查工作以及有关性强制措施。因此，侦查权应当包括专门的调查措施与有关性的强制措施两方面。根据刑事诉讼法，侦查权属于公安机关、起诉权属于检察机关，而法院具有审判权，因此合法的侦查机关将人民法院与检察机关排除在外，应当独属于公安机关。虽然负责审查起诉的部门具有与侦查机关相类似的自行补充侦查权，但其只有部分的“调查性权力”和“强制性措施”。因此，自行补充侦查不属于完整的侦查权，应当只属于侦查性权力。[1]

---

① 邵知渊、马路:《论自行补充侦查的权力性质及内容》，载《江苏法制报》2017 年 8 月 28 日。

“诉权说”认为，自行补充侦查属于审查起诉阶段，检察机关作为提起诉权的主体，其所具有的权能。[①] 在审查起诉中往往会出现诸多的合理怀疑，检察机关排除合理怀疑的方法之一就是通过自行补充侦查，最终实现“事实清楚，证据确实、充分”的起诉条件。自行补充侦查就是保障检察机关行使诉权手段的重要组成部分。同时，根据《刑事诉讼法》第 171 条第 2 款规定，检察机关审查起诉的时候必须查明“有无遗漏罪行和其他应当追究刑事责任的人”，检察机关对于审查中发现的漏罪、漏犯也可以通过自行补充侦查来实现，这也是诉权的一部分。因此，检察机关自行行使的实现诉权的权力，应当属于诉权的一部分。

还有学者认为，自行补充侦查权属于法律监督权。他们认为宪法赋予检察机关法律监督权，赋予检察机关自行补充侦查权是为了更好履行诉讼监督权，其具有排除非法证据、纠正侦查违法行为等作用。他们认为：“自行侦查具有法律监督职能，人民检察院是国家的法律监督机关，通过自行侦查，有针对性地补充、审查、复核、认定证据，使矛盾证据得以排除，使不稳定证据固定下来，保证证据的客观性和证明力度，纠正刑事侦查活动中的违法行为，从而正确地认定事实和适用法律，以保证所有无一例外地受法律惩罚，无罪的人不受刑事追究”。[②] 检察机关通过行使自行补充侦查权，一方面可以对原侦查活动中没有及时收集的证据进行补充，对应当行使而没有行使的侦查权进行监督；另一方面可以对原侦查活动的合法性进行监督，对侦查违法进行纠正，及时排除非法证据，对不正当履行侦查权的行为进行监督，保证诉讼活动正常进行。从这个意义上讲，补充侦查权的合理运用有助于检察机关更好地实现法律监督。

二、侦查主体合法性之争

侦查主体的资格与权限是否符合法律规定，是侦查合法与否的根本标

① 吴宏耀、范仲瑾:《检察机关补充侦查权的规范化运用》，载《人民检察》2018 年第 14 期。

② 曹中启、曾玲:《公诉环节自行补充侦查权的研究》，载《湖北师范大学学报（哲学社会科学版）》2019 年第 2 期。

志。刑事诉讼法中，对于侦查主体与侦查权的范围规定得非常明确。《刑事诉讼法》第 19 条规定，“刑事案件的侦查由公安机关进行，法律另有规定的除外。人民检察院在对诉讼活动实行法律监督中发现的司法工作人员利用职权实施的非法拘禁、刑讯逼供、非法搜查等侵犯公民权利、损害司法公正的犯罪，可以由人民检察院立案侦查。对于公安机关管辖的国家机关工作人员利用职权实施的重大犯罪案件，需要由人民检察院直接受理的时候，经省级以上人民检察院决定，可以由人民检察院立案侦查。自诉案件，由人民法院直接受理”。从法律规定上来说，检察机关只有对诉讼活动中主动发现的司法工作人员利用职权实施的侵犯公民权利、损害司法公正的犯罪具有侦查权，一般刑事犯罪由公安机关侦查，其他职务犯罪由监察机关调查[①]。从划分标准上来看，原则上以罪名作为侦查权的划分标准，且在侦查过程中，侦查权不能放弃、不能转让、不能授予，这就是所谓的强制侦查法定主义。[②]

但是在自行补充侦查中却没有罪名的限制，检察机关可以根据情况决定由其自身开展自行补充侦查活动，这意味着检察机关对所有罪名具有补充侦查权，这与刑事诉讼法关于侦查主体的规定似有不一致。也许有学者会提出，补充侦查是对原有证据和事实的补正，只是一种补强性证据，是从法律监督权或是诉权的角度出发对侦查活动的合法性进行的判断或是对证据是否采纳进行的判断。《人民检察院刑事诉讼规则》第 342 条规定，“人民检察院认为犯罪事实不清、证据不足或者遗漏罪行、遗漏同案犯罪嫌疑人等情形需要补充侦查的，应当提出具体的书面意见，连同案卷材料一并退回公安机关补充侦查；人民检察院也可以自行侦查，必要时可以要

---

①《监察法》第 3 条规定，“各级监察委员会是行使国家监察职能的专责机关，依照本法对所有行使公权力的公职人员（以下称公职人员）进行监察，调查职务违法和职务犯罪，开展廉政建设和反腐败工作，维护宪法和法律的尊严”。

② 根据侦查行为是否由相对人自愿配合为前提可以将侦查行为分为强制侦查和任意侦查。强制侦查指为了收集或保全犯罪证据、查获犯罪嫌疑人而通过强制方法对相对人进行的侦查，如强制到案（拘留、逮捕）、搜查、扣押、监听、强制提取体液样品等等。由于强制侦查制度本身的特点，如果其被滥用，就会成为侵犯公民人身权、财产权以及隐私权等权利的工具。因此，为了防止刑事强制措施的滥用、保护犯罪嫌疑人的各项权利，强制侦查法定主义便应运而生。

求公安机关提供协助”。检察机关在审查起诉过程中对以下三种情形可以自行补充侦查：一是犯罪事实不清、证据不足；二是遗漏罪行；三是遗漏同案犯罪嫌疑人。如果说针对第一种情况是为了上述目的还算是牵强附会。对于新的罪行、事实以及新的同案犯罪嫌疑人的侦查虽然是对原案的延续，但实际上有可能是针对新的罪名、新的犯罪嫌疑人，其侦查方向、侦查措施等均不相同，这已经超出了法律监督或是证据补正的范围，应当属于新事实的侦查行为。但自行补充侦查的规定会导致检察机关对所有类型的刑事犯罪均具有侦查权，这与刑事诉讼法中侦查主体范围的规定矛盾。而侦查主体违法势必导致这一主体所从事的侦查活动违法，所调取的证据效力存疑。

也有学者认为，补充侦查权是一种特殊的侦查权，是检察机关具有的一种特殊权力。从刑事诉讼法设置中也可以看出，补充侦查权既不在第二章“管辖”中，也不在第九章“侦查”章节中，而是在第十一章“审查起诉”中规定。从立法技术的角度来看，这与刑事诉讼中对侦查主体的规定并不矛盾，是检察机关具有的一种特殊的侦查权。那么依此逻辑推导，补充侦查权势必与侦查权不同，应当进行专门性规定。但是《人民检察院组织法》第 20 条规定，“人民检察院行使下列职权：（一）依照法律规定对有关刑事案件行使侦查权；（二）对刑事案件进行审查，批准或者决定是否逮捕犯罪嫌疑人；（三）对刑事案件进行审查，决定是否提起公诉，对决定提起公诉的案件支持公诉；（四）依照法律规定提起公益诉讼；（五）对诉讼活动实行法律监督；（六）对判决、裁定等生效法律文书的执行工作实行法律监督；（七）对监狱、看守所的执法活动实行法律监督；（八）法律规定的其他职权”。在人民检察院的职权内，并没有补充侦查权，甚至在对刑事案件进行审查起诉中也没有提到补充侦查的问题。对有关刑事案件行使侦查权，明显也是指保留的 14 种职务犯罪罪名的侦查权。按照上述逻辑，应当把补充侦查作为一种专门的侦查权，对其进行专门的规定。

三、侦查措施合法性之争

除侦查主体的问题外，自行补充侦查中侦查措施的合法性也受到了质疑。根据刑事诉讼法规定，侦查权应包括“专门性调查工作”和“有关强制性措施”。专门性调查工作的范围在《指导意见》第 12 条予以了明确规定，即“人民检察院自行侦查，适用《中华人民共和国刑事诉讼法》规定的讯问、询问、勘验、检查、查封、扣押、鉴定等侦查措施，应当遵循法定程序，在法定期限内侦查完毕”。如果采取了条文之外的侦查措施，其证据的合法性是否存疑没有明确的规定。比如除上述侦查措施外，还有搜查、技术侦查、通缉等侦查措施，如果检察机关实施了上述措施，其侦查行为是否必然无效。并且，由于《指导意见》只是一个工作机制，因此，即使检察机关实施了《指导意见》中的侦查行为，是不是必然具有合法性也是需要通过法律规定予以明确的。

关于“强制性措施”问题更为复杂。检察机关对于非自行侦查范围罪名的强制措施包括取保候审、监视居住以及逮捕。根据《人民检察院刑事诉讼规则》规定，公安机关决定对犯罪嫌疑人取保候审或者监视居住的，案件移送人民检察院审查起诉后，对于需要继续取保候审或者监视居住的，人民检察院应当依法重新作出取保候审或者监视居住的决定，并对犯罪嫌疑人办理相应手续。最高人民法院、最高人民检察院、公安部、国家安全部《关于取保候审若干问题的规定》（以下简称《规定》）第 26 条第 1 款、第 2 款规定，在侦查或者审查起诉阶段已经采取取保候审的，案件移送至审查起诉或者审判阶段时，如果需要继续取保候审，或者需要变更保证方式或强制措施的，受案机关应当在 7 日内作出决定，并通知执行机关和移送案件的机关。受案机关决定继续取保候审的，应当重新作出取保候审决定。据此，检察机关在受理案件后 7 日内，经审查认为需要继续取保候审的，应当重新作出取保候审决定，并且重新办理取保候审手续，同时人民检察院还享有批准逮捕权以及决定逮捕权。但从规定可见，检察机关在审查起诉阶段直接决定取保候审与监视居住是在公安机关已经决定采取强制措施之后的延续，并非基于补充侦查所采取的强制性措施。在审查起诉阶段的自行补充侦查中，刑事检察部门只有建议逮捕的权力，不能直接采取逮捕的强制措施。因此，检察机关对于自行补充侦查并没有专门性的强制性措施。这也是部分学者认为自行补充侦查权不是侦查权而是“侦查性权力”的原因所在。

四、启动条件之争

刑事诉讼法中将采取何种补充侦查方式的程序选择权交给了检察机关。但是在何种情形下以何种程序选择何种补充侦查方式，法律及相应司法解释均没有作出相关规定，这会导致决定补充侦查的监督障碍，同时也造成了司法中的适用难题。虽然从上文可知，刑事诉讼法修改时两种补充侦查方式的排序隐喻了先后顺序，但并非有着明确的规定以及选择性条件。虽然《指导意见》对此予以了明确，但仅是指导性意见。在需要补充侦查时，检察官面临两种选择，或退回补充侦查或自行补充侦查，在没有强制性规定的情况下，检察官往往不会选择自行补充侦查方式。

同时，退回补充侦查并非自行补充侦查的前置程序。一般情况下，检察官对需要补充证据的情况，首先依托侦查人员以补充庭审需要的证据材料方式进行调取，如果侦查人员无法调取，检察官一般也不会自行补充，而是通过退回补充侦查的方式调取。如果需要查明原侦查事实或是新的犯罪事实及犯罪嫌疑人，一般采用退回补充侦查方式进行。自行补充侦查后，是否还能再退回补充侦查，或是自行补充侦查次数是否计入补充侦查的总次数，在制度层面上都存在疑问。

第三节 自行补充侦查制度的运行困境

一、阶段划分不明

（一）自行补充侦查启动不明

《人民检察院刑事诉讼规则》第348条规定，“人民检察院在审查起诉中决定自行侦查的，应当在审查起诉期限内侦查完毕”。该条款规定了两方面的内容：一是人民检察院自行补充侦查的要在审查起诉过程中作出自行补充侦查决定；二是要在审查起诉期限内侦查完毕。从侦查法定主义要求侦查程序需符合法律规定，强制侦查的启动必须经过令状的批准看，对于补充侦查的决定是否就意味着对所有侦查措施的批准。如果作出自行补充侦查决定意味着自行补充侦查程序的启动，那么必然具备相应的法律文书。但笔者在全国检察业务应用系统的文书库内搜索“补充侦查”，并没有搜索到自行补充侦查的文书，也未设置自行侦查的相关流程。最高人民检察院下发的公诉类法律文书里也没有自行补充侦查决定书，补充侦查决定书中也没有自行补充侦查的内容。在办案检察官意图启动自行侦查权的情况下，应当如何进行？在无办案流程和规范性法律文书的指引下，不同办案检察官可能会作出不同的决定，有的可能会向单位分管领导请示，有的可能自行决定侦查。如果说退回补充侦查在三级审批的模式下还要经过相应的审批，那么无论是三级审批下的办案模式还是员额检察官办案模式，都无法把握自行补充侦查的启动，自行补充侦查是否意味着就是审查起诉的一个环节。由于自行补充侦查环节与审查起诉阶段在司法上的混同以及其启动的任意性，导致在此阶段收集的证据效力存疑。

（二）与审查起诉行为混同

由于上述两个诉讼程序在时间上的混同，导致了两个诉讼程序行为的混同。《人民检察院刑事诉讼规则》规定，人民检察院审查案件，应当讯问犯罪嫌疑人，听取辩护人、被害人及其诉讼代理人的意见，并制作笔录附卷。同时也可以在审查过程中，对案件中某些专门性问题送交有鉴定资格的人进行鉴定；对鉴定意见有疑问的，可以聘请有鉴定资格的人对案件中的某些专门性问题进行补充鉴定或者重新鉴定；对公安机关的勘验、检查，可以自行复验、复查；对物证、书证、视听资料、电子数据及勘验、检查、辨认、侦查实验等笔录存在疑问的，可以询问提供物证、书证、视听资料、电子数据及勘验、检查、辨认、侦查实验等笔录的人员和见证人；对证人证言笔录存在疑问或者认为对证人的询问不具体或者有遗漏的，可以对证人进行询问。[①] 这些行为与补充侦查行为基本类似，尤其是讯问、询问行为。由于审查起诉阶段的封闭性与检察内卷的不公开性，这些证据材料属于在审查起诉环节收集还是在自行补充侦查阶段提取，当事人及辩护人甚至于法官都无从知晓。如果仅是审查过程中的复核性材料，由于其不具有侦查的目的与程序，当然不符合证据合法性的要求。

---

① 详见《人民检察院刑事诉讼规则》第 169、262、333、335、336、465、649 条。

（三）新增罪行及犯罪嫌疑人的立案问题

《刑事诉讼法》第 107 条规定，“公安机关或者人民检察院发现犯罪事实或者犯罪嫌疑人，应当按照管辖范围，立案侦查”。侦查原则上要经过立案程序，即便情况紧急，在紧急情况消除后也应当通过法定程序进行事后确认。没有立案，涉案行为人的地位也就无法确认。没有刑事立案，当然也就不存在犯罪嫌疑人，更不能说对犯罪嫌疑人采取强制措施，同时也不存在刑事被害人，被害人在诉讼中的合法权益也就无法保证。《公安机关办理刑事案件程序规定》第 178 条第 1 款规定，“公安机关接受案件后，经审查，认为有犯罪事实需要追究刑事责任，且属于自己管辖的，经县级以上公安机关负责人批准，予以立案；认为没有犯罪事实，或者犯罪事实显著轻微不需要追究刑事责任，或者具有其他依法不追究刑事责任情形的，经县级以上公安机关负责人批准，不予立案”。《人民检察院刑事诉讼规则》第 171 条规定，“人民检察院对于直接受理的案件，经审查认为有犯罪事实需要追究刑事责任的，应当制作立案报告书，经检察长批准后予以立案。在决定立案之日起三日以内，将立案备案登记表、提请立案报告和立案决定书一并报送上一级人民检察院备案”。这就意味着作为侦查机关的公安机关和人民检察院的立案决定都需要经过相应的审批程序。一般侦查况且如此，自行补充侦查更应当遵循这一原则。但是在自行补充侦查中缺乏决定程序，更缺乏立案程序，如果不立案进行刑事侦查，势必会导致程序上的严重违法；亦将无法采取强制侦查手段，收集证据程序也无法启动；更无法追究犯罪嫌疑人的刑事责任。

同时，如果要经过立案程序，新的问题随之产生。刑事诉讼法已经明确了刑事案件的立案范围，检察机关只能针对其直接受理的 14 个罪名进行立案侦查。因此，对于上述需要立案的情形，只有通过立案监督或者检察建议，督促侦查机关立案。但在立案后，侦查主体出现了冲突，检察机关的自行补充侦查与侦查机关立案后的侦查行为的选择就会成为一个两难选择。如果自行补充侦查，在解决了立案问题之后，检察机关应当就之前发现的线索开展侦查活动，但根据刑事诉讼法规定，侦查机关在立案后“应当”进行侦查，重复侦查势必会导致司法资源的浪费。有学者提出，“检察机关在必要时可以要求公安机关提供协助”的规定可以解决这一问题。根据这一规定，我们可以推导出，在侦查机关，尤其是公安机关立案后，立案主体只能作为协作主体，监督立案的主体反而作为侦查主体，这本身就与侦查的基本原则相悖。如果由侦查机关侦查，固然不会出现侦查主体上的问题，但自行补充侦查的作用无法体现，同时也会变成事实上的退回补充侦查，对此类情形进行自行补充侦查的立法原意也无法实现，造成制度虚设。

二、角色矛盾冲突

前文所述的侦查主体的困境不仅体现在立法中，也体现在司法中。自行补充侦查要求刑事检察部门的检察官从事侦查活动、收集证据。此时，检察官在刑事诉讼过程中所充当的应当是侦查人员这一角色。职责、职业与责任的本位主义令侦查人员天生难免带有“有罪推定”的倾向。检察机关作为犯罪的追究者，也不可避免地存在打击犯罪的思想。审查起诉这一中间审查环节的设置，就是为了尽量克服这种有罪打击的倾向，尽可能地发挥检察官的客观公正义务，对侦查机关收集的证据作出中立的判断。这也是宪法规定公、检、法三机关相互配合、相互制约的目的之一，各司其职，各尽其责。但这种“检察官 + 侦查人员”的模式明显打破了这个平衡，检察官对侦查人员所收集的证据没有经过中立的审查环节就作为认定的依据移送至人民法院，有着“既当运动员，又当裁判员”的嫌疑。在检察机关职务犯罪侦查转隶之前，检察机关职务犯罪侦查部门也会将侦查证据移送至公诉部门进行审查判断，跨部门的移送被诟病监督力度不足。公诉环节承办人自行收集的证据自行使用更加缺乏监督，尤其是在“捕诉一体”背景之下，承办人集审查逮捕、审查起诉、自行补充侦查等权力于一身时，对案件证据的审查监督难度更大。

除在审查起诉环节会出现身份重合的问题外，在审判阶段这一问题更加明显。《刑事诉讼法》第 59 条规定，在法庭调查中，检察机关要对证据收集的合法性进行调查，同时也确立了侦查人员出庭作证制度，可以要求侦查人员出庭对证据收集的合法性进行说明。[①] 当检察机关自行收集的证据的合法性被质疑时，如何对证据收集的合法性进行说明，这时就会陷入自证其证的逻辑悖论之中。尤其是检察机关通过自行补充侦查追诉的新的罪行以及新的同案犯罪嫌疑人，这时检察官既是侦查人员又是公诉人，如果人民法院要求侦查人员出庭，那么作为侦查人员的公诉人因其在法庭上所处的法律地位会产生严重的角色混同。其能否接受辩护人的诘问、法律监督者与被监督者的角色混同，乃至于在法庭中所坐的位置是在公诉人席还是在证人席，一系列问题随之产生。法庭的平衡也会被破坏，在控辩审的平衡中，控辩双方所处地位将会明显失衡，侦、控职能将会部分合一，检察机关的客观公正义务也会受到影响。同时，法庭对公诉人自行收集的证据的采信标准亦会产生变化。

三、缺乏内外部监督

刑事诉讼法及《人民检察院刑事诉讼规则》对于刑事诉讼证明的标准都是“事实清楚，证据确实、充分”。尤其是对证据收集的程序，明确要求“依照法定程序，收集能够证实犯罪嫌疑人、被告人有罪或者无罪、犯罪情节轻重的各种证据”。检察机关既作为刑事诉讼的参与主体，又作为监督主体，对于退回侦查机关补充侦查的案件，存在退而不查、取证违法等情况，检察机关可以采取纠正违法等形式对其进行法律监督，而当自行补充侦查时，监督机制就失去作用；当当事人提出非法证据排除时，检察机关如何“自己监督自己”“自己排除自己”都成为监督缺失的硬伤。同时，为达到追究犯罪的需要，检察官往往在审查起诉中将自行调取的笔录

①《刑事诉讼法》第59条规定：“在对证据收集的合法性进行法庭调查的过程中，人民检察院应当对证据收集的合法性加以证明。现有证据材料不能证明证据收集的合法性的，人民检察院可以提请人民法院通知有关侦查人员或者其他人员出庭说明情况；人民法院可以通知有关侦查人员或者其他人员出庭说明情况。有关侦查人员或者其他人员也可以要求出庭说明情况。经人民法院通知，有关人员应当出庭。”

或其他证据，作为证据一并移送法院提交法庭。[①] 但在检察官自行补充侦查之后，不会通知辩护人阅卷，辩护人在案件起诉后在审判阶段才能调阅检察机关自行补充侦查的证据与事实。上述情况的出现，同样是检察机关自行补充侦查缺乏监督所出现的问题。这些都是司法实践中，由于缺乏制度或机制规范所导致的。

第四节　自行补充侦查适用的实践困境

除立法与司法上存在的问题外，实践中，自行补充侦查使用率低还有一系列现实上的问题。笔者对C市22个基层检察院的112名刑事检察部门人员进行了问卷调查与访谈，发现除因上述原因外，现实中的障碍是更多影响司法人员采用该制度的因素。在调研中发现，检察官普遍对自行补充侦查持排斥态度。究其原因，有以下几个方面：

一、耗费办案精力

在司法体制改革的当下，员额检察官办案数量较之改革前大幅增加，有的检察院每年审查逮捕案件500件以上，但只有7名员额检察官，这使得检察官无力进行自行补充侦查。[②] 以C市W区检察院为例，其刑事检察一部8名员额检察官，每年办理审查逮捕、起诉案件1100余件，人均140件案件。检察官长期处于流水线式的办案模式之中，尤其是“捕诉一体”之后，由于审查逮捕与审查起诉期间的不同，其办案节奏时常处于变化过程中，经常出现一件案件尚未办结，另一件甚至几件案件就被分配到手里的情况。长时间高负荷的工作量导致检察官无力分出时间和精力去自行补充侦查，大多以尽早结案为目标。对于必须补充的证据，检察官首

---

① 《刑事诉讼法》第176条规定：“人民检察院认为犯罪嫌疑人的犯罪事实已经查清，证据确实、充分，依法应当追究刑事责任的，应当作出起诉决定，按照审判管辖的规定，向人民法院提起公诉，并将案卷材料、证据移送人民法院。犯罪嫌疑人认罪认罚的，人民检察院应当就主刑、附加刑、是否适用缓刑等提出量刑建议，并随案移送认罪认罚具结书等材料。”

② 罗欣等：《检察机关补充侦查权的运行与完善》，载《人民检察》2018年第21期。

先想到的是通过原侦查机关进行补充，对于一般性证据通过公安机关借用审查起诉期间进行补充，对在该期间内无法补充的证据或是增加犯罪事实等情况则通过退回补充侦查的方式继续要求公安机关补充。即便通过两次退回补充侦查程序都无法补充完善的证据，检察官也往往不会自行补充侦查，而一般以存疑不起诉方式予以解决。对于其中部分查明犯罪事实的案件，检察机关往往“一揽子”起诉到法院，等待案件进入审判程序后，根据人民法院的意见要求公安机关再行补充。

同时，由于涉及案件当事人利益，承办检察官不启动退回补充侦查程序而启动自行补充侦查，如果案件事实、证据补充完毕，案件最后成功处理则罢；如果没有收集到足够的证据，最后作出不起诉决定，则会被案件当事人，尤其是被害人质疑，为何不退回补充侦查、有无徇私枉法或者不作为的情况，甚至部分案件还会有纪检监察部门介入调查。检察官既耗费了精力又没有取得预期案件效果，因此为了避免舆情、非正常上访或是接受调查，而将案件退回公安机关补充侦查，从而回避相关风险。

二、取证能力不足

检察机关在刑事诉讼中的职能主要是审查批捕、审查起诉、出庭公诉和法律监督，侦查手段、侦查技巧、侦查经验等相对缺乏。[①] 尤其是在自侦部门转隶之后，检察机关更是缺乏具有侦查经验的人员。检察机关自身更专业的是证据组合与法律适用能力，缺乏相应的侦查技能培训，致使检察官在遇到需要自行补充侦查的案件时往往应对不足。如某公司涉嫌单位行贿罪、傅某某涉嫌行贿罪案，该案经抗诉后中级人民法院发回重审，基层人民法院要求补充相关证据，但因反贪部门转隶，只能由原公诉人自行补充侦查，但法院所要求补充的确定违法数额、查明行受贿人关系等问题，需要专业的侦查手段与丰富的办案经验，就现有检察机关的侦查能力无法予以补正。

同时，公安机关与检察机关存在侦查思维与审查思维差异。侦查是一项“从无到有”的工作。在侦查中，往往发现一起刑事案件或者刑事

---

① 罗欣等:《检察机关补充侦查权的运行与完善》，载《人民检察》2018 年第 21 期。

侦查上关联的事件后，通常在案件处理的范围内迅速有针对性地寻找有助于调查清楚案情的数据及信息（痕迹或其他证据），在此总结出通过其他侦查措施填补信息漏洞的必要性，以便尽快查出作案人，并从证据上能够完整地确认调查清楚案情。通过对案情的分析、模型/假设构建以及在此基础上制定侦查措施计划以及调查任务，并通过侦查措施予以实现。[①] 而审查思维却相反。审查案件就是通过对侦查机关确认的犯罪事实、证据、罪名进行审查核实，通过已有的证据的分析、组合、判断，结合法律规定，认定是否构成犯罪，构成何种犯罪的过程，其是对侦查收集证据的“复核”。因此，该项工作势必要求检察官对现有证据“从有到精”地筛选与过滤，通过对侦查证据“取其精华、去其糟粕”，将符合庭审证据标准的部分予以保留并开展后续的公诉工作。正是这种思维方式的区别决定了对应能力的区别，正所谓“术业有专攻”。检察官更擅长对现有事实证据的精细化打磨以及庭审辩论能力，而非对证据的收集以及对关键线索的突破能力及经验。

三、缺乏配套力量

侦查活动本身是一项专业性极强的司法活动。除要具有专门的侦查人员外，还需要有相应的侦查设备、侦查技术、侦查资源的支撑。可以说，侦查资源的充分与否直接决定了侦查结果。随着社会经济活动的复杂化以及犯罪手段的智能化、信息化，犯罪活动的隐蔽性越来越强，技术化水平越来越高、法律关系越来越复杂，没有足够的侦查资源予以支撑，办案效果就无法实现。以笔者参与办理的一起涉恶案件为例，该案专案组20余名侦查人员，先后半年时间，共梳理案件账户120余个、调取法院判决以及相关证据材料、公证文书、银行贷款记录，动用技术侦查、财务审计等多种手段才最终查明案件事实。检察机关的职能主要是指控犯罪，非侦查犯罪，其不具有专门的侦查人员、侦查技术、侦查设备。职务犯罪侦查部门没有转隶之前的部分侦查活动尚且需要依靠公安机关，转隶之后对公安

---

① ［德］阿克曼 Ackermann 等：《刑事侦查手册》，刘道前、解冰译，中国人民公安大学出版社2019年版，第116—117页。

机关的依赖性更强。因此，通过检察机关自行补充侦查补正案件事实并且监督侦查机关怠于侦查的情况，存在较大难度。且现有检察机关对自行补充侦查的资源投入较少，缺乏公安机关所具有的秘密侦查、技术侦查、大数据侦查、图像侦查等专业侦查手段。

同时，检察官自身能够调动的人员资源也有限。自检察人员分类管理改革后，原则上要求一名员额检察官办案组应当配有一名检察官助理以及一名书记员，即标准的"1：1：1"办案组配比。但在实践中，由于财政限制、人员编制限制、办案力量限制等诸多原因，无法达到真正的标准配比，有些检察官除承担案件审查职能外，还要承担讯问、询问、制作法律文书等工作，单独出庭成为常态。按照刑事诉讼法的要求，侦查人员取证不得少于两人，且在取证数量较多、情况较复杂情况下需要的人员更多。在现有案多人少的状况下，让承办检察官组织人员自行补充侦查，查明专门侦查人员无法查明的事实及证据明显"力有不逮"。

自行补充侦查权是刑事诉讼法赋予检察机关行使控诉权与监督权的重要手段。根据功能恰当原理，行使权力应给予其相应的配套资源。但法律层面和实践层面并没有给予检察机关足够的侦查权力和侦查保障，这也是自行补充侦查制度运行不佳的主要原因。

（一）自行补充侦查缺乏配套性权力

刑事诉讼法虽然规定了检察机关可以自行补充侦查，但是没有规定自行补充侦查的范围。从侦查的范围来讲，又限定了检察机关直接受理侦查案件的范围。这就造成了自行补充侦查行使范围的困扰和界限。从通说来讲，检察机关可以对所有审查起诉的案件行使自行补充侦查权，但是否具有侦查机关的所有侦查权力没有明确规定。《指导意见》规定"人民检察院自行侦查，适用《中华人民共和国刑事诉讼法》规定的讯问、询问、勘验、检查、查封、扣押、鉴定等侦查措施，应当遵循法定程序，在法定期限内侦查完毕"。作为刑事侦查措施，应有法律的明确授权才能行使，而不应由一个内部规范性文件予以确认，并且自行补充侦查能否适用对人的强制措施、出具何种法律文书、由何人执行等都不明确。刑事诉讼法将限制权利的强制侦查的执行权赋予了侦查机关，强制侦查之所以被限制的原因就是其对所涉及主体权利的侵犯，但正是由于其有着这种强制侵犯的权力，才能更好地保证侦查效果。但检察机关自行补充侦查配套制度的不完善，造成了这种司法行为缺乏强制力的保障。同时，人民群众对传统诉讼活动形成的固有印象，一方面造成人民群众对于人民警察形象的固有畏惧；另一方面由于对检察机关职能的不了解或是近年来某些影视作品的宣传，造成了部分群众对检察机关的不理解或是停留在原有职务犯罪侦查权的传统印象。在这两种原因的驱动下，检察机关在没有公安机关配合的自行补充侦查过程中，往往出现强制力不足的情况。

（二）自行补充侦查缺乏内部配套力量

检察机关，尤其是检察机关的刑事检察部门一般长于案件审查、法律适用、法庭辩论，对于侦查活动缺乏专业力量。即便是检察机关自侦部门转隶之前，一般情况下自侦部门与公诉部门之间除因职务犯罪案件外也不会出现工作交叉，自侦部门人员亦不会行使公诉部门的自行补充侦查权。而公诉部门因较为依靠侦查机关，也不会行使自行补充侦查权。因此，检察机关缺乏相应的侦查人员与侦查经验。同时，由于检察机关的主要职能是审查逮捕与审查起诉，自身一般没有配置侦查手段，尤其是信息化的侦查技术手段少之又少，更是缺少保障侦查的强制手段。同时，检察机关较之侦查机关人员的不足，因此，检察机关在人力、物力、技术、经验方面存在自行补充侦查的困难。

（三）公安机关配合义务不足

在检察机关无法依靠自身力量开展自行补充侦查时，《人民检察院刑事诉讼规则》规定必要时可以要求公安机关配合。但何谓必要时，如何配合，如果不配合应如何处理，制度上均没有明确。现在检察机关要求公安机关的配合更多的是因为长期工作关系而形成的配合默契，并没有制度的刚性保证。如果侦查人员不重视或是持抵触心态，检察人员往往也没有强制要求侦查人员配合的依据。大陆法系国家的警察机关作为检察机关侦查活动的辅助，是由于检察机关自身也是侦查机关，其对侦查机关的侦查终结、侦查措施的采取具有决定权。俄罗斯检察机关对人、对事都有着强力制约手段，有的还可以对侦查机关的考核评价起到影响。因此，对于警察机关配合检察机关的侦查活动有着相应法律上的制约措施作为保障。我国对公安机关不配合的情形并没有强制性的手段与之保障，也没有类似大陆法系国家有着更换或者指定侦查机关的权力，在公安机关不配合的情况下，只有自行补充侦查。同时，检察机关自行补充侦查一定程度上也是在行使法律监督权，依靠侦查机关协助补充侦查后监督侦查机关自身，明显就是悖论，且检察机关无法主动选择协助其补充侦查的侦查机关，实际上也就无法实现监督的目的。因此，公安机关对自行补充侦查既缺乏外在压力亦缺乏内生动力，无法真正起到协助作用。

四、证据形式单一

自行补充侦查权适用率较低，尤其是较之退回补充侦查以及要求公安机关调取审判所需证据材料、说明证据合法性等通过公安机关实现的情况更少。从前文可见，司法实践中，检察官采取自行补充侦查最多的情形就是言词证据，主要证据形式较为单一，且除侦查机关的情况说明外，所占比例最高的就是犯罪嫌疑人的供述。

由于刑事诉讼法规定，检察机关在审查起诉阶段应当讯问犯罪嫌疑人，听取辩护人、被害人以及诉讼代理人的意见，并记录在案。实践中，承办检察官往往在审查案卷之后对犯罪嫌疑人进行讯问。由于诉讼阶段、讯问方式、讯问主体等的差异，犯罪嫌疑人的心理状态会发生变化，可能会作出与侦查阶段不一致的供述。检察官结合侦查机关收集的其他证据，从而判断犯罪嫌疑人的供述是否可信。如果犯罪嫌疑人供述与其他客观证据相互印证，那么检察官在该阶段所制作的笔录就有作为证据的可能，从而用于证实其是否构成犯罪。这时检察官本质上就是在行使自行补充侦查的职能。同样，当检察官在询问被害人时，也会出现类似的情形。无论是检察官调取的犯罪嫌疑人供述还是被害人陈述，其从证据种类来看都属于言词证据，这些程序都是基于检察官在审查起诉阶段的程序性事项所获得，并非办案检察官主动启动自行侦查的结果，其在某种程度上带有一定的偶然性。如在陈某等人涉嫌抢劫案中，犯罪嫌疑人陈某在审查起诉阶段供述其在被害人家中时携带了匕首，并在抢劫过程中暗示其身上有刀。但在庭审阶段，其翻供表示没有对被害人进行威胁。当承办检察官出示了其在审查起诉阶段的供述时，被告人才表示认罪服法。检察官所出示的这份证据，本质上就是在审查起诉阶段用以复核的笔录。

第五章

域外审查起诉阶段补充侦查制度考察研究

第一节　域外审查起诉阶段补充侦查制度运行样态

域外各国关于审查起诉阶段补充侦查制度无论是制度设计还是司法实践都有着类似情形。但由于基础诉讼制度的差别，其表现形式不同，运行模式也存在差异，运行效果与最终的处理情况亦存在不同。

一、大陆法系制度考察

（一）法国

法国的司法职能在历史上最早表现为集权主义，集中了起诉、侦查以及裁判职能。[①] 随着刑事诉讼的发展，司法对这些权力重新进行了分配，公诉人办公室通过法官的权力让与创设，可以发动侦查、提起诉讼。警察的职能出自检察官的职能，并随之一同发展。作为检察制度发源地，法国在刑事诉讼中实施“检警一体”的制度模式，检察官在有利于行使控诉职能的前提下，有权指挥司法警察[②] 进行侦查。一般轻微犯罪由司法警察侦

---

① 根据《1670年敕令》，侦查、起诉与审判的过程由一个人即刑事长官（埃斯曼，1913）主导。

② 这里的司法警察区别于我国的司法警察，我国的司法警察是指在人民法院或者人民检察院内部承担特殊任务的警察，其主要职能是维护法庭秩序，提押、看守犯罪嫌疑人、被告人，协助送达等工作。根据《人民检察院司法警察条例》第7条规定，人民检察院司法警察依法履行下列职责：（1）保护人民检察院直接立案侦查案件的犯罪现场；（2）执行传唤、拘传；（3）协助执行监视居住、拘留、逮捕，协助追捕在逃或者脱逃的犯罪嫌疑人；（4）参与搜查；（5）提押、看管犯罪嫌疑人、被告人和罪犯；（6）送达有关法律文书；（7）保护出席法庭、执行死刑临场监督检察人员的安全；（8）协助维护检察机关接待群众来访场所的秩序和安全，参与处置突发事件；（9）法律法规规定的其他职责。域外司法警察主要是指在警察局中负责司法警察任务的特别部门，同时也指执行刑事侦查任务的国家警察、宪兵以及一部分行政人员和拥有司法警察职责的人员的总称。参见《法国刑事诉讼法典》，罗结珍译，中国法制出版社2006年版。

查之后即可送至检察官处；对于严重的刑事犯罪，在正式侦查开始之前，司法警察承担查证犯罪行为、收集证据、查找犯罪嫌疑人等工作。正式侦查开始之后，即由检察官开展调查，司法警察作为其助手，配合检察官开展工作。《法国刑事诉讼法》第 12 条规定，“司法警察的职权由本编所指的警察、官员和警员行使，受共和国检察官领导”；第 41 条规定，“共和国检察官对违反刑法的犯罪行为进行或派人进行一切必要的追查或追诉行为。为此目的，共和国检察官领导其所在法院管辖区内的司法警察警官与司法警察警员的活动”。当警察发现涉嫌犯罪事实时，可以进行初步侦查，并且可以在检察官的监督下继续侦查现行犯罪，期限可以长达 15 日。检察官根据具体情况决定是否将案件提交给预审法官启动正式侦查。其中，大多数重罪案件是强制性的启动，轻罪和违警罪则是裁量性的。法国刑事诉讼法规定由共和国检察官向预审法官提出相应的书面立案侦查意见书，指出犯罪事实以及涉及罪名，要求对相关事实进行侦查。预审法官则根据共和国检察官的文书进行侦查，在正式侦查过程中，预审法官可以自行侦查，也可以调查委托书的形式将权力委托给警察行使，被指定的警察被授权在特定的时限内实施特定的侦查活动，并在侦查结束后向预审法官报告。在案件提交预审法官并安排其依申请签发调查委托书之前，检察官可以对当时的侦查进展进行审查，在侦查过程中，共和国检察官可以提出补充侦查意见，侦查终结时提出终结侦查意见，由预审法官作出终结审查裁定、起诉或者不起诉的裁定。当预审法官获知立案侦查意见书中并未涉及的事实时，不能在现有的预审程序中对此进行侦查，而应立即向共和国检察官报送与该事实相关的材料，将这一事项交还给检察官，而检察官必须启动一个独立或者补充性的正式侦查，才能收集与第二项罪行相关的证据。[①] 在整个过程中，检察官负责对警察的侦查进行监督。同时，在启动正式侦查之前介入初步侦查的检察官在整个预审程序中仍需紧密参与。负责监督的司法官可以监督、指导并要求采

① 陈卫东主编：《刑事立案与侦查——外国刑事诉讼法有关规定》（下），中国检察出版社 2017 年版，第 581 页。

取行动。[①] 由此可以看到，在法国的侦查中，法律规定了两种司法监督下的侦查模式。预审模式中，预审法官亲自负责实施案件侦查，但只有不到5%案件以此种程序进行，并且在这一程序中，大多证据收集过程是由预审法官签发调查委托书交由警察完成。还有超过95%的案件不会启动正式侦查，由警察主动实施，检察官进行监督和指导。检察官在公诉人与监督者之间形成了一种紧张关系，作为监督者要对侦查进行监督，同时作为公诉人需要依赖于警察便于履行其公诉职能。

（二）德国

德国作为大陆法系职权主义诉讼模式的典型国家，在1877年确立了检察官指挥侦查的“检警一体”侦查模式。《德国刑事诉讼法》第160条规定，“检察院不仅要侦查对犯罪嫌疑人不利的情形，而且还要侦查对犯罪嫌疑人有利的情形”；第161条规定，“检察院可以要求所有的公共机关部门提供情况，并且要么自行，要么通过警察机关进行任何种类的侦查……警察机关及警察官员负有接受检察院的请求委托的义务”；第163条规定，“警察机关和警察官员应当毫不迟疑地将侦查结果送交检察院。有必要迅速进行法官调查的，可以直接向初级法院送交（侦查结果）”。[②] 德国检察机关作为刑事案件的侦查机关，在侦查结果足以达到起诉条件时向法院提起公诉。警察机关只是辅助机关，帮助检察机关收集相应的证据，并将案卷与证据材料送交检察机关，由检察机关进一步侦查。在这种侦查模式下，检察机关与警察机关侦查范围一致。检察机关为实现证明犯罪的目的，可以要求所有公共单位提供情况，或是自行，或是通过警察机关进行侦查活动。同时对于侦查中的检警关系中，规定了以下原则：检察官的指令仅限于犯罪侦查范围内，在此范围内有直接惩戒权；检察官对于警察以下达一般指令权为原则，例外才可下达具体指令，唯因尊重警察之专业；检察官对有管辖权之警察上级有下达指令权，以免下级机关面对多

---

① ［英］杰奎琳·霍奇森:《法国刑事司法——侦查与起诉的比较研究》，张小玲、汪海燕译，中国政法大学出版社2012年版，第341页。

② 陈卫东主编:《刑事立案与侦查——外国刑事诉讼法有关规定》（下），中国检察出版社2017年版，第503页。

重指令无所适从。[①] 可以看到，德国检察机关在侦查活动中对警察有领导权，并且享有相应的直接惩戒权，但原则上尊重侦查活动的专业性，一般情况下以类型化、一般化指令为原则，以个案指导为例外。只有在发现个案侦查中存在证据缺失或者程序性瑕疵等情况时，才会考虑进行个案侦查的要求。但在实践中，警察对侦查活动仍然存在实际的控制力。在德国司法实践中，一些情况下，检察官会为警察制定规则，但总的来说，检察官对于侦查的控制仅存在于纸面上。警察拥有专业的力量及资源，在实践中控制着侦查。虽然警察仍然要服从检察官的指令，但其可以独立地实施侦查措施，并要求相关单位予以配合。[②] 警察常常自行将侦查程序进行完毕后，才向检察机关移送侦查结果。对于诸如普通盗窃、醉驾等简单、轻微的犯罪案件，警察通常可独立进行侦查，在侦查完毕后及时将案件处理结果及卷宗材料移送检察官。移送检察官后，由检察官审查案件侦查的程序与内容，以作出相应的侦查终结命令。如果检察官认为事实证据存疑，可以向警察发出补充侦查命令，退回侦查机关要求侦查人员继续补充证据。1977 年德国修订刑事诉讼法时对于检警关系进行了重新定义，只有针对一些事实较为复杂、法律关系不明朗以及“获得了公共恶名”的案件，才会由检察机关自行侦查。对于其他委托警察侦查的案件，检察官有决定侦查方式及范围之权限，并可就侦查之方式及细节为具体之指示。[③] 根据德国联邦统计局发布的数据，自 2013 年起至 2017 年止，德国州检察院与基层检察院每年办结的刑事侦查案件总量在 450 万件以上，其中 2016 年达到 500 万件以上。在侦查终结的方式中，程序停止所占比例最大，在 56%—60% 之间；真正以提起公诉或类似起诉的方式终结的案件仅约占 20%。[④]

（三）日本

日本刑事诉讼制度在“二战”前后发生了变化。通说认为，司法警察

---

① 傅美惠:《侦查法学》，中国检察出版社 2016 年版，第 146 页。

② ［德］托马斯·魏根特:《检察官作用之比较研究》，张万顺译，载《中国刑事法杂志》2013 年第 12 期。

③ 蔡震荣:《德国检警关系之探讨》，载《警政学报》1990 年第 18 期。

④ 施鹏鹏、褚侨:《德国：检察官在刑事诉讼中的作用》，载《检察日报》2019 年 5 月 19 日，第 3 版。

有“第一次的侦查权”，而检察官有着“第二次之侦查权”，检警关系从“二战”前的类似上下级之间的关系，发展变化为了分工合作的关系。《日本刑事诉讼法》第193条规定，“检察官在管辖区域内，可以就侦查对司法警察职员作出必要的一般指示。在此情形下的指示，应当通过规定为正确实施侦查或其他确保完成公诉的有关必要事项的一般准则而进行。检察官在管辖区域内，可以为要求协助侦查而对司法警察职员进行必要的一般指挥。检察官在自行侦查的场合有必要时，可以指挥司法警察职员，使其辅助侦查”。第189条规定，“警察官依照其他法律或者国家公安委员会或都道府县公安委员会的规定，执行司法警察职员的职务”。[①] 因此，日本的司法警察是指在案件中承担侦查职能的警察。检察官、检察事务官、司法警察职员都有犯罪侦查权。检察官与司法警察在犯罪侦查上并没有明确分工，从原理上看两者在侦查中应当相互协助。司法警察不同于“二战”前的附属地位，其已经具有了独立侦查的主体地位，除有特别规定外，对于任何犯罪都具有侦查权，而检察官仅在认为有必要时才自行侦查。所谓有必要，是指司法警察证据收集存在违法以及不够充分的情形。根据《日本刑事诉讼法》第189条第2项、第191条规定，犯罪侦查权的分配以司法警察为第一优先，检察官位于补充及补正的第二顺位。当司法警察在发现有犯罪发生时，应当立即行使侦查权，侦查犯罪嫌疑人，收集证据。同时规定“检察官认为有必要时，可以自行侦查犯罪。检察事务官应当在检察官的指挥下进行侦查”；增加检察官的公诉角色，减轻侦查责任，将检察机关从传统的侦查机关的角色逐步转变为公诉机关。从检警关系上来看，两者为合作关系，并非传统大陆法系中的上下级领导关系，在司法警察首次侦查尚未完成的情况下，检察机关既可以指挥司法警察侦查，也可以由检察官“二次侦查”，并请司法警察协助。这两种侦查存在一定的区别，司法警察侦查在于“侦查之事实的、技术的、合作的层面，亦即，强调确认犯罪嫌疑人之有无特定犯罪为目的，而发现、收集证据之层面”；而检察官侦查在于“侦查之法律的、规范的、规制的层面，亦即，为了判

---

① 陈卫东主编:《刑事立案与侦查——外国刑事诉讼法有关规定》(上)，中国检察出版社2017年版，第77页。

断是否提起公诉，同时准备进行公诉及在公判庭上向法官证明之心证，而收集、发现、保全证据之层面展现在面前”。[①] 但检察机关对司法警察仍然存在一定的制约关系。《日本刑事诉讼法》第 194 条规定，“检察总长、高等检察厅长或者地方检察厅长，在司法警察职员没有正当理由而不服从检察官的指示或者指挥的场合，认为有必要时，对身为警察官的司法警察职员可以向国家公安委员会或者都道府县公安委员会，对警察官以外的司法警察职员，可以向对该司法警察职员拥有惩戒或者罢免权限的人，提出惩戒或者罢免的追诉”。[②]

此外，《喀麦隆刑事诉讼法典》第 78 条规定，“司法警察职责，由司法警察警官、司法警察警员以及特别法赋予司法警察权力的其他公务员或者其他人员在共和国检察官的指挥下行使。在各上诉法院辖区内，司法警察受检察长的监督；检察长每年年终对司法警察活动作出评估”。[③] 在侦查中，分为警察调查与正式司法侦查。正式司法侦查需要经预审法官接到共和国检察官提出的文书、受理案件之后才能开始，并且要由作为坐席司法官的预审法官指挥进行。检察官根据案件情况，在司法侦查的任何阶段，均可以提出被称为“补充侦查意见书”的文书，要求预审法官采取其认为对于查明案件真相所必要的任何侦查行为，特别是提出新的犯罪指控。在预审法官认为司法侦查已经完成时，向检察官报送案卷，以便其提出终结侦查意见书。检察官在收到侦查案卷后 5 日之内，将侦查案卷连同其提出的终结侦查意见书一并退回预审室，由预审法官作出不移送起诉裁定、部分不移送起诉裁定或者移送起诉裁定。在预审法官认为司法侦查已经完成时，向检察官报送案卷，以便其提出终结侦查意见书。检察官在收到侦查案卷后 5 日之内，将侦查案卷连同其提出的终结侦查意见书一并退回预审室，由预审法官作出不移送起诉裁定、部分不移送起诉裁定或者移送起诉裁定。

---

① ［日］白井滋夫：《侦查上检察官与警察之关系》，新知译汇编（1992 年），第 167 页。

② 陈卫东主编：《刑事立案与侦查——外国刑事诉讼法有关规定》（上），中国检察出版社 2017 年版，第 78 页。

③ 陈卫东主编：《刑事立案与侦查——外国刑事诉讼法有关规定》（上），中国检察出版社 2017 年版，第 243 页。

二、英美法系制度考察

（一）英国

英国检察制度最早作为国王的法律顾问而出现，其职责只是处理涉及王室利益的案件。因此在很长一段时间内，“私诉”是英国刑事审判的基本模式。18世纪，英格兰和威尔士的公民将控诉交给治安法官，由其收集证据、抓捕犯罪嫌疑人并确定是否起诉。1829年警察机构建立之后，由警察承担代表被害人起诉这一职能。1879年刑事检控专员（DPP）办公室成立后，部分控诉职能由其承担。20世纪60年代，很多地方警察雇用律师来完成处理更复杂的案件。由于这些律师是警察所雇用，因此没有独立的审查权，也没有不起诉权，只能按照委托人的意愿行事，充其量只有建议权，最终起诉的决定权仍属于警察。1981年皇家刑事诉讼委员会（RCCP）认为起诉与侦查的程序应当分开，否则无法客观且公正地看待证据，由于没有独立的起诉机构导致各地对起诉标准掌握不一，警察与律师的意见不一。于是，1985年英国根据《犯罪起诉法》建立了皇家检控署。与大陆法系的检察机关不同，英国的皇家检控署并不能独立行使司法职权，其自身的组织结构和与警察之间的关系使其无法实现目的。警察有着独立的侦查职责，其通过指控犯罪嫌疑人来实现发动诉讼的职责，警察对指控犯罪嫌疑人有着独立的权力。当警察没有提起指控时，侦查即会终结。虽然在一些情形下，检察官有着起诉的发动权，但是其对于侦查过程没有控制权，也没有要求进一步侦查的权力，完全依赖于前期的侦查结果作出是否起诉的决定。由于这种证据基础的相同性，一般情况下，检察官难以得出与警察相异的结论。可见在英格兰与苏格兰，检察权或者说起诉权是从警察权中分离出的，是警察权对审判的让与，因此，从历史传统上来看，其对警察权具有较强的依附性。皇家检控署对警察侦查所提供的证据进行审查，过滤掉证据薄弱的案件并保证起诉质量，但对侦查没有影响权。如果检察官认为警察侦查所收集的证据不符合起诉条件的，可以要求警察补充侦查，但警察没有绝对服从的义务。检察机关对警察的唯一制裁手段就是中止诉讼活动的进行。[①]《1985年犯罪起诉法》第3条规定，检察长“在认为适当的范围内，就所有与刑事犯罪有关的事宜向警察部队提出建议”；第8条规定:“警察官长向检察长提出报告——（1）检察总长可以制定规则，要求该规则所适用的任何警察部队的首脑向检察长提供为该规则所规定的、在该辖区内涉嫌犯下的由规则确定的罪种下每一罪名的有关情况，以及表明有主要证据可以进行控诉的有关情况。（2）该规则也可以要求每一个这样的警察首脑向检察长提供该检察长要求得到的与这些案件或者与他随时确定的案件种类有关的情况”。《皇家检察官守则》第3条第1款规定:“诉讼程序由警察机关开始。它们有时在指控被告人以前向皇家检察官咨询”。[②] 第二部分第4条规定:“英国检察官的职责是审查案件、提出意见并对案件进行起诉，确保法律的正确实施，按照检察官准则所确立的原则，将所有相关的证据在庭审前展示，履行证据开示的义务”。[③] 也就是说，警察侦查终结后，将案件全部证据材料移送到检察机关，由检察机关进行审查，最终作出是否起诉的决定。同时，如果证据不足，警察部门又声称不能或没有希望查到新的证据，案件就会停滞下来。但是检察机关仍然可以要求警察对案件进行关注，看能否查到新的证据。[④] 但是，检察官对警察不再继续侦查没有控制权，只有建议权。警察对于检察官的建议进行分析，决定是否采纳。当警察不接受检察官的建议时，检察官只能根据证据情况作出是否降格处理或是终止诉讼的决定，而无权指令警察必须执行。[⑤]

（二）美国

美国虽然与英国同属英美法系国家，但其侦查权以及侦查的运行呈另一种模式。美国联邦司法部部长兼任检察长，司法部下属有联邦调查局、

---

① 周欣:《欧美日本刑事诉讼特色制度与改革动态》，中国人民公安大学出版社2002年版，第14—15页。

② 种松志:《检警关系论》，中国政法大学出版社2006年版，第60页。

③ 王晋、刘生荣:《英国刑事审判与检察制度》，中国方正出版社1999年版，第245页。

④ 何家弘主编:《检察制度比较研究》，中国检察出版社2008年版，第43页。

⑤ [英]杰奎琳·霍奇森:《法国刑事司法——侦查与起诉的比较研究》，张小玲、汪海燕译，中国政法大学出版社2012年版，第102页。

毒品管理局、移民归化署、监狱管理局、联邦法院管理局和联邦法警局，这些享有侦查权的警察机构自然必须服从检察长的领导。但是司法部内设联邦检察机构——刑事处却与联邦调查局、毒品管理局、移民归化署、监狱管理局、联邦法院管理局和联邦法警局处于相互独立的地位，不具有侦查权。因此，联邦检察长的侦查权源于其司法部部长的权力而非检察长的权力。同时，虽然兼任执法系统首长的检察长也具有对警察的惩戒权，但这仍不是基于检察长的权力，而是基于行政首长权力所具有的职权。美国检察官原则上负责起诉职能，但是遇到较为重大或者复杂案件时，与警察共同侦办。检察官在美国刑事司法中所起到的是警察参与诉讼以及警察内部的法律顾问角色，其职能更多起到的是法律咨询作用。以加利福尼亚州为例，绝大多数案件由警察进行侦查，然后将材料交由检察官办公室决定是否起诉，部分重大案件，检察官办公室会指派检察官与警察合作，检察官主要配合警察开展侦查工作。在庭审阶段，警察常作为抓获或是目睹罪行的证人出庭作证，为有效控诉提供帮助。正是由于存在这种检警分立的模式，检察机关对于侦查结果具有最终决定权，其对侦查结果的审查非常慎重，否则就要代侦查机关承担在庭审中败诉的结果。因此，在部分情况下，检察官虽被定义为单纯的公诉官，但是仍然具有介入侦查以及补充侦查的职能，可以要求警察机关对特定证人进行询问或者对特定证据进行收集。特别是在重大案件中，检察官在侦查中为警察提供向法官申请搜查、监听等侦查措施的法律意见，并且在警察侦查或是采取强制措施时，亦为其提供法律意见，避免侦查程序违法，保证侦查结果。司法实践中，警察将犯罪嫌疑人抓获后，会将前期收集的证据、案件卷宗等证据材料移送至检察官处，由检察官对证据材料进行审查，确定是否符合起诉条件。检察官一般情况下不主动介入侦查，对警察移送的案件审查后，认为证据不足或侦查活动不完善的，将案件退回警察机关或者拒绝审查警察机关对于逮捕令的申请，通过这种方式对侦查质量进行控制。同时，美国检察官在团伙犯罪、白领犯罪、贪污贿赂等案件，以及认为当地执法机关不能开展公正或者有效侦查的案件中往往会较早地介入侦查。[①]

---

① 陈碧编著:《中外侦查制度》，中国政法大学出版社 2019 年版，第 110 页。

三、俄罗斯制度考察

除上述模式外，还存在一种模式，就是俄罗斯刑事诉讼制度中的监督模式。该种模式源于苏维埃检察制度，检察机关既不是立法权力机关、执行权力机关，又不是司法权力机关，其独立于三权体系之外，是国家的护法机关。[①] 其主要职责就是法律监督，俄罗斯联邦检察机关的目的是“保障法律至上、法制的统一和加强、维护公民的权利和自由以及社会和国家受法律保护的利益”，而实现上述目的的路径是“对监督联邦行政机关、俄罗斯联邦侦查委员会、俄罗斯联邦各主体的代议制机关（立法机关）和行政机关、地方自治机关、军事管理机关、监督机关、它们的公职人员、对各强制羁押场所保障人权和保障对强制羁押场所人员进行帮助实行社会监督的主体、商业组织和非商业组织的管理机关和领导人对执行法律的情况实行监督，以及对它们所颁布的法律文件是否符合法律实行监督；对各联邦行政机关、俄罗斯联邦侦查委员会、俄罗斯联邦各主体的代议制机关（立法机关）和行政机关、地方自治机关、军事管理机关、监督机关、它们的公职人员、对各强制羁押场所保障人权和保障对强制羁押场所人员进行帮助实行社会监督的主体、商业组织和非商业组织的管理机关和领导人遵守公民权利和自由的情况实行监督；对进行侦缉活动、调查和侦查的机关执行法律的情况实行监督；对法警执行人员执行法律的情况实行监督；对执行刑罚和适用法院判处的强制性措施的机构和机关的行政、羁押场所执行法律的情况实行监督；依照俄罗斯联邦刑事诉讼立法规定的权限进行刑事追究；对执法机关打击犯罪的活动进行协调；依照《俄罗斯联邦行政违法行为法典》和其他联邦法律规定的权限提起行政违法行为案件和进行行政案件调查”。[②] 这也是我国检察机关法律监督职权域外法律渊源之一，因此有必要对俄罗斯检察机关法律监督背景下的检警关系进行考察。

俄罗斯检察机关与警察机关之间相互独立，但是由于其特殊的监督职责，其与警察之间的关系体现为监督与被监督的关系，加之俄罗斯刑事诉

---

① 何家弘主编:《检察制度比较研究》，中国检察出版社 2008 年版，第 225 页。

② 《俄罗斯联邦检察院法》（上），黄道秀译，载《国家检察官学院学报》2015 年第 4 期。

讼制度受大陆法系诉讼制度的影响较深，其诉讼制度带有明显的职权主义诉讼制度特征，因此在刑事诉讼中，检警关系还带有检警一体的指挥侦查模式。《俄罗斯联邦刑事诉讼法典》对检察机关与警察机关之间的职权职责关系作了详细具体的规定，检察权对侦查权的控制渗透到审前程序各个环节，离开了检察机关，侦查程序无法进行。《俄罗斯联邦刑事诉讼法典》规定，在审前程序中，检察长对警察机关的权力有：(1）检察长有权检查在接受、登记和处理举报过程中联邦法律的执法情况。(2）提起刑事案件并依法定程序委托调查人员、侦查人员调查案件。(3）参与审前调查并在必要情况下亲自进行某些侦查行为。(4）依法对调查人员、侦查人员提起刑事案件表示同意。(5）对调查人员、侦查人员向法院提出选择、撤销、变更强制措施处分的请求，或根据法院决定进行的其他诉讼行为的请求表示同意。(6）批准向上级检察长、侦查人员、调查人员提出回避申请以及他们本人要求自行回避的事宜。(7）当调查人员、侦查人员在进行审前调查时违反本法典的要求时停止调查人员、侦查人员继续进行调查。(8）向任何调查机关提取刑事案件并将案件移送给侦查人员、将刑事案件从一侦查人员移送给另一侦查人员，但必须说明移送的根据。(9）将刑事案件从一审前调查机关移送给另一审前调查机关，但必须遵守侦查管辖的规则并说明移送的根据。(10）依法撤销调查人员、侦查人员非法的或没有根据的决定。(11）委托调查机关进行侦查行为，以及向调查机关发出进行侦查措施的指示。(12）延长审前调查的期限。(13）批准调查人员、侦查人员关于终止刑事案件的决定。(14）批准起诉书并将刑事案件移送法院。(15）将刑事案件发还调查人员、侦查人员并附进行补充调查的指示。(16）中止或终止刑事案件。① 其第163条规定："由侦查组进行侦查的决定由检察长根据侦查处处长的申请做出。检察长的决定中应该列举出委托进行侦查的所有侦查人员，并指出任命哪一名侦查员为侦查组组长。当调查人员、侦查员在进行审前调查时违反刑事诉讼法律规范时，检

---

① 《俄罗斯联邦刑事诉讼法典》，黄道秀译，中国政法大学出版社2003年版，第31页。

察长有权停止调查人员、侦查员继续进行调查的权力。”[①]

第二节　域内外审查起诉阶段补充侦查模式比较

对域外补充侦查运行模式比较可见，补充侦查模式差异根源于检警关系，而检警关系的差异又归因于基本诉讼模式与证明标准，因此有必要对域外检警关系模式进行梳理，从而探寻不同补充侦查模式形成的根本原因与基本规律。

一、大陆法系模式与我国之比较

（一）大陆法系模式与我国之相同点

1. 价值取向具有同质性

大陆法系刑事诉讼制度系典型的职权主义诉讼模式，案件当事人并不作为侦查活动的主体，只是作为侦查活动的对象。具有案件侦查权的只有国家机关，被告人不能收集证明自身无罪或者罪轻的证据，并且国家机关作为侦查的唯一合法主体，侦查行为就是国家机关对犯罪嫌疑人的单向式的纠问行为。检察机关作为侦查机关，在侦查中实行“检警一体”模式，该模式的诞生是为“破除中古时期由法官一手包办侦查与审判两项职务的纠问制度，因而解除法官侦查职务并赋予检察官侦查权限之当然结果，乃承认检察官在侦查程序中之主宰地位”[②]，是因为检察机关与警察机关在司法功能上存在一致性，均承担控诉职能。检察官作为刑事诉讼中的控方，作为案件的“主当事人”或者“公众当事人”[③]，系以庭前侦查作为控诉基础，因此侦查必须为公诉服务。而侦查本身不了解，或不具有公诉的专业

---

① 《俄罗斯联邦刑事诉讼法典》，黄道秀译，中国政法大学出版社 2003 年版，第 31、129 页。

② 林珏雄:《检察官论》，法律出版社 2008 年版，第 11 页。

③ ［法］贝尔纳·布洛克:《法国刑事诉讼法》，罗结珍译，中国政法大学出版社 2009 年版，第 5 页。

性，公诉应当统领侦查，但检察机关既无足够侦查之人力，也无堪以侦查的设备，警察应当辅助检察机关开展侦查。同时，由于警察在侦查过程中的天然立场，其更多为追究证据收集的时效性而可能忽略证据的规范性要求，这样可能导致警察所收集的证据无法达到审判对指控证据的要求，因此也需要一个对其进行制约的中立机关。检察机关作为公诉的主体，其必须保留对侦查的指挥权。“欧陆法系创设检察官的根本目的之一，便是以一个严格受法律训练及约束的公正客观官署，控制警察活动的合法性，避免法治国家沦为警察国，因此检察官主控侦查程序，司法警察的追诉活动受其指挥监督。”①

我国刑事诉讼制度的目的之一是“准确、及时地查明犯罪事实，正确适用法律，惩罚犯罪分子，保障无罪的人不受刑事追究”。可以看出，我国刑事诉讼的任务首要在于准确、及时地查明犯罪事实，刑事诉讼的制度追求为客观真实，一切刑事诉讼活动都以查明案件事实、探寻案件客观真实为目标。而追求案件客观真实需要具有专门且强有力的主体进行侦查活动，因此要求具有国家背景的侦查机关来履行这一职责。同时，从公诉权的行使上，《人民检察院组织法》第 6 条规定“人民检察院坚持司法公正，以事实为根据，以法律为准绳，遵守法定程序，尊重和保障人权”。“以事实为根据，以法律为准绳”这一理念要求检察机关在审查起诉阶段要对案件事实进行全面的审查，不仅要审查案件证据材料，还要讯问犯罪嫌疑人、听取被害人的意见；不仅要审查侦查机关移送的案件事实，还要审查是否存在遗漏的犯罪事实；不仅要审查现有证据，对于需要补充侦查的还可以要求侦查机关补充侦查或者自行补充侦查。同时，检察机关作为法律监督机关，对侦查活动的合法性及必要性进行审查，为公诉活动奠定基础，这与大陆法系职权主义模式诉讼目的具有同质性。

2. 对补充侦查具有程序控制权

大陆法系由于采取“检警一体”的诉讼模式，检察机关作为侦查主体，警察机关辅助配合，检察机关对侦查活动或是直接指挥侦查，或是对警察机关前期侦查活动进行审查，作出是否终结程序或是继续补充侦查的

① 林钰雄：《刑事诉讼法》（上册），中国人民大学出版社 2003 年版，第 103 页。

判断。即使是在司法实践中由警察机关实际负责大部分案件的侦查活动，但最终审查案件是否符合侦查终结条件的是检察机关，是否提起公诉也由其决定，补充何种证据亦是由检察机关决定。因此，检察机关对补充侦查的启动及执行具有绝对的控制权。

虽然我国检察机关不同于大陆法系国家具有广泛侦查权，但是《刑事诉讼法》第175条规定，检察机关对于补充侦查具有程序的启动权和选择权，既可以退回侦查机关补充，也可以由检察机关自行补充侦查，还可以基于审判需要要求公安机关调取相应的证据材料，这使原本侦查终结的案件重新退回到侦查阶段。因此可以说，我国检察机关虽然没有侦查终结的决定权，但是具有侦查终结决定的否决权，也可以称为侦查活动的重启权。此外，从诉讼规律看，起诉决定权同样归属于检察机关，对于证据不足案件，可以通过行使不起诉权力，在审查起诉阶段终结诉讼，达到对补充侦查效果的评判。虽然我国不是“检警一体”的诉讼模式，但在自行补充侦查中检察机关可以“要求”公安机关配合。从法语义学出发，“要求”是指提出具体事项或愿望，希望做到或实现，具有单方强制性，且被要求方原则上应当配合，这与大陆法系中警察机关对检察机关侦查的辅助地位类似。

3. 对侦查活动具有监督权

大陆法系国家检察机关与我国检察机关同属于法律监督机关，均具有法律监督权。大陆法系国家检察机关对于侦查活动具有一定的审批及监督权，其作为侦查机关，对于警察机关前期的侦查行为具有一定的否决权，同时对于警察机关侦查完毕的案件进行审查，决定是否侦查终结。《德国刑事诉讼法》第169条规定，检察机关提起公诉时，应当注明侦查已经终结，警察机关无权自行决定侦查终结或决定撤销案件。警察机关的侦查报告不包括法律分析，也没有对案件定性的意见，这些都要由检察机关作出。对于前期证据收集尚不充分的，检察机关对侦查活动具有当然的自行补充侦查权。通过上述方式，警察在整个侦查环节受到检察机关的有效监督。

我国检察机关对于侦查活动具有法律监督权，通过审查逮捕、回避制度实现对案、对人的监督，通过不起诉对程序的制约实现监督。此外，检察机关的立案监督、侦查监督等手段也是法律监督的重要手段。补充侦查也是法律监督的方式之一，尤其是通过自行补充侦查，对于侦查机关怠于行使侦查权的情形进行监督，实现对侦查权的有效制约。

（二）大陆法系模式与我国之区别

1. 补充侦查诉讼阶段不同

大陆法系国家检警模式的制度设计中，侦查机关明显居于辅助模式，侦查机关在检察机关的指挥和领导下进行侦查，警察有向检察官报告侦查情况的义务，检察机关能够第一时间把握侦查情况，并且及时调整侦查方向及侦查策略，因此其不存在补充侦查的阶段。即便事实上存在补充侦查的情况，但仍然是“检警一体”模式下的补充侦查，是侦查终结前的继续补充，不存在诉讼阶段的回退，自然也不存在重启侦查的理论争议。

我国检警之间地位平等且独立，检察官无权指挥警察，更无权领导警察依法开展侦查工作。公安机关对于侦查阶段具有独立的侦查主体地位，并且排斥其他主体参与，对于侦查终结及侦查活动具有独立的意见权。检察机关参与侦查活动更多通过对公安机关提请逮捕进行审查，并提出下一步侦查建议，没有法律上的强制力。在侦查终结后，通过审查起诉对侦查终结的案件作出是否补充侦查的决定。从诉讼阶段来看，退回补充侦查将案件回退到侦查阶段由原侦查机关继续侦查，出现了程序的反复。

2. 补充侦查权来源不同

大陆法系国家检察机关自身具有侦查权，侦查机关的侦查权来源于检察机关的授予或者委托行使，是为检察机关行使控诉职责而服务的。在我国，公安机关的侦查权独立存在，检察机关的侦查权基于法律监督职责所具有，只针对 14 种职务犯罪案件，自行补充侦查权也是为了查明案件事实更好地行使法律监督权所设置，其与侦查机关的侦查范围并不交叉、互不覆盖。因此，在检察机关自行补充侦查时，其权力来源、证据合法性往往会被质疑。

3. 侦查控制力不同

大陆法系国家检察机关对侦查的控制一般在事先或者事中，在发现司法警察在侦查过程中有违法甚至犯罪的情况时，一方面可以自行侦查犯罪，另一方面具有对司法警察评估、更换、罢免、惩戒的提请乃至决定权。这样将侦查职能纳入检察机关控制范围，能够有效提升配合与监督效果，提高案件侦查质量。我国检察机关更多是事后监督，一般情况下在事后发现违法情形时，运用纠正违法或者非法证据排除方式予以纠正。这种监督模式具有滞后性，且通过书面纠正违法决定书或是检察建议的方式来行使，强制力不足，难以及时有效地纠正违法侦查行为。

（三）“检警一体”模式不是我国检警关系的合理选择

针对我国检警关系存在的各种问题，理论界与实务界对此进行了研究，在对域外检警模式进行分析研判的基础上提出了不同的改革方案。其中一种方案是取消现有相互独立的检警地位，参考大陆法系“检警一体”模式，赋予检察机关侦查权，指挥公安机关开展侦查活动。诚然“检警一体”模式有着其积极的作用与优势，但任何制度的引入都不能是简单地照抄，更不能是不考虑国情的机械复制。只有符合司法传统与基本理念的制度，才能被有效地移植。笔者认为，“检警一体”无论在理论基础、现实运行、制度设计上都不是作为我国检警关系的合理选择。

首先，我国不具有“检警一体”的理论基础。检察机关的产生既保证了法官的中立性，又对侦查活动进行了过滤，制约了侦查机关的权力。这看似与我国检察机关作用一致，应当符合我国的制度基础与立法原意。但从运行规律看，大陆法系的“检警一体”模式要通过司法令状主义对侦查权进行限制，通过分离侦查的决定权与执行权来保证其正常运行。我国侦查权的决定权主要还是掌握在公安机关手中，如果采取“检警一体”的模式，使得检察机关与公安机关形成领导与被领导的关系，从而变成侦查机关的一部分，其将实际失去其司法属性和相对中立的法律监督功能，其诉前“过滤器”的作用将不复存在。

其次，“检警一体”自身实践虚化。大陆法系国家大多在立法中确认了“检警一体”的诉讼模式，将检察机关规定为侦查机关，警察机关作为辅助机关配合检察机关的侦查活动。从理论上来说，检察机关应当在侦查中亲身参与、起主导作用，警察机关只是配合收集证据、起辅助作用。但实践中并不尽然。在德国刑事诉讼制度中，警察机关自行侦查完毕后，才将案件材料移送检察机关。检察机关由于其自身的精力问题，只介入重大疑难复杂以及有社会影响力的案件，其余的还是依靠警察进行侦查。同时，由于警察在人员和技术上的优势，检察机关无力自行实施。因此，在司法实践中，侦查程序的实际主导者仍是警察而非检察官。日本刑事诉讼中虽然确认了检警协助制度，但是如何平衡案件的侦查效果与侦查权的滥用是一个长期的争论。检察官为避免侦查，重心应放在审判中的“审判程序专属论”，还是检察官对侦查控制的“侦查捍卫论”争议激烈，最终在保留检察官侦查必要性的同时确认了侦查活动的独立主体地位。因此，“检警一体在现存刑事司法体系中基本不存在”①。

最后，“检警一体”不符合我国的法律传统。任何一项司法制度的落实与设计都必须考虑该国的基础制度，不能简单地复制和照搬，否则会出现“水土不服”的情况。尤其是针对已经建立制度的调整更要谨慎，这涉及对原有制度职能的重新调整与定位，甚至涉及相关机构的存废问题。新中国成立后，经过数十年的发展与运行，公、检、法三机关相互配合、相互制约，三者的独立地位已然确定，三机关的司法人员已经基本适应了这种工作模式。任意修改这种稳定的模式，势必带来对整个刑事诉讼制度的巨大冲击。同时，由于“检警一体”模式在实践中的运行虚化，检察机关和侦查机关出于各自的职能和立场，其只能在一定范围之间进行配合，因此即使实行该模式，也不会真正出现“检警合一”，无法达到预期的目的，因此在我国落地的历史条件与现实基础不足。

二、英美法系模式与我国之比较

（一）英美法系模式与我国之相同点

从我国的法律渊源来看，现代诉讼模式源于苏联的诉讼模式，但也有着浓厚的大陆法系色彩。随着法律与社会的发展，两大法系的融合越发增多，相互借鉴、相互引入的内容与日俱增。在1996年修改刑事诉讼法时，我国刑事诉讼制度中引入了英美法系当事人主义制度，因此我国诉讼模式中也带有英美法系的制度设计。

---

① 龙宗智：《评“检警一体化”兼论我国的检警关系》，载《法学研究》2000年第2期。

1. 诉讼关系都采用“检警分立”模式

英美法系国家之间的运行模式虽然存在一定区别，但是大体的运行模式类似。从诉讼职能上来看，与我国相同，均采用“检警分立”模式。警察机关负责侦查，承担绝大多数案件的查明、抓捕犯罪嫌疑人的职责，检察机关承担起诉职责，两者相互独立、各负其责。警察机关依据职权，具有独立侦查地位，对于侦查活动是否结束具有独立的决定权。在侦查活动结束后，将案件移送至检察机关起诉。检察机关根据警察机关侦查的事实、证据作出是否起诉的判断，对于证据不充分的，可以提出补充侦查的意见，由警察机关进行补充或者依法作出不起诉的决定；对于证据充分的，根据案件情况行使诉权，作出是否起诉的决定。

我国检警关系采用的也是分立模式，检察机关与公安机关各司其职，侦查阶段与起诉阶段相对独立。公安机关负责刑事案件的侦查，且具有相对独立性，具有侦查程序和阶段的决定权。在案件侦查结束后，有移送检察机关审查起诉的权力。检察机关根据公安机关收集的证据进行审查，可以要求公安机关补充相关证据，但不能对公安机关的侦查活动进行指挥，在证据不充分的情况下，可以作出不起诉的决定。

2. 检警之间存在一定的配合关系

在英美法系国家中，虽然检警之间相互分离，但还是存在一定的配合关系。由于检察机关的诉讼目的是追诉犯罪，因此其不可避免地要与警察机关合作，而警察机关为了保证其侦查结果获得检察机关认可并最终获得法院有罪判决，也会对检察机关进行配合。美国检察机关对于政府官员的犯罪行为有着侦查权，联邦检察官对在其司法区域内的犯罪行为有权要求启动侦查或者继续侦查；州检察长也可以要求其助手协助警察机关工作，负责起诉工作的检察官可以对侦查案件的警察发布指令。在审理阶段，检察官可以要求目睹案件经过或是了解案件情况的警察出庭作证。

我国检察机关与公安机关之间存在分工负责、相互配合、相互制约的关系。侦查是起诉的准备，起诉是侦查的延续。两者共同作为控诉乙方，具有相同的目的与方向。侦查工作质量决定起诉质量，检察机关可以提前介入引导侦查，甚至可以接受公安机关的邀请参与对重大案件的讨论；也可以在审查起诉期间提出补充侦查的意见，由公安机关进行补充。公安机关在补充侦查后，将证据重新移送，由检察机关重新审查。

3. 检察机关没有强制约束手段

在英美法系国家中，检察机关与警察机关之间是一种相互制约的平行关系，对警察侦查活动的控制主要采取令状主义，由法院对侦查活动的启动进行控制。除紧急情况外，警察采取逮捕、搜查、扣押、窃听等侦查措施均需要向法院或者法官提出申请，并证明犯罪嫌疑人具有犯罪的嫌疑，以及侦查措施的必要性。法官在审查后，认为符合法律规定才发布许可令状。检察官对侦查措施没有控制权，其补充侦查的意见也只是建议权而不是决定权。检察机关没有处分侦查不力的权力，只能通过诉权的行使实现对诉讼阶段的控制。

虽然我国检察机关具有审查起诉阶段退回补充侦查程序启动的决定权，但对侦查的内容实质上只具有建议权，对于“提供法庭证据意见书”“补充侦查提纲”等文书，如果侦查机关不配合，检察机关无法命令侦查机关补充，更无法据此对侦查机关或者侦查人员进行具有强制力的负向评价。检察机关向侦查机关发出的纠正违法通知书，确实规定了侦查机关应当进行整改并回复，但对不整改回复并未规定相应的法律后果，造成该项权力没有强制手段保障。

（二）英美法系模式与我国之区别

英美法系国家检警关系看似与我国的检警关系有一定类似之处，都是检警分立、各司其职，但仍存在根本区别。首先，检警关系的本质不同。不同于我国检察机关作为法律监督机关，检警关系配合与监督并存的情况，英美法系国家的检警关系主要体现在合作上，共同的控诉职能使得二者在相对独立的基础上互相配合。但对于警察机关的违法行为，检察机关不能纠正，只能利用其在起诉环节的控制地位否定侦查成果。[①] 其对侦查活动的控制主要是通过法院的令状进行。其次，在提起公诉标准上存在根本不同，不同于我国公诉与审判同一的“事实清楚，证据确实、充分”的标准，英美法系的公诉标准为“达到被告人预期可予定罪的目的”。这一标准意

① 种松志：《检警关系论》，中国政法大学出版社2006年版，第82页。

味着陪审团或法官在法律正确的指引下，判处被告人有罪的可能性大于无罪的可能性。[①] 由于英美法系以庭审为中心，因此，检察官所作出的是一种推测而非确实的结论。再次，英美法系检察官在刑事诉讼中没有补充侦查的决定权，更没有自行补充侦查的权力，只有对补充侦查的建议权，其对于侦查所扮演的更多的是类似法律顾问的角色。对于警察拒绝补充侦查且不符合起诉条件的，只能作出终结诉讼程序的决定。警察对此也不具有异议权，因此，基于对终结诉讼程序的考量在刑事案件追诉上不得不考虑检察机关的补充侦查意见。最后，不同于我国各诉讼阶段不同的检警关系，英美法系没有明显的诉讼阶段，法庭调查才是关键，因此，侦查过程往往伴随着审判活动的进程，检警关系贯穿整个刑事诉讼的始终，且关系始终如一。

（三）英美法系模式亦不是我国最佳选择

针对我国补充侦查中检察监督强制力缺乏的问题，亦有部分学者提出在现在检警关系的基础上，效法英美法系引入司法审查制度，由法院通过令状对侦查活动进行制衡。建立新型的，由法院负责对侦查活动启动进行制衡，检察机关负责对侦查活动行使以及案件事实证据进行制衡的新型公、检、法运行模式。但是这种改革模式无疑会对现行的司法体制以及公、检、法现行的宪法地位与运行模式产生巨大的影响，从司法实践运行情况来看，目前的运行模式虽然存在一定问题和障碍，但是总体运行情况良好，没有对这一运行模式进行根本性变革的需要，并且英美法系模式自身也存在一些问题与障碍，也不是我国进行制度变革的最佳选择。

1. 法律渊源存在根本区别

正如上文所述，我国法律渊源上深受大陆法系影响，刑事诉讼的目的在于查明案件事实，其更追求实体真实，因此侦查机关具有侦查权的垄断地位。而英美法系当事人主义的诉讼模式更重视权利平等，被告方也可以自行收集证据，双方诉讼地位平等。类似大陆法系诸国，我国检察机关对侦查的监督从来都是其业务的重要组成部分。虽然近年来我国刑事诉讼制

---

① 何家弘主编：《检察制度比较研究》，中国检察出版社 2008 年版，第 37 页。

度吸纳了当事人主义的理念，推行庭审实质化，通过限制侦控权力尽可能实现双方诉讼地位的对等。但由于诉讼目的的根本区别，这些技术性的改良无法从根本上更改检警关系。

2. 检察监督具有法律依据

我国宪法与刑事诉讼法中都明确了检察机关的法律监督职责。以这一基础进行改革，落实检察机关的监督权力，可以更好地保障检察机关补充侦查权的落地落实。如果将这一权力交由法院行使，一方面，无法形成司法制约所需要的独立司法力量；另一方面，补充侦查权与法律监督权的分立更会弱化检察机关对于侦查的制衡，削弱其诉前补正及分流的作用，将检察机关变成一个单纯的公诉机关，无法真正发挥其在诉讼中诉前过滤及对诉讼活动监督的作用。

三、俄罗斯模式与我国之比较

我国刑事诉讼制度，尤其是检察制度的域外法律渊源源于苏维埃检察制度，俄罗斯检察制度也从苏联检察制度继承发展而来，因此在制度设计上两者存在诸多相同或相似之处。

但基于本土化考量以及社会变革发展，我国现行的检察制度与俄罗斯现行的检察制度仍存在较大的差别，检警关系也存在较大的不同。首先，检警之间的基础关系不同。不同于我国检警关系中的相互配合模式，俄罗斯刑事诉讼是通过检察机关委托侦查的方式来实现其控诉职能的，带有明显的大陆法系检察指挥侦查的色彩，虽然检警都有着独立的地位，但明显俄罗斯刑事诉讼对侦查的控制力更强。其次，介入侦查的广度与深度不同。俄罗斯检察机关对侦查的介入包括主动或同意提起刑事案件、批准强制措施、申请侦查人员回避、停止侦查活动、变更侦查人员、移送管辖、撤销侦查决定、延长侦查期限、补充侦查等，而我国对于侦查的制约范围远远小于此，更多的是针对逮捕、侦查期限延长等程序性事项的介入。最后，监督方式也存在差别。俄罗斯检察机关在发现存在侦查违法情形时，可以直接依据其法律监督权撤销非法决定；而我国检察机关对侦查活动违法只有通过原侦查机关进行纠正，或是不采信违法侦查所获取的证据，没有直接的强制力；俄罗斯检察机关还具有对人的监督权，可以直接决定停止侦查人员职权及变更案件侦查人员，我国则没有这种对侦查人员的制裁性措施。

第三节 补充侦查模式比较下的共同原理

通过对各国检警模式及其补充侦查模式的比较研究，笔者发现不同的模式虽有着各自的问题及障碍，但也有着共同的运行原理。从域内外的实践探索可见，检警关系想要取得预设的运行效果，必须遵循控诉一体、权力控制、诉讼效益、功能适当四项基本原理。这些原理也是解决补充侦查制度中存在的问题的途径所在。

一、控诉一体原理

无论是“检警一体”模式还是“检警分立”模式，我们可以看到，其始终都是以提起公诉乃至最终审判为中心，该核心要素就是要以公诉的标准来收集证据，检察机关与侦查机关形成合力，建立大控方的合作思路，按照诉讼职能分工进行、合理配合。无论是检察指挥侦查还是引导、建议侦查，其根本思路还是在以控诉一体的大控方格局下，检察机关作为指控犯罪的主体，提出侦查意见建议，由侦查机关查明事实、收集补充证据，按照职权履行侦查与起诉职能，共同追诉犯罪、保护无辜。

（一）控诉一体原理的理论基础

在现代刑事诉讼理论中，由于控诉与审判职能分立后，基本建立起了控、辩、审并存的诉讼格局，这三项职能相互配合、相互制约。控诉职能就是收集证据、证实犯罪，向法院申请追究被告人刑事责任的职能。这一职能在制度设置之初在各法系国家虽有不同，但随着刑事诉讼制度的发展，私诉逐渐被公诉所取代，刑事追诉权以国家机关所支配和控制成为主要方式。之所以由国家行使刑事追诉权，其原因主要在于：谋求实现国家刑罚权的刑事诉讼与将私人利益作为基础的民事诉讼不同，应当将实现正义作为第一要义，将公平正当作为意旨。是故，由公正的不受报复感情及利害关系所左右的国家机关行使追诉权，是最为恰当的。[①] 作为检察官客观义务，要求“检察官客观全面地收集、保全对被告人不利、有利的各种证据”，“客观公正地行使公诉权和求刑权。根据案件的事实和证据客观公正地决定是否起诉；如果庭审中证据调查结果表明公诉的犯罪事实缺乏足够的证据支撑，检察官应当依法请求法院判决无罪”。[②] 检察官所要求的是对案件的事实要承担客观义务，并且根据公共利益的需要，依据法律行使起诉权或者不诉权。对应的侦查机关也要在这一原则指导下去收集证据，杜绝违背事实甚至臆造事实的侦查行为。

在这一前提下，公诉权与侦查权的方向与价值追求一致，均属于控诉职能的两项必不可少的要素。通过侦查职能，依照法定程序收集相应证据、查明案件事实、抓捕犯罪嫌疑人。通过公诉职能对证据充分的犯罪嫌疑人进行评价，需要起诉的提起公诉，请求法院确定其刑罚；不需要起诉的依法终结诉讼程序，进行诉前分流。二者之间只有建立起统一的合作模式，才能发挥控诉职能的最大作用。在这一前提之下，补充侦查也只有在控诉一体的模式下才能够顺利地运行。补充侦查同侦查一样，同样是为国家有效行使追诉职责服务的，其标准应较之原侦查标准更高，其目的是对原侦查未查明的事实、未追诉的犯罪嫌疑人、未收集齐全或者存在程序瑕疵的证据等进行补正，以便检察机关更好地作出是否起诉的判断。大陆法系检察权指挥侦查权中对后续侦查活动的补充，以及英美法系中对警察补充侦查的建议均属于此，无论是基于被指挥的强制性要求还是对检察机关终结刑事诉讼程序可能的考量，侦查机关都与检察机关密切配合，弥补原侦查中的缺陷或者不足。从这两种模式亦可以看出，不论哪种模式，都试图通过控诉一体的原理，在侦查前、侦查中就密切配合，尽量避免在移送起诉后补充侦查，在侦查阶段一开始或是由检察机关事先确定侦查方向或事中直接介入侦查；或是直接作为侦查机关，在警察配合下开展侦查；或是在警察局中派驻律师，随时提供法律咨询，减少因检警意见或行动不一

---

① ［日］土本武司：《刑事诉讼要义》，有斐阁 1991 年版，第 3 章第 1 节“基本原则”。

② 朱孝清：《检察官客观公正义务及其在中国的发展完善》（上），载《人民检察》2009 年第 9 期。

造成的控诉职能内耗以及侦诉之间反复回转，降低诉讼质效。

（二）控诉一体原理运行的基本原则

要在补充侦查中实现控诉一体原理，在检警关系上必须遵循公诉中心原则、侦查基础原则以及回转例外原则，才能从理念、制度以及实践层面真正做到控诉一体，发挥其最大的作用，避免其带来的负面效应。

1. 公诉中心原则

所谓公诉中心原则，是指在刑事诉讼过程中，诉前程序应以检察机关提起公诉的要求为中心，侦查以及补充侦查的活动必须按照公诉的要求及标准开展，其程序实体价值应当通过公诉职能来体现。没有脱离公诉的侦查程序，否则其侦查效果无法展现。

从诉讼地位出发，应坚持以公诉为中心的原则。在审判中心主义成为主导模式的当下，越来越重视庭审在诉讼中的核心地位。标准的庭审一般包括庭前阶段、庭审阶段和评议宣判阶段，庭前阶段承担着庭前审查和准备工作，好比一个“阀门”制约着庭审中心地位的确立[①]，广义上包括侦查、审查起诉以及庭前会议阶段，证据收集、审查、程序性事项的审查均在其列；庭审程序自不用说，证据调查、认证、事实及定性意见的发表均在该阶段，是这三个阶段的核心；评议宣判阶段是法庭质证、认证和辩论的结果被最终确认并体现于裁判文书的过程。因此，势必体现为控、辩、审三角式的诉讼结构（如图 5-1），使司法资源集中向庭审倾斜，确保实现证据质证、案件事实查明、诉辩意见以及裁判理由形成均在法庭实现。由此，庭审参与各方在审判中具有其独立的诉讼地位，发挥着其独立诉讼作用。

---

① 庭前会议在国外甚至包括实质审查，英国的预审有两种形式，即书面预审和言词预审，书面预审就是预审法官根据书面陈述，无须口头提证或辩论，审查后即将案件移送刑事法院以正式起诉程序审理。在言词预审中，当起诉方的证人作证后，治安法官如认为证据不充分，可裁决不将被告人交付正式审判。法国的法官预审程序较为烦琐，这一制度由三部分组成，一是预审法官进行的预审，即一级预审；二是管辖重罪的地方上诉法院审查庭的预审，即二级预审；三是审判长在庭前对审查庭批准的起诉及有关证据材料的审查。

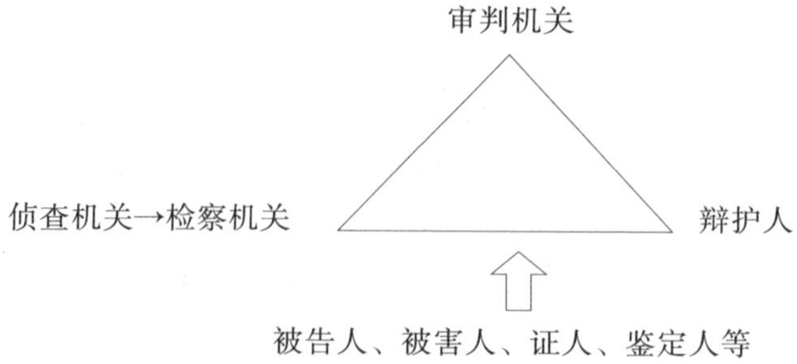

图 5-1　控、辩、审诉讼结构

在大陆法系国家、俄罗斯以及我国刑事诉讼制度中，诉讼阶段模式决定了在审判阶段排除侦查机关作为独立主体参与诉讼，侦查机关所办理的刑事案件要通过检察机关才能进入审判程序，其侦查的事实以及获取的证据要经检察机关审查认定之后才能移送法院，即便在审判阶段需要补充证据，侦查机关也不能直接提交法庭，必须通过检察机关审查判断。英美法系国家没有诉讼阶段的划分，侦查机关也不能直接与法院产生联系，仍然需要通过检察机关提交，侦查人员只能以证人身份参与到庭审过程中。因此无论哪种检警模式，侦查机关均不是庭审活动的独立参与主体，侦查活动只是“服务于公诉职能，是公诉的准备阶段”[①]。侦查活动是为公诉提供“弹药”，其获取的证据是公诉活动的“原材料”，需要经过检察机关的加工、组合才能使用。因此，侦查机关应当围绕公诉要求，以“事实清楚，证据确实、充分”为标准，完成侦查以及后续补充侦查任务，“应补尽补、应查尽查”，达到查明案件事实、全面收集证据的目标，为检察机关作出准确认定奠定基础。

从诉讼职能出发，应坚持以公诉为中心。从诉讼构造设置来看，公诉前承侦查后连法院，作为刑事诉讼中的纽带作用，连接侦查及审判职能。侦查后的案件通过起诉程序进入庭审，对涉嫌犯罪的事实进行确认，对犯罪嫌疑人是否系犯罪人进行确认，并且同时确认其应当承担的刑罚。侦查成果及效果通过公诉以及审判进行评判，从而实现控诉职能，因此公诉是

① 万毅:《侦查目的论——兼评我国侦查程序改革》，载《国家检察官学院学报》2003 年第 1 期。

刑事诉讼中的必要阶段和必备职能。即便如“检警合一”模式，虽由一个机关行使，但也存在专门的公诉程序。公诉的作用一方面是对案件事实提出法律意见，在起诉阶段确认侦查成果，推动案件进入审判环节从而被审判所确认，从而在诉讼中实现侦查机关的职能；另一方面可要求侦查主体补充相应证据、完善相应事实，最终实现公正处理的结果。从刑事诉讼职能的设置来看，其目的不完全是惩罚犯罪，还要保护无辜的人不被错误追诉。即使审判确认了侦查成果，但最终发现审判结果错误，其对整个诉讼过程仍然是否定性的结果，因此也需要发挥公诉的审前程序作用，对不符合起诉条件的案件及时补正或终止。

2. 侦查基础原则

一方面，侦查活动应当围绕公诉而展开；另一方面，侦查活动本身也是公诉活动的基础。检察机关起诉的前提和基础就是侦查机关的侦查活动及产生的证据。虽然域外许多国家和地区并不将侦查作为一个独立的诉讼阶段，认为其不具有独立的诉讼程序，但是随着对刑事诉讼认识不断推进，各国认识到将侦查阶段作为一种附属性的活动不利于保障公民的合法权利，因此纷纷拓宽刑事诉讼语境，将侦查程序作为与起诉、审判程序并列的三大阶段。“刑事诉讼程序是一个广泛的概念，它陈述了从警察侦查开始的刑事诉讼的整个领域，因而不限于从提起公诉开始的实际追诉。”[①]同时，将侦查作为刑事诉讼的第一个阶段，既是犯罪控制的核心，也是人权保障的关键以及提高诉讼效益的重要方面；既是整个刑事诉讼的基础，也是公诉活动的基础。

从诉讼进程来看，侦查活动是刑事诉讼活动的起点。虽然在刑事诉讼活动中除公诉案件外还有着部分自诉案件，但是从其所占的比例而言，公诉案件所占比例远远大于自诉案件。因此，绝大多数案件都是从侦查机关立案侦查后移送检察机关起诉。几乎没有刑事案件离开侦查机关的侦查活动，甚至部分自诉案件中都有着侦查机关的身影。从大陆法系的诉讼阶段理论来看，没有侦查阶段自然不可能启动后续的起诉阶段。从补充侦查的

---

① ［美］彼得·哈伊：《美国法律概论》，沈宗灵译，北京大学出版社 1983 年版，第 265 页。

意义来看，没有原侦查行为作为基础，更不存在所谓的补充侦查。如上文所言，补充侦查的作用之一就是对原侦查的补充及补正，所谓“皮之不存，毛将焉附”。侦查就是补充侦查的基础和前置阶段。英美法系国家虽然没有专门的诉讼阶段，庭审程序中边审判、边起诉、边侦查，但其在起诉前仍然存在预审听证和大陪审团调查程序，检察官不仅需提交审查事项，亦要提交审查的证据。对于原侦查证据不充分的，需要在起诉前或是庭审中予以补充，其基础也是侦查。

从诉讼作用来看，事实查明与证据收集需要依靠侦查实现。案件进入侦查程序之后，侦查机关依靠专业的力量与手段才能查明案件事实、抓捕犯罪嫌疑人、收集指控证据。如果没有侦查机关，检察机关没有据以决定的基础。即便是“检警一体”模式的大陆法系国家，检察机关也需要依靠警察对大多数案件进行侦查，自身参与侦查的过程仅限疑难、复杂以及影响力较大的案件，并根据侦查获取的证据作出起诉或不起诉的决定。因此，补充侦查所诞生的依据也就在此，如果侦查活动合法且全面，那么检察机关作出的决定自然客观公正；反之，案件无法得到公正的处理。同时，侦查除起到证据的把关及组织的职能外，还有着诉前分流的作用。各大法系的检察机关都有着各种类型的分流措施，德国检察机关认为责任轻微，不存在刑事追究的公众利益的，可以不予追究。[①] 英国检察官也可以对公共利益进行考量，在损失或伤害轻微等情况下可以不提起公诉。这些分流决定都需要通过侦查与补充侦查所查明的情况或收集的证据作为基础。

3. 限制回转原则

从各国的检警关系可见，无论是具有明显诉讼阶段的大陆法系国家，还是没有划分诉讼阶段的英美法系国家，其整个诉讼进程都是向前推进的、单向的、不可逆的，程序回转的情形极少发生。

从制度设计上，不允许程序回转。德国检察机关作为侦查程序的控制者与侦查结束的决定者，根据侦查情况决定是否作出侦查终结并且起诉的决定。因此，在“检警一体”的模式下，虽然存在案件材料的传递，也存

---

① 何家弘主编:《检察制度比较研究》，中国检察出版社2008年版，第179页。

在检察机关对警察侦查之后的补充侦查要求，但从程序设计上没有再通过起诉阶段回转至侦查阶段补充侦查的制度设计。案件侦查结束后，其诉讼阶段或是向前推进，或是就此终结，不会出现诉讼回转的情形。由于“检警一体”的侦查终结权在检察机关，因此在终结侦查时，检察机关就会对案件的事实和证据作出判断，如果没有足够的提起公诉的理由，检察机关在作出终结侦查的决定时，也会作出不起诉决定。如果检察机关决定提起公诉，在检察机关起诉且法院受理后，即使出现了判决无罪的情形，检察机关也不能撤回起诉，只能请求法院判决被告人无罪。英美法系的刑事起诉标准只需要达到“预期可予定罪”即可，即判决有罪的可能性大于无罪的可能性，其更强调程序性意义而非实体性意义。而且由于其没有诉讼阶段的划分，自然也不存在程序回转的情形。

从司法实践上，严格限制回转。程序回转实质上是对原诉讼活动的否定，例如撤回起诉就是认为原起诉决定错误，发回重审也是认为原审法院判决错误。根据这一原理，侦查回转也是检察机关对原侦查活动的否定。在控诉一体的原理下，检察机关与侦查机关密切配合，或是在事先确定侦查原则，或是实时跟进侦查情况，或是及时提出侦查建议，在严格按照法律规定程序、全面查明事实、收集证据的情况下，依法作出起诉或者不起诉决定，没有回转的必要。检察机关对侦查机关侦查的事实和证据进行审查时，为查漏补缺，提出相应补充要求即可，如果认为证据无法达到充分条件，行使不起诉权终结诉讼程序即可，亦无必要回转诉讼阶段，影响诉讼效率，侵害犯罪嫌疑人的合法权益。

（三）控诉一体原理的实现路径

要实现控诉一体必须使侦查机关与检察机关密切配合，共同发挥作用，查明事实、准确适用法律，形成合力、减少不必要的分歧，提高初次侦查效果，避免不必要的程序回转。从本质上来说就是要让侦查机关了解起诉标准，检察机关了解侦查状况，两者统一认识、相互理解。同时，侦查活动以公诉为标准，降低因侦查活动不当而造成的起诉难度。这一目标的实现要通过一定的诉讼活动才能实现。

一是统一认识。两者之所以存在分歧，其根本在于两者对对方所面对的状况不能相互理解，站在自己的立场上看待对方的问题。检察机关认为侦查机关证据标准低，无法达到起诉的标准，不能理解检察机关因证据不足而在庭审中的窘境。侦查机关认为检察机关不能理解证据收集的困难，对起诉标准要求过高，要求补充侦查是在“吹毛求疵”，过于精细。为解决这一问题，可以通过制度设计，使两者共同面对相同状况，应对相同困难，具有相同经历。在英美法系国家，侦查人员作为证人出庭作证，接受辩护方的诘问，切身感受庭审的对抗情绪，势必会促使其了解为应对辩护方所应具备的证据标准，必然对其下一步完善证据、开展侦查活动有所改善，并且促进侦查机关与检察机关的合作力度。在大陆法系国家，检察机关指挥侦查，参与侦查程序，了解侦查手段与取证程序，理解侦查状况，在公诉时也尽可能地利用侦查人员取得的证据为诉讼服务。通过这两种措施，促使检察机关与侦查机关相互理解、统一认识。通过这两项原则的落实，避免不必要的分歧与诉讼回转，提高诉讼效率，有效实现控诉职能。

二是检察机关介入侦查，把控侦查方向及状况。由于侦查机关不直接参加诉讼活动，因此其对庭审的要求了解较少，且不能及时根据庭审要求的变化调整其侦查策略。这时就需要检察机关介入侦查措施，对侦查提出要求。在大陆法系国家作为强制性要求，在英美法系国家是完善侦查的建议，虽然强制力有所区别，但均通过检察机关向侦查机关提出围绕公诉要求开展侦查活动，使得侦查活动能够有效地服务于公诉，围绕公诉的标准查明事实、收集证据。检察机关对于侦查机关的侦查活动不限于事后审查分析，还包括事前引导、事中研判，以保证侦查效果，避免因事后审查存在的拖延以及不可挽回的缺陷，而造成控诉职能不能有效地发挥。

二、侦查控制原理

从实质来看，检警关系就是检察权与侦查权的博弈。控诉一体是检警之间配合所要遵循的原理，权力制约则是检警之间相互制约的运行要求。由于控诉一体模式要求侦查活动以公诉为中心，在检警两个独立主体之间如何能有效保证以公诉为中心，需要依靠检察权对侦查权进行制约。

（一）侦查控制原理的理论基础

权力作为支配他人的一种力量，在社会关系中往往以利益作为基础，为实现自身的利益往往会出现超越权力或者滥用权力的情况。为了防止权力的滥用，必须对权力进行制约，“要防止滥用权力就必须以权力制约权力”[①]。检察机关与侦查机关作为行使权力的国家机关，检警之间的关系从根本上就是检察权与侦查权之间的关系，其运行亦要按照权力运行的规律，以保证权力的有效运行。在权力运行的模式中，没有脱离监督制约的权力，在司法活动中同样如此，检警关系应当体现为一种相互制约的关系。由于控诉一体的基本原理，检警关系的目的更多体现为追诉犯罪，因此双方的相互制约中，侦查机关对检察机关的制约主要体现在检察机关对侦查机关侦查权的尊重及不侵犯上，更多的是应当体现在检察机关对侦查机关以及侦查活动的制约上，这样才能保证司法公正的落实。

从检察机关的职责上看，起诉阶段位于侦查阶段之后，本身起到刑事诉讼“过滤器”的作用。通过排除非法证据、补充侦查事实、行使诉讼程序侦查权，对侦查活动产生实际的制约作用。同时，大陆法系国家与俄罗斯检察机关都有着对刑事诉讼的监督权，其中对侦查活动的监督就是诉讼监督权中一项重要的内容。欧陆检察机关在近代的诞生和发展过程中，往往被称为“法律守护者”。在法国，国王财税官一开始只是作为国王的代理人参加诉讼，但渐渐地拥有了对法院有序审判和尊重法律情况进行监督的权力。德国和法国的国王财税官都被当时的文献称为“法律守护者”。[②]从德国检察机关的职能来看，具有检察机关最典型的追诉主义色彩，其指挥侦查，对警方在各阶段的侦查活动进行领导并对其合法性予以监督，侦查程序以检察官决定提起公诉或终止侦查程序而终结。俄罗斯检察机关具有最广泛的监督职责，其中就包括了对警察履行职责合法性的监督。

从责任承担上看，侦查是起诉的基础，侦查质量直接决定了起诉质量。侦查活动为起诉提供了原材料，因此检察机关为了保证侦查效果，需要对侦查活动进行制约，以保证侦查活动的合法性与有效性。同时，在庭审中，侦查机关不属于刑事诉讼的独立诉讼主体，因此其不需要承担因败

---

① ［法］孟德斯鸠:《论法的精神》(上册)，商务印书馆1959年版，第184页。

② 黄礼登:《法律监督精神贯穿德国检察制度史》，载《检察日报》2016年3月1日，第3版。

诉而带来的风险和责任，这一责任由提起公诉的检察机关承担。但败诉的责任往往由于侦查机关侦查行为的不合法、不全面而导致。这会出现导致败诉责任的主体不承担因败诉所带来的负面结果的原因与责任不统一的情形。因此，作为承担责任的检察机关要求享有对侦查权的制约，否则也不符合权责相统一的原则。

从司法实践上看，侦查活动往往与强制措施相关联，其直接关系到人权保障。由于侦查活动与犯罪嫌疑人的对抗地位，加之其具有大量的强制性手段，故侦查活动是刑事诉讼各环节中最易侵犯人权的环节，侦查手段在没有牵制的情况下极易被滥用。实践中，刑事诉讼活动中出现最多的违法情形就是侦查违法情形，刑讯逼供、违法收集证据、超期羁押屡禁不止。在存疑不起诉以及无罪案件中，最多的原因不是因为对法律适用存在争议，而是因为侦查行为导致的证据缺陷，因此亦需要由检察权对侦查权进行制约。当前世界各国的刑事诉讼制度改革越来越多地强调检察权对侦查权的控制。大陆法系本身实行的就是“检警一体”的指挥侦查模式，虽然没有达到理想状态的控制程度，但其对侦查活动的过程、终结起到控制作用。德国检察机关虽没有直接介入警察承办的案件，但并不意味着其放弃了对侦查活动的领导权，即使警察没有按照法律规定在侦查中及时移送案件材料，检察院也随时可以了解侦查情况。在遇到疑难复杂案件时，即便检察机关没有发出特殊指示，警察也会主动汇报。英美法系也在增加检察机关对侦查的控制力，比如在警察局设置律师值班等制度，提前介入给出建议，并且通过不诉权对侦查活动从诉讼活动上进行控制。俄罗斯检察机关所具有的法律监督权，将对侦查活动的监督渗透到了侦查阶段全过程。

（二）侦查控制原理运行的基本原则

由于侦查机关与检察机关的独立性以及侦查程序的封闭性，实践中，一方面，检察机关对侦查的控制力不强，侦查机关不会完全按照起诉的要求进行侦查，甚至出现侦查决定起诉方向的情况；另一方面，检察机关对侦查控制的有效性不强，检察机关不可能实际介入侦查的每起案件的每个环节，对于部分侦查行为以及侦查过程无法起到及时掌握的效果。因此要保证检察机关对侦查的有效制约，需遵循及时、效率、强制三项基本原则，否则无法解决发现难、处理难、有效性的问题。

1. 及时原则

从侦查规律上看，需要及时控制侦查方向。侦查活动是一项时效性很强的活动，从刑事案件的特点和侦查活动的规律来看，刑事案件的基本特征是不断发展和变化的。这一特征决定了侦查活动的方向要确定，证据收集、抓获犯罪嫌疑人必须及时开展。案件的证据可能会因时间和客观条件的变化而发生变化，被害人、证人的记忆会因为时间的推移而模糊，案件当事人也会因案发时间、其所处的地位与情况的变化而发生变化，犯罪嫌疑人也会因为时间的推移而隐匿行踪。检察机关控制侦查应当以有利于案件侦查的原则，第一时间找到侦查方向，并提出侦查意见建议，避免贻误时机，造成犯罪嫌疑人逃匿、证据无法收集、证据本身的客观性存疑等。

从人权保障上看，需要及时控制侦查。侦查活动中所采取的侦查行为，尤其是强制措施有着严格的法定期限。由于侦查措施的强制性，无论是对物还是对人，都会影响犯罪嫌疑人权益。尤其是采取用违法侦查措施，将给无辜的人带来极大痛苦。同时，如果强制措施不及时，也会导致涉案财物被犯罪嫌疑人转移、涉案证据被销毁，从而产生不可逆的负面后果。因此，侦查控制的及时性也是案件当事人权益保护的最有效的途径。

从司法成本上看，亦必须遵循及时原则。及时侦办案件可以及时弥补与挽回刑事案件对国家及社会秩序的破坏，对他人及社会造成的不良影响。同时，在法定期限内将案件及时侦结起诉，对于客观确实无法收集证据的案件及时终止，既有利于节约司法成本，也可以减少不应或无法追究其刑事责任案件当事人的诉累。

2. 合法原则

检察权对侦查权的控制要在法律规定的范围之内进行，控制要依法设置、运行。检察权与侦查权都是代表国家行使权力，必须通过立法的形式明确予以确认。检察机关与侦查机关必须按照法律规定，依照法定程序处理两者之间的关系。

第一，保证侦查控制的法治化。以法律形式对检察权对侦查权控制的法律依据、相互之间的职权职责、履行的程序性要件、保障措施以及法律后果作出明确的规定，不应当存在法律的空白，更不能只有原则而没有落实措施及具有可操作性的惩罚措施，更不能留有随意处置的余地。同时，"'不偏不倚的'大陆法系检察官一旦认定犯罪嫌疑人事实上是有罪，就不会积极地收集出罪的 证据。相应地，让警察对侦查负责也不会明显升高片面调查的危险。毕竟，如果一个人没有有罪的（强有力的）嫌疑，警察不会对浪费资源进行彻底调查感兴趣"。[①] 当检警认定一致时，侦查控制会导致缺乏相应的主动监督途径。因此，为保证当事人及诉讼参与人能够通过侦查控制维护自身的合法权益，保证公众能够通过检警关系监督国家机关，应当对其公开透明。

第二，检察机关与警察机关必须严格遵守法律授予的权力，不得擅自行使。在行使权力过程中，也需要遵守法定的条件和程序，否则另一方有权予以拒绝或监督、纠正，受到侵害的公民有权获得法律救济。根据宪法规定，国家权力经授权才可以行使，尤其是对其他国家机关权力的控制更是如此，平等地位主体之间并没有相互隶属关系，也没有上下级依附关系，其权力必须符合相应法定的条件与程序才能行使，禁止无权行使以及任意行使。如对侦查机关违法侦查的行为，检察机关有权予以监督并纠正；检察机关违法干涉侦查机关侦查行为的，公安机关也可以提出异议。检察机关对公安机关侦查所提出的意见或指令，公安机关认为不符合法律规定的，也可以提出异议。这不仅有利于更好地保证检察权的行使，也能更好地实现人权保护。

第三，确立对违法行为的制裁。法律的有效性在于其执行力，违反法律规定必然要受到法律的负面评价。检察机关与侦查机关在诉讼活动中如果违反了法律规定必须承担相应的法律后果。比如美国警察机关侦查后，检察机关认为不符合起诉条件的，作出终结程序的决定。俄罗斯检察机关还具有对人的监督权，可以直接决定停止侦查人员职权及变更案件侦查人员。我国则经过退回补充侦查程序，侦查机关不按照检察机关的要求补充证据，可能会被作出不起诉的结果。

---

① ［德］托马斯·魏根特：《检察官作用之比较研究》，张万顺译，载《中国刑事法杂志》2013 年第 12 期。

3. 强制原则

侦查控制的最终目的是侦查活动能够符合起诉的需要，侦查所取得的证据能够为起诉奠定基础，评价侦查控制的效果应以侦查结果来进行。对侦查的控制力应当以检察权的强制力作为保证，因此侦查控制应当遵循强制原则。没有强制力作为保障，检察权对侦查权的控制力也就无法保证。强制原则包括三个方面：一是授权的强制力，如侦查措施需要授权才有效，侦查活动的开展需要检察机关的决定或同意，上述侦查权的强制力需要依托检察权的授权及控制；二是决定的强制力，检察权对侦查权的控制包括对人和对事的控制，其需要对人和对事作出具有强制力的决定，如要求侦查机关的取证行为、更换怠于行使侦查及补充侦查职责的侦查人员、对侦查结果作出肯定与否的评价、撤销违法的侦查行为等这些针对明确对象的具有强制力的决定，才能真正保证检察权对侦查权的控制，否则只能使控制权虚化，无法起到真正的作用；三是执行的强制力，除法律和制度上的强制力外，对于实践层面的强制力也需要予以保证，对于侦查人员的任命及评估、对于违法侦查人员的奖惩、对于不符合起诉条件的不起诉，只有通过上述实践层面的落实与执行，提高控制实效，才能真正全方位地保障检察权对侦查权的控制力。

（三）侦查控制原理的实现路径

1. 对人控制与对事控制相结合

侦查活动是侦查主体按照程序而进行的收集证据、查明案情的工作和有关的强制性措施。由此可见，侦查活动控制的关键就在于对主体以及程序的控制，采用对人与对事控制相结合的方式，进而达到对侦查活动控制的效果。

一方面是对人的控制。从域外探索来看，世界各国都对侦查主体有着或多或少的控制权。英美法系国家的检察长往往兼任司法行政首长，利用行政首长的身份控制侦查机关，大陆法系国家以及俄罗斯通过委托侦查授权警察机关或者侦查人员行使侦查权。同时，对于不履行或者不恰当履行侦查权的情况有着惩戒的权力。《摩洛哥刑事诉讼法》第 45 条规定，王国检察官负责领导所属法庭司法警察的工作，在每年年末对所属法庭司法警察的工作进行评估。王国检察官将评估表递交王国总检察官并移交监管司法警官的行政当局。所有王国检察官有权主动对一年内曾在本人监督下执行调查工作的警队司法警察的表现作出评估。[①]《日本刑事诉讼法》第194条规定，检事正以上检察官，如认为司法警察无正当理由不服从检察官的指示或指挥，必要时，可向国家公安委员会或都道府县公安委员会提出追诉，要求惩戒。由此可见，只有对其权力、奖惩、任职等有着实质的掌控，才能有效地控制侦查主体。

另一方面是对事的控制。除对人的控制外，检察权对侦查权控制的主要手段就是对程序的控制，即对“事”的控制。对程序的控制既包括对侦查阶段的控制，也包括对侦查措施的控制。对侦查阶段的控制主要包括对初查、立案、终结、起诉的控制，而对侦查措施的控制则包括逮捕、通缉、羁押、取保候审、监视居住等强制措施，以及询问证人、勘验、检查、搜查、查封、扣押、冻结、鉴定等侦查措施。英美法系国家通过对程序是否终结的控制来实现对侦查的控制，而大陆法系国家、俄罗斯等由于检察机关具有指挥侦查权，侦查活动的开展需要得到其批准或者委托，因此其既可以通过对侦查阶段的控制，也可以通过对侦查措施的控制来实现对侦查活动的控制。

2. 事前、事中、事后控制相结合

为确保侦查活动的有效性、及时性，不能仅在事后监督，而应将侦查控制的起点放在侦查之初甚至侦查之前，并且在事中关注、事后评判，形成一个全流程的侦查控制闭环，从而避免侦查“走偏”“走远”的情况发生。

事前控制包括两种形式：一种是针对类案，由检察机关或检察官向侦查机关对类案发出一般性侦查指引，要求侦查机关对于类似的案件有类似的侦查思路、侦查方向以及侦查要求，德国警察侦办普通的中小案件时不需要请示和求助于检察官。另一种针对个案，侦查机关实施侦查行为时，必须得到检察机关的同意。法国刑事诉讼中确定初步调查期限、进行科学

---

① 陈卫东主编:《刑事立案与侦查——外国刑事诉讼法有关规定》(上)，中国检察出版社2017年版，第266页。

性检查、对犯罪嫌疑人的通缉等程序及相应侦查措施需要得到检察官的批准才能实施。

事中控制就是通过对侦查活动以及侦查案件材料的检查实现对侦查的跟进及适时调整，并且及时补充侦查，完善侦查内容，补正侦查瑕疵。《保加利亚刑事诉讼法典》第196条规定，侦查检察官在执行指导和监督的过程中可以通过检查和检验全部案件材料长期控制侦查的进展。①《比利时重罪审理法典》第28（3）条规定，国王检察官负有侦查的义务和权力。其以指令的方式规定调查的期限的方式，主动进行调查的司法警察警官和司法警察警员向其报告调查情况。②

事后控制就是在侦查行为完成之后，检察机关发现其违法或错误，撤销或纠正侦查行为。《保加利亚刑事诉讼法典》第196条规定，侦查检察官在执行指导和监督的过程中可以：主动或依据有关人员的请求撤销侦查机构的命令。③《哥伦比亚刑事诉讼法典》第212条规定，在检察司法警察的工作启动报告并对最初发现进行分析后，认为已进行的工作违反指导原则和程序保障的，检察官有权命令否决上述行动，并将不正常情形向纪检和刑事领域的负责人员进行报告。④

事先控制作为程序控制、事中控制作为侦查指导、事后控制作为程序控制，三者相互结合能够实现对侦查活动的全流程控制。

3. 依职权控制与依申请控制相结合

为保证侦查控制的有效性、及时性，各国就检察权对侦查权的控制主要规定了三种启动方式：一是侦查机关提出，即侦查机关在实施特定行为前后向检察机关申请，这种方式主要是对侦查程序的控制。二是依职权启动。检察机关在指挥、引导或者审查侦查时，认为需要采取某种侦查措施

---

① 陈卫东主编：《刑事立案与侦查——外国刑事诉讼法有关规定》（下），中国检察出版社2017年版，第455页。

② 陈卫东主编：《刑事立案与侦查——外国刑事诉讼法有关规定》（下），中国检察出版社2017年版，第466页。

③ 陈卫东主编：《刑事立案与侦查——外国刑事诉讼法有关规定》（下），中国检察出版社2017年版，第455页。

④ 陈卫东主编：《刑事立案与侦查——外国刑事诉讼法有关规定》（上），中国检察出版社2017年版，第350页。

或是否定某些侦查行为及结果，主动依职权实施。这主要存在于大陆法系国家，由于检察机关享有侦查与指挥侦查权，故其对所有侦查行为具有决定权。三是当事人及辩护人申请。检察机关根据当事人及辩护人的申请对侦查机关的侦查行为作出评判。“如要保护守法的公民免遭警察不公正的迫害，就必须有两套警察和两个警察厅：一套警察像现在一样职在证明犯罪，另一套警察则职在证明无辜；除检察官之外，还必须有一种公设辩护人，在法律地位上和检察官同等重要。只有这种办法，而没有其他办法能减轻现时警察的压迫势力。”① 这就要求除由检察机关对侦查予以制约外，还需要引入第三方，即案件当事人及辩护人，以此完善检警关系，从外部强化对侦查权的监督。

三、诉讼效益原理

在现代诉讼的价值体系中，效益原理也是重要价值导向之一，尤其在检警关系中更是如此。建立良好的检警关系就是为了避免因检警之间发生不必要的分歧而导致拖沓诉讼效率；同时，检警关系的有效运行也可以保证侦查效果，为公诉活动奠定基础。在检警关系运行的过程中，还应考虑“投入—产出”的问题，以最小的司法成本获得最大的诉讼效果。

（一）诉讼效益原理的理论基础

效益作为经济学概念反映投入与产出之间的关系，在20世纪二三十年代被引入法学领域。20世纪60年代，经济分析法学派在美国兴起，之后传播到其他西方国家的资产阶级法学流派。在这方面最突出的是以波斯纳等为代表的许多著名法学家首创了法律的经济分析这一当今法学最新流派的理论体系。以库斯、波斯纳等人为代表的当代经济分析法学流派提出:“法，与其说为了正义不如说为了效益。”② 其核心思想在于“效益”——以价值得以极大化的方式分配和使用资源，是法的宗旨。③ 其中，

---

① ［英］伯特兰·罗素:《权力论》，吴友三译，商务印书馆1998年版，第202—203页。

② 倪传铮、胡志民:《论法的效益》，载《政治与法律》1998年第1期。

③ 张文显:《二十世纪西方法哲学思潮研究》，法律出版社2006年版，第168页。

尤其对于法学的投入产出比进行了论证。其认为理性主体在社会活动中会坚持三项原则；一是以最有效的手段达到目的的原则，就是用最小的投入获得最佳收益；二是包含性原则，就是尽可能地扩大结果收益的范围；三是或然率较高的原则，理性主体会考虑在同等投入的情况下选择或然率较高的结果。因此，法律的运行也应以最小的投入获取最大的产出。

20 世纪末，效益价值理论被引入我国法学界，就法律中的诉讼效益进行了探讨。有学者认为，“诉讼在一定意义上也可以被视为一种受制于投入产出规律的经济行为。从微观上看 ，诉讼过程中各主体所作出的财力、物力和人力的耗费同主体从诉讼裁决结果中所获得的收益之间的比值关系，制约甚至决定着主体的行为选择。在客观层次上，诉讼耗费与诉讼效益之间的关系体现和反映着诉讼的基本价值”。[①] 还有学者认为，“有的学者认为，效益包括经济效益和社会效益。前者是指以一定的司法资源投入换取尽可能多的刑事案件的处理，即提高单位时间内的有用工作量，加速刑事程序的运作效率，降低诉讼成本，减少案件积压和诉讼拖延；后者则指刑事诉讼在满足国家、社会及其一般成员的秩序、公正等方面的需要时，所达到的最佳社会效果”。[②] 我们可以看到，司法效益就是国家司法机关以及诉讼参与人参加司法活动所消耗的司法成本与司法活动所产生的收益之间的比值，用公式表示就是：司法效益 = 司法收益 / 司法成本。其中，司法成本包括时间成本、精力成本与物质成本，司法收益包括因为诉讼活动而处理的案件、被告人的改造率以及司法公信力等方面。在司法收益预期相对稳定的情况下，司法成本越高，耗费的时间和精力越多，其诉讼效益越低。同时，诉讼周期过长，既会增加司法成本，也会影响司法公信力，还会降低诉讼效益。但是我们也不能单纯追求诉讼效率而忽视司法结果的公正性，如冤假错案的产生会消耗司法公信力，降低司法收益，同时为纠正冤假错案也会耗费额外的司法资源，增加司法成本，造成司法效益不高。因此，我们从事司法活动时要兼顾司法成本与司法效益。在检警

---

① 顾培东:《效益：当代法律的一个基本价值目标——兼评西方法律经济学》，载《中国法学》1992 年第 3 期。

② 宋英辉:《刑事诉讼目的论》，中国人民公安大学出版社 1995 年版，第 16 页。

关系中，各国都以提高刑事案件的诉讼效益作为目标之一。德国的检察指挥侦查就是在第一时间介入侦查，避免侦查方向及程序出错，减少司法成本的无谓消耗。英国在警察局派驻律师共同办公也是为了给侦查人员必要的建议，提高侦查方向与法律适用的准确性，避免因错误侦查行为而为弥补或者补正证据瑕疵耗费更多的司法资源。同时，检察机关的存疑不起诉权也是为了保证司法结论的准确性，预防冤假错案，从而提高司法收益。这样所节省的司法资源可以用以侦办其他疑难复杂案件，提高其他案件的诉讼效益。

（二）诉讼效益原理运行的基本原则

法效益原理要求利益最大化的原则，应“从一个给定的投入量中获得最大的产出，即以最少的资源消耗取得同样的效果，或以同样的资源消耗取得更大的效果”。[①] 从上述公式中可见，法效益原理的有效运行就在于在保证乃至增加司法收益前提下，减少司法成本。

1. 诉讼效率提升原则

从当前司法实践来看，诉讼效率低是世界各国普遍存在的问题，甚至一些学者认为正义的实现要以牺牲效率为代价，重视效率忽略了公平正义。[②] 片面地追求正义是不可取的，效率与公平正义价值并不冲突，只有在效率提高的前提下才能从更高层面实现公平。因此，各国司法机关都将提高效率作为其诉讼活动的目标之一，检警关系同样要遵循这一原则。在刑事诉讼中，检察机关与侦查机关共同行使控诉职能，其在目标、价值、职能上有一定的共通之处，因此在公平正义的前提下，检察机关与侦查机关共同开展工作，减少诉讼环节，避免程序重复，从而达到提高诉讼效率的作用。从诉讼职能上来看，检察机关垄断起诉权，侦查作为提起公诉的基础，因此其适度与侦查机关共同参与侦查程序，避免了在起诉时重复审查、重复侦查的情况。大陆法系国家检察机关对侦查机关享有指挥侦查权，从实质上介入侦查活动，在侦查终结之后实际对法律及证据的审查同时完毕，起诉程序只需要考虑起诉必要性即可。英美法系国家，侦查与公

① 张文显:《法学基本范畴研究》，中国政法大学出版社 1993 年版。

② 张文显:《二十世纪西方法哲学思潮研究》，法律出版社 2006 年版，第 200 页。

诉、审判经常同时进行，可以将特点、目的相同的诉讼环节予以合并。因此，不论是何种诉讼模式，都以提高诉讼效率为原则。

2. 减少无谓拖延与回转原则

除减少原有制度设计中的诉讼环节与诉讼程序外，降低司法成本的另一重要手段就是减少无谓的拖延与诉讼回转。从制度设计的理想状态上来看，应当是不存在拖延以及程序回转的，根据案件的复杂程度，以及案件办理需要合理选择程序。但在实践中，由于侦查的局限性以及检警衔接运行状况不佳，常常出现不必要的拖沓和回转。一般情况下，案件的诉讼周期与司法成本成正比，诉讼周期越长，司法资源投入越多，所耗费的司法成本也就越大。诉讼周期越长，犯罪嫌疑人被采取强制措施的时间越长，案件当事人参与诉讼的时间也就越多，公众对法律的信心也在随之下降。因此，司法活动应当尽可能地避免诉讼拖延，尽快公正处理案件，从而将司法资源投入其他案件的办理，减少因诉讼拖沓而对公正和效率的双重伤害。同时，无谓的诉讼环节的增加势必要求诉讼主体作出更多的诉讼行为，产生诉讼期间的拖延和无谓成本的增加。因此，检警关系的运行，尤其是在补充侦查中更是如此，通过检警之间的紧密配合，从案件侦查之初乃至之前就解决两者之间的分歧，侦查机关了解起诉的要求，检察机关实时了解侦查机关的侦办情况。这样可以减少因标准不一、要求不一而造成的诉讼拖延，尽量减少甚至避免在简单案件中出现退回补充侦查这一程序回转情况的发生。对于认为不符合刑事案件要素，或是不属于犯罪情形的案件，可以及时终结，不再无谓消耗司法资源。同时发挥检察机关诉前分流的工作，对不必要起诉的案件，在保障社会关系恢复的情况下适用非刑事化手段，有效实现繁简分流，将司法资源集中到疑难复杂案件的办理之中，全面提高诉讼效益。

3. 及时规范原则

在侦查过程中，依法、及时、准确调取证据是侦查活动的基本要求，也是保障包括起诉在内司法活动顺利进行的基础。但是在司法实践中，由于主观和客观原因的影响，导致侦查滞后、侦查瑕疵乃至违法的情形频发。要解决这一问题，势必要耗费更多的时间、人力、物力等诉讼资源，这一方面增加了诉讼成本，另一方面由于这种侦查违法违规情况的发生，也会消耗司法公信力，极易造成冤假错案的发生，降低司法收益。从近几年的冤假错案可以看到，几乎都有着刑讯逼供、暴力取证、非法取证的身影，在一般的刑事案件中，侦查瑕疵情形也屡见不鲜，这些案件中问题的出现极大地影响了司法机关的形象，为解决这些问题所耗费的司法成本远远大于原侦查时所“节省”的成本，检察机关或是进行证据违法性调查，或是多次退回侦查机关补充收集，或是自行补正。无论是检察机关进行证据合法性调查还是补充侦查，抑或退回侦查机关补充侦查，都是在弥补原侦查活动所产生的瑕疵。如果一开始就及时、规范取证，无须再耗费额外的司法资源，因此规范侦查取证程序，可以在很大程度上解决司法成本和司法收益消耗的问题，这也应是诉讼效益所应坚守的基本原则。

（三）诉讼效益原理的实现路径

1. 简化诉讼程序，缩短诉讼周期

节约司法成本的最佳方式就是在保障办案质量的前提下提高办案效率，在尽量短的时间内办结案件，使得因犯罪受损的社会关系尽快恢复，让涉案当事人尽快回到正常社会生活中。要实现这一目标可以从两方面入手：一方面简化诉讼程序。排他性的诉讼阶段式模式会造成检警这一本身密切配合的诉讼阶段人为分化，增加了无谓的诉讼程序。从侦查开始，检察机关与侦查机关共同介入侦查活动，而非检察机关等待侦查完毕后简单地审阅卷宗。这可以加快案件办理进度与效率，避免无谓的“扯皮推诿”。英国为提高诉讼效益而推行的检察官与警察共同办公模式，使警方和检察机关能够合作准备公诉，减少重复。另一方面实行繁简分流。为不同案件建立相应的办理程序，对于简单案件，形成侦查模板，建立证据指引，由侦查机关自行侦查；对于疑难复杂案件，检察机关与侦查机关共同开展侦查工作，缩短诉讼周期，保证侦查质量。同时完善程序分流机制。“避开通常刑事审判程序的审理、决定方式，而由其他非刑罚性处理方式取而代之”[①]，使检警机关将更多的精力放在其他重大复杂、社会影响力大，应当追究刑事责任的案件上。德国绝大多数的案件由检察院以停止程序、提出

① ［日］西原春夫：《日本刑事法的形成与特色》，李海东译，法律出版社1997年版。

刑事处罚令申请等较为简易的方式终结。通过程序停止的适用以及刑事处罚令程序、简易程序等刑事特别程序，检察官在侦查终结时能够将案件进行有效的繁简分流。[①]

2. 制约侦查手段，规制侦查措施

侦查手段的滥用不仅会增加司法成本，而且会侵犯案件当事人的权利，应当通过对侦查活动的制约，规制侦查措施，避免违法侦查行为对司法效益所带来的负面效应。因此，在检警关系设置中必须体现节制诉讼手段，特别是要体现检察权对侦查手段的规制作用。在大陆法系国家，对侦查手段的规制主要是通过法官与检察官对侦查权的制约来实现，其范围也比较广，包括对涉及重大人身、财产权益侦查手段的规制，对证据收集过程以及诉讼进程的规制。在英美法系国家，对侦查手段的规制主要是通过法官实现，检察机关审查职能并不具有实体性制约作用，只能通过不起诉来规制诉讼行为。在俄罗斯诉讼监督模式中，通过行使检察机关的法律监督权，来保证侦查活动的合法性，并且对不合法的侦查行为还有着可以撤销的权力。我国检察机关是唯一与公安机关直接发生刑事诉讼法律关系的国家机关，加之我国检察机关的法律监督权，检警关系就成了能够规制侦查机关诉讼手段的唯一刑事诉讼法律关系。检察机关通过审查逮捕、补充侦查、纠正违法等一系列措施制约侦查机关。一方面，通过决定补充侦查，对于没有及时收集的证据补充收集，对于瑕疵证据依法要求侦查机关说明情况；另一方面，通过纠正违法的手段对侦查违法情形进行纠正。总的来说，就是通过检察机关对侦查活动的制衡来保证诉讼效益。

3. 提高人员素质，奠定效益基础

诉讼活动从本质上来讲就是人的活动，检警关系也是处理人与人的关系。制度规定得是否科学要以具体运行来进行评判，而运行的水平与参与人员的素质直接关联。司法人员的专业素质直接影响个案诉讼的周期，决定着司法工作人员对案件的处理能力、处理速度和质量。这里的司法人员既包括检察机关的检察人员，也包括侦查机关的侦查人员。只有提高司

---

① 施鹏鹏、褚侨：《德国：检察官在刑事诉讼中的作用》，载《检察日报》2019年5月19日，第3版。

法人员的素质，才能减少不必要的错误与瑕疵、避免诉讼活动出现不必要的拖延。否则，制度设计得再科学也无法有效地运转。德国检察官必须是接受正规的大学法律教育和实务培训的法律生，并通过两次国家司法考试后，才能取得职业资格，且一般35岁左右才能担任检察官，而担任主任检察官职位的人员平均年龄约为55岁。检察官晋升，需要经过考试和竞争；晋升为高级检察官（检察长、主任检察官），需要司法部进行考察。高级检察官与普通检察官的比例约为1∶9，一般需要任普通检察官达到一定年限才可以竞争。韩国检察官以精英化模式进行设置，一般不超过20%。美国新警中，研究生占20%，其各州对新警员的培训时间不同，最长的560小时，最短的120小时；其在职培训或继续教育，特别是高级教育，大部分是借助于社会大学师资。加拿大新警要经过6个月的业务培训，合格者才可投入实际工作（6个月培训主要有行军、队列训练、仪表训练和法律理论、实践知识培训等）。

四、功能适当原理

权力的有效运行不是某一个国家机构能够独立完成的，需要搭建一个权力运行的系统，将国家权力合理地配置到系统内的各个机构或者主体之中。近代的思想运动与革命中产生的自由主义学说的分权理论延续至今仍占据了统治地位。权力集于一人或是一个机构势必导致独裁。该理论下“政治的直接目的就是政治自由”，因而必须分权。因此，分权的主要目的不是让权力做到最合理的配置运行，而是为了制约。但是可以看到同样是分权理论，各国的权力配置与运行方式存在差异。这是因为要实现权力上的分立以及有效运行，就不仅要建构国家权力分配的制衡，更要关注国家职能、机关之间“合乎事务本质的确认和配置”。[①] 这种不同于形式分权主义的功能主义进路中所强调的“功能适当”原理，就是对权力的分配不再依靠消极的自由主义理论，而应按照权力配置的专业性和功能性进行分配。“分权制衡学说”在刑事诉讼的公权力的配置中体现为侦查权、公诉

---

① 张翔：《国家权力配置的功能适当原则——以德国法为中心》，载《比较法研究》2018年第3期。

权与审判权的分工与制约。因此，检警关系也要按照这种路径配置权力，尤其是实现对侦查权的有效配置。

（一）功能适当原理的理论基础

孟德斯鸠的“三权分立”思想自18世纪逐渐成为近代国家权力配置的主流思想，其隐含着一个理想化的状态，这就是“形式分权主义”，政府被划分为立法、行政和司法三个分支或三个部分。三个分支都有相应的、可识别的功能：立法、行政和司法的职能。每个分支被限定于行使自己的职能，而不被允许蚕食其他分支的职能。进而组成这三个分支的人员一定要保持分离和区分，不允许任何个人同时是一个以上分支的成员。这样每个分支将制约其他分支，并且没有任何一群人能够控制整个国家机器。[①] 但是这一理论随着社会的发展，遭到了实践中的不断质疑。针对形式主义的分权学说在理论与实践上的困难，在美国的理论与实务中就出现了一种区别于形式主义分权原理的功能主义进路。“明智而热情地支持政府的权能和效率”，可视为此种功能主义进路的近代源头。功能主义与传统的形式分权主义的区别在于，功能主义不仅关注人民的自由保障，更关注权力在国家机构中的分配与有效运行。如果说，形式分权主义只是关心消极的权力分配制衡后的制约关系，功能主义则从权力有效运行的角度进行关注。国家机构的设置以及相应的权力分配是为了国家权力更好地运行，并作出合理的决定，最终实现权力设置的根本目的。其设置的要点就在“功能—机构”为了使功能得到良好的实现，为其所配置的机构、组织和人员也应与之功能做到对应适当，同时也意味着禁止功能与机构运行不适配。国家机构的组织形式、运行方式、人员组成情况应与权力的功能与任务相一致。而功能适当原理一方面意味着在某项国家权力需要分配时，应当分析哪个机关在组织、人员、条件上最为适合，并能达到最好的效果；另一方面意味着，当将这项权力交给某国家机关之后，为了有效实现这一权力，应当在法律、组织、人员、职权配置上有所调整，为这项权力的顺利运行提供保障。同时，对与该权力运行的关联权力及机关进行配套

① 张翔：《国家权力配置的功能适当原则——以德国法为中心》，载《比较法研究》2018年第3期。

调整，形成合力，实现国家功能的最优化实现。现实中，分权学说只能成为一种理论上的价值参考，它的意义不在于成为一个国家权力分配的形式化教条，而在于传达一种国家以维护自由为目的的宪法理念。

刑事诉讼制度中的公权力运行也应如此。侦查权、检察权、审判权的划分不能仅仅以自由为基础，以制约为目的进行设置，同样要以刑事诉讼中权力的有效运行来进行配置。警察、检察院、法院所具有的职能以最有利于打击犯罪，保护无辜，实现社会控制与公平正义为任务来运行。审判独立、国家公诉、权力分工与制衡等一系列现代诉讼理念被各国的法律所确立，真正实现了现代刑事诉讼公权力中的侦、控、审三职能的分离。具体表现为，控诉职能从审判职能中分离出来。检察院与法院在刑事诉讼中分别行使控诉与审判职能。两者在权力配置中互不交叉、互不干涉。尤其是在配置侦查权时必须坚持控审分离，即审判机关不能行使侦查职能，如果赋予法官侦查权，即便存在诉讼效率提高的情况，也会导致审判不再中立，偏袒性审判的情况发生。同时，在控诉职能中体现国家追诉职责，对于关系国家安全、社会安全以及广大人民利益的案件，国家专门机关行使专门职权行使侦查职能，即查明事实、收集证据、提起公诉。从功能最适宜原则来看，警察机关无论是行政式的组织架构、人员，还是对社会的掌控，都是最适宜进行侦查行为的机关，而检察机关作为法律的守护者，有着起诉的天然优势和实践，承担控诉职能更为合适。例如在大陆法系国家中，检察机关对侦查机关的指挥与监督，体现了国家司法权对整个刑事诉讼活动的主导与监督作用，以及对检察机关的双重性要求。英美法系国家在审前程序中检察机关与侦查机关相互独立、各司其职，也体现了国家权力分权制衡的理论。我国刑事诉讼中的相互配合、相互制约同样体现了这一原则。

司法实践中，功能适当原理也在一些运行不佳的权力中有所体现。即使法律明确规定，但不符合功能导向，也不配置相应资源和权力，实践中也不会实际运行。比如大陆法系国家虽然以检察机关作为侦查机关，警察仅作为辅助，但是由于大部分侦查措施不需要检察机关审批，警察在讯问等侦查活动、技术调查措施及卧底侦查、使用线人等方面具有绝对的优势地位，加之警察往往在执行公务中最早接触到案件线索，因此对于大部分案件实际上并非由检察机关侦查，而由警察侦查后移送检察机关。甚至有些刑事案件中，如何侦查、是否继续侦查不是由检察机关决定而是由警察所决定。尤其是当警察掌握了秘密情报时，检察机关的指挥侦查权更是形同虚设。同时，检察机关也没有进行侦查的人员的人事权，对于犯罪的警察也没有权力进行处罚。由此亦可以看出，对于权力的配置确需在权力授予后配置相应的力量及措施，否则只会有其形而无其实，无法实现权力配置的最初目的。

（二）功能适当原理运行的基本原则

为保证刑事诉讼中公权力的有效运行，使其能够真正实现权力设计之初的目标，应以国家功能的正确、效率实现为目标，而不拘泥于对权力性质的争辩和权力之间的制衡，在权力分配设计以及具体运行中坚持四项基本的原则。

1. 功能导向原则

国家权力分配应以国家权力设置的功能为导向。功能适当原理实际上在保持权力制约的前提下，更多层面上考虑权力运行最佳化的目标。要实现这一目标，对于权力的分配不能为制约而分立，而应以保证权力有效行使为前提。功能主义主张在维护国家权力总体性的分工和相互制约平衡的前提下，按照以权力功能实现最优为导向的原则分配权力。在立法、行政、司法核心内容分立的情况下，允许三者在一定条件下的混同。在权力混同领域按照权力功能的适当性来配置权力，目标就是促使国家决策的正确性，体现“国家治理能力现代化”要求。以检察权为例，检察权最早作为司法权的一部分从法院分离，与法官在诉讼性质上具有“同质不同职”的职业特点，同时享有受宪法人身及事务独立性的保障，具有明显的司法特征。但检察官总是倾向于积极主动地去追诉和指控犯罪，不具有司法权的中立性和消极性特征；检察权本质上是一种程序性权力，比如检察机关提起公诉、提出抗诉等，都是程序上的启动，最终总是要接受司法权的裁判，不具有司法权的终局性，因此其又具有浓厚的行政属性。从苏联以及我国检察机关的发展历程来看，法律还赋予了检察机关单独的法律监督职责。这是由于国家权力对检察机关特有的功能要求决定了检察权具有法律监督属性、司法属性、行政属性等多种属性综合于一体，共同构成检察权独立的权力属性。因此，在权力分配中应当考虑以国家权力运行的理性化、高效化为基准，遵循“任务—功能—机构”的逻辑链条进行构建。

2. 权力与职责相匹配原则

这一原则包含两层含义：一是权力与职责相统一；二是权力与职责相“匹配”。权力与职责相统一就是指国家要求机关应当具备某项义务，要求其对某事项具有责任，应当授予其相应的权力；同时，授予其权力时必须要求其应承担相应的责任。有权力而无责任，则会导致权力被滥用或怠于行使；有责任而无职权，则会导致其无法通过有效的途径保障履行职责，其表明权力配置的正当性。权力与职责“匹配”的结果是权限，即权力应当在其职责范围之内相一致，职权以权力主体完成其职责为限，限制了权力行使的范围。权力大于职责也会导致权力被滥用，小于职责则无法有效地完成任务。因此，“匹配”是一个最佳状态。从应然状态上来说，权力被授予的主体，就应有着相应的职责，两者虽然无法达到完全的一一对应，但达到一定的比例就可以看作一种最佳匹配状态。

侦查权与检察权均是国家权力的重要组成部分，在没有确定具体的行使主体之前均是一个抽象的权力，没有实质的内容，也不可能实际发挥作用。一旦法律确认权力行使主体，那么必须配置具体的权力内容以及相应的法律职责，抽象性权力立刻具象化。比如在英美法系国家中，立法机关将侦查权配置给警察，将检察权配置给检察院，那么相应的权限与职责需同时在法律上予以明确。而且根据权力与职责相匹配的原则，从管辖权限的分工、权力行使的方式、检察权对侦查权的制衡等方面对权力作出了各种限定，即赋予权力主体必要的权力资源以满足诉讼活动的正常运行的需要。强制措施的采用、取证措施的采取、讯问与询问的进行，这些必要的权力是警察开展侦查活动的必备；并且警察机关所独立具备的权力，也是侦查权的功能所决定的。如果不能保证必要侦查权力的投入，侦查活动无法启动，即使启动也不可能有效运转，不可能顺利完成侦查任务。同样，检察权发挥诉前过滤职责也应当具有所配套的权力，补充侦查的建议权、对诉讼是否终结的决定权都是检察机关履行其职责的凭借。在大陆法系国家，将侦查权授予检察机关，而警察从事配合辅助作用。因此，对于警察机关的侦查需要检察机关的授权。警察对于一些侦查措施的采用需要由检察机关决定后授权，但由于警察执行日常公务的特殊性，决定了案件举报往往由其受理，因此法律给予警察在预防犯罪方面自主决定侦查，并且对于中小刑事案件具有自主侦查权。但对于一些疑难复杂案件，警察必须及时将案件卷宗移交检察机关，在检察机关的指挥下开展侦查活动。[①] 我国刑事诉讼中对于公安机关、检察机关、国家安全机关在直接受理侦查案件权限的规定都是职责职权相匹配原则的体现。

3. 权力主体必要性原则

决定刑事诉讼权力主体的“必要性”因素包括：权力设置的历史背景、社会基础、法律制度以及国家机关权力配置、人员组织情况等。从侦查权的发展来看，绝大多数国家一开始都是将侦查权赋予警察机关，所有的刑事案件都由警察负责侦破。后来随着科学技术和社会生活的不断发展，不同的犯罪主体、犯罪形式、犯罪手段、犯罪类型的出现，导致案件复杂程度不断提高，单靠警察的侦查方法已经无法应对。因此，国家对侦查权力主体进行调整，比如大陆法系国家将检察机关作为侦查机关，还有一些国家将检察机关作为职务犯罪与经济犯罪的主体，警察机关作为一般犯罪的侦查主体。同时给侦查机关增加权力，比如对银行账户等个人信息的查询权、对电子数据的侦查取证权等。由此显见，侦查主体的设置及权力配备与该国的犯罪发展状况紧密相连，犯罪的数量与专业化程度是决定侦查主体设置必要性的重要标准。检察权的设置亦是如此，控审分立就是为了解决在审判权的中立问题，根据功能适当的原理，立法机关将其分别交由不同的国家机关承担，并从机构设置上、权力分工上以及人员组织上全方位地实现审判权与起诉权的分离。同时，基于公诉权的行使配置相应的不起诉、侦查及补充侦查等权力及条件。

---

① 对于《德国刑事诉讼法》第 163 条第 1 款的法律意义，警察与检察机关有着不同的理解。警察部门认为，该条款是一个允许警察部门独立侦查的授权条款。警察部门在人员、技术、经验上具备着绝对的优势。检察机关认为其并没有获得独立的授权。——参见何家弘主编：《检察制度比较研究》，中国检察出版社 2008 年版，第 169 页。

（三）功能适当原理运行的实现路径

要在检警关系中落实功能适当原理，从本质上就是建立良好的检警运行秩序，让该承担职责的有恰当的权力行使，将权力交给恰当的主体行使，从而保证刑事诉讼的目的能够实现。

一是让承担职责的有恰当的权力行使。这包含两方面的内容：一方面，侦查机关对其承担的侦查职责有着足够的权力与手段，能够保证侦查活动顺利推进，从而及时、有效查明案件事实、抓捕犯罪嫌疑人。另一方面，检察机关对于监督或是诉讼分流也有着足够的权力及手段，能够有效地发现侦查中存在的问题，并且及时地排除或者补正；同时对侦查违法或者违反控诉一体原理的情况及时惩处，保证检察权的有效行使。如果还需要检察机关直接行使侦查职能或是承担法律监督职能，那么就需要给予相应资源的调整及配套，才能够实现权力运行的目标。

二是将权力交给恰当的主体行使。如上文所述，权力的分配不仅要考虑被授权机关的性质，更要考虑其能否有效地行使该权力。侦查机关具有丰富的侦查经验、技术、手段以及对社会的控制力，因此其对一般案件具有侦查权。其他侦查主体承担与其职能相对应的部分刑事案件的侦查任务，划分侦查权限也主要以专门机关的性质、职责、任务与刑事案件的性质是否“对口”为标准，这种划分既有利于对刑事案件的及时侦破，也有利于节约侦查资源。同时，检察机关因其对程序的把握以及丰富的庭审经验，其对侦查提出指导意见，对侦查方向、罪名适用、证据收集内容提出意见建议符合其自身的专业职能。反之，如果要求侦查机关出庭参与庭审公诉，检察机关亲自开展侦查活动、收集证据，则会导致权力、能力、组织、人员不匹配的情况，无法实现权力的有效运行。

第六章

审查起诉阶段补充侦查制度的完善

综观我国的补充侦查制度，其为完善刑事案件证据、完善控诉证据体系、查明案件事实、实现侦查活动监督起到了积极作用，实现了有效地追诉犯罪嫌疑人、保护无辜的人不被追诉以及社会控制的刑事诉讼职能。随着司法制度的不断完善，司法人员的意识与能力不断提高，越加体现其本身的制度价值。但诚如前文所言，由于我国检警关系以及补充侦查制度在立法、司法层面上存在的问题，造成其没有达到预期的目的和效果，需要从理念、立法、司法、操作等诸多层面上加以纠正、完善及保障。

第一节　构建符合中国实际的新型检警关系

我国检警关系是补充侦查制度运行存在问题的重要原因，而检警关系中存在的问题系诸多原因叠加所致，非检警自身的自洽功能便可解决。各国现行检警关系以及补充侦查模式，有着各自的优势和特点，随着世界各法系之间融合借鉴的进一步加强，其先进的理念和制度设计可以为我国借鉴。因此，对我国检警关系的重塑，既要符合宪法与刑事诉讼法对检警的属性界定、职能配置、关系定位的理念与规定，又要考虑在构建框架下的具有可行性的运行模式，以增强检警关系运行的有效性与可操作性。只有将检警关系梳理清楚，才能从根本上保证以此体系为基础的补充侦查制度的良好运行。

一、重塑价值导向

虽然现在规范性文件中已经没有了所谓“破案”的概念，但是在侦查术语与实际操作中“破案”一词仍然被大量使用，破案率仍然被作为公安机关内部考核的标准之一，破案率一词至2020年底仍在被广泛使用。[①]其往往以犯罪嫌疑人被抓获为标志，是侦查活动中的一项重要评价指标。但与之相对应的是更高的诉讼标准，《中共中央关于全面推进依法治国若干重大问题的决定》（以下简称《决定》）提出要“推进以审判为中心的诉讼制度改革”，其核心就是要确立审判在整个刑事诉讼制度的中心地位，确保侦查、审查起诉的案件事实证据经得起“法庭”的检验。而要真正实现这一目标，首先就要在审前程序严格标准，围绕起诉为中心及标准开展侦查工作，达到“事实清楚，证据确实、充分”。但是，破案的标准与起诉标准存在较大差别，证据之间是否存在矛盾、是否存在合理怀疑、有无遗漏的犯罪嫌疑人及犯罪事实、是否存在罪轻乃至无罪的证据没有收集、证据收集过程中是否存在瑕疵在破案时无法了解清楚。可以说，破案只是侦查过程中的一个阶段，并不等同于定案，其距离定案的证据标准还相差甚远。但不可否认的是，除较为重大的案件外，在一般性案件中，侦查人员的法律观念、程序意识、取证逻辑程度等方面还处于较低水平，这从始终居高不下的退回补充侦查率以及逐年上升的不捕不诉的案件数可见一斑。破案到定案的导向的转变，一是有助于提高侦查水平与增强取证意识，提高诉讼效率，进而提升侦查质量，在侦查活动中解决侦查问题，避免不必要的退回补充侦查等程序回转情况的发生。二是也为检警在更多方面合作奠定基础，检察机关可以为侦查活动提供法律意见、扩大侦查方向、完善证据体系，而侦查机关可以为提高起诉效果、完善指控体系奠定基础、提供支撑。两者各自发挥自身优势和长处，取长补短，从而发挥控诉一体机制的最大效果。具体来说：

（一）建立以客观证据为核心的侦查体系

在当前的侦查活动中，由于科技的进步以及各种办案辅助手段的出现，多种侦查手段已经应用到侦查活动中，指纹、DNA检验、图像侦查、天网监控、电子证据、财务审计等客观性证据已经在侦查中发挥着重要作

---

① 2020年12月9日，公安部在京召开新闻发布会，通报全国公安机关深入开展命案积案攻坚专项行动的主要情况，仍将破案率作为主要通报指标之一。

用。但是从证据所占比例来看，犯罪嫌疑人供述、被害人陈述、证人证言等言词类主观性证据在案件中占比依然较大。如前文所述，由于其获取的便利性以及证明内容的直接性与丰富性导致侦查人员仍然对其有着依赖心理。物证、书证等客观证据往往是依赖言词证据的指向而进行收集的，其依靠与主观性证据之间相互印证用以定案，甚至侦查人员因为言词证据已经收集而忽略客观性证据的收集。但是由于主观性证据的易变性，其证据内容有可能因为时间的推移、当事人主观心态甚至受到利诱或者胁迫而发生变化，而据此收集的物证、书证可能存在无法印证的情况。在冤假错案中，用以定案的主观性证据出现了变化，并且这些证据形成之初背后都有着刑讯逼供等违法取证的身影。由于客观性证据的稳定性，在现代刑事诉讼证明体系中，越来越强调以客观性证据为中心的证据体系，围绕客观性证据收集相关证据，构建证明体系。通过客观性证据为中心的证据组建，确认案件事实，校验全案其他证据，进而准确认定全案事实，包括客观性证据优先运用、客观性证据关联性、口供的客观性证据检验、非法证据排除等具体规则。[①] 因此，在侦查中也应建立以客观性证据为核心的侦查体系，这样不仅可以避免因主观性证据的变化导致原有侦查活动无效，同时也可以减少直至避免非法证据的情况出现。由于侦查是起诉的基础，因此侦查活动的良好运行，为顺利起诉，全面反映案件事实奠定了基础。从这一立场出发，建立以客观证据为核心的侦查体系是建立良好检警关系的前提。

（二）共同建立类案证据指引或标准

由于侦查服务于公诉，侦查收集证据最终要用于公诉，因此统一两者的证据标准或证据要求是实现控诉一体原理的必然要求。由于诉讼模式的差异，起诉与审判的证据常常存在区别，但无论是何种诉讼模式的国家，侦查机关与检察机关应确立统一的证据标准。德国检察机关指挥警察机关开展侦查，但由于人力、物力的限制，其不可能介入所有案件，因此会就简单案件向警察机关发出统一的指示，制定类案证据标准及要求，在侦查

---

① 樊崇义、赵培显:《论客观性证据审查模式》，载《中国刑事法杂志》2014 年第 1 期。

基本结束，证据收集完毕时进行审查，决定是否侦查终结、提起公诉。英国检察机关为侦查机关提出的建议中，也包括类案的证据要求。在我国司法实践中，案件事实无法认定几乎均因证据问题。而出现的证据问题中，并非因为证据收集难度大，而是因为侦查人员不知围绕定罪量刑如何收集证据、收集何种证据，导致失去了案件的最佳侦查时间，案发现场、聊天记录、通讯信息、监控视频等关键证据因为时间的推移而客观上无法再行收集。因此，检警双方应当针对常见多发案件以及虽偶发但疑难复杂案件进行梳理，共同制定证据指引或者证据标准，在侦查前统一思路、消除分歧，才能在侦查过程中有效收集证据，形成指控合力。特别需要提出的是“共同”制定，只有通过共同制定标准，才能了解证据标准制定的理由及依据，并且在制定过程中相互理解、相互沟通，才能对检警双方具有约束力，在侦查过程中有效侦查，避免不必要的程序回转。制定规则的过程也是培训、学习过程，有助于检警双方共同提高业务能力、证据意识及规范观念。如果仅由检察机关制定后通知侦查机关，那么侦查机关只是被动接受，没有发表意见的权利及过程，必然接受度不高，无法真正从思想上形成统一观念。

（三）公诉职能从审查延伸到引导侦查

在传统的侦查中心主义模式中，侦查机关主导整个刑事诉讼过程，检察院诉前过滤的作用效果并不佳，更多的只能在现有证据收集的基础上进行“小修小补”，法院也只能依据公安证据收集情况来进行认定。虽然说检察机关作为诉讼监督机关，由于其审查起诉主要依赖于对案卷的审查，其对证据及事实的补充一般也是以案卷为基础。这就导致了公诉在侦诉关系中的被动性与滞后性。因此，检察机关应发挥其主观能动性，将原有的审查阶段前移至侦查阶段，从而更好完成指控工作。一是检警之间应当建立案件通报、信息共享的常态化工作机制，保证检察机关第一时间了解到需要提前介入的案件线索；二是检察官应当转变工作理念，变被动接受为主动介入，变“守株待兔”为“主动出击”，增加介入侦查的积极性与主动性，将保证侦查质量、规范侦查措施作为应有之义；三是充分发挥检察机关在证据审查与法律适用上的优势，通过个案与类案通报、总结侦查中存在的问题，归纳法律适用意见，提升侦查工作中侦查活动的规范性，取证的规范性与法律适用的准确性。

二、确立检察机关职能

在我国，公诉无法制约侦查质量的主要原因在于侦查阶段的封闭性。公诉工作无法延伸到侦查活动中去，检察机关只能在侦查终结后被动地接受案件侦查结果，并根据侦查情况作出是否补充侦查的决定，最终作出是否起诉的结论。这样无法整合公诉以及侦查的力量。因此，在控审一体的格局下应当打破侦查机关的封闭性，允许检察机关适时介入侦查活动，实现公诉对侦查活动的引导。实践中，各地检察机关在开展相应的提前介入工作，尤其是“捕诉一体”提前介入引导侦查的效果更好，为公诉乃至审判服务的目的性与针对性更强。

（一）明确提前介入引导侦查的性质

明确性质对于开展工作的方向及依据有着关键性的作用，其直接决定着提前介入引导的合法性与合理性的基础，因此有必要首先予以厘清。检察机关提前介入侦查活动一方面可以帮助公安机关准确适用法律，拓展侦查思路，研判侦查方向，保证案件追诉职责的有效实现；另一方面可以监督侦查机关有无侦查违法、随意实施侦查行为、违法取证、任意立撤案的情况。《人民检察院公诉工作操作规程》第12条规定，“介入侦查引导取证工作的主要任务是：通过介入侦查，熟悉侦查机关（部门）正在侦查的案件的基本情况，研究侦查机关（部门）已收集的证据，提出固定和完善证据的意见和建议，并对侦查活动中的违法行为提出纠正意见，以确保侦查取证工作依法、客观、及时、全面地进行”。因此，检察机关提前介入侦查的性质应当兼顾控诉权有效行使以及监督权的落实，其中尤其要建立自我反思节制机制。[①] 由于相互制约的两个部门进行功能性整合之后，往往只重视了两者合作之后的控诉效果，而忽略了对辩护权可能造成的实际侵犯。在这种介入体系下有可能出现更讲配合而忽略制约的单向打击倾

① 宋振武：《刑事诉讼的功能性结构及其法理学分析》，载《现代法学》2006年第1期。

向，辩护方更难以履行辩护职能，在诉前这一缺乏中立第三方判断角色的情况下，造成控辩方向的进一步失衡。

（二）限定提前介入引导侦查的案件范围

由于检察机关力量的有限性与刑事案件发生的不确定性，因此检察机关不可能就所有案件提前介入引导侦查。如前文所述，即使是指导侦查的大陆法系国家也只有三成的案件有检察机关参与。因此，不能将力量分散到所有案件中，应当有的放矢，集中力量解决问题。根据检察机关的职能以及办案的实际情况，应当根据案件难易程度、社会影响力、维稳情况、诉讼效率等作为考量标准。将介入案件的范围集中到重大、疑难、复杂、社会关注度高、可能判处十年有期徒刑以上刑罚的严重危害社会治安的暴力性犯罪案件、涉案金额特别巨大、可能影响社会稳定的涉众型经济犯罪案件、恐怖活动、涉黑涉恶等重大犯罪集团案件、重大毒品犯罪案件。

（三）完善提前介入引导侦查的方式

我国由于实行诉讼阶段诉讼模式，加之配以检警独立的职能，造成了侦诉环节的相对封闭，检警之间信息互通不够，检察机关在审查逮捕或是审查起诉阶段才了解到案件侦办情况，从而造成诉讼回转、诉讼拖延以及证据无法收集的情况发生，即“案破难定”的情况，即使最后收集到了相应的证据，却牺牲了司法成本和诉讼效率。由于我国检警独立模式与英美法系类似，因此可以考虑探索类似英国派驻警察局律师的经验，实行警察与检察官共同办公的模式，合作准备公诉，减少不必要的反复，提高诉讼效益。实践中，可以通过提出侦查方向的意见建议、参加侦查机关案件讨论、提前审查案件证据、提出完善意见等方式来实现。2020 年中央政法工作会议提出，“积极推进在市、县公安机关执法办案管理中心派驻检察机制改革”。最高人民检察院、公安部印发《关于健全完善侦查监督与协作配合机制的意见》，各地也纷纷建立“侦查监督与协作配合办公室”，该项机制运行至今取得了一定成绩，从办案环节上看，检察机关适时介入案件 9.3 万件，同比上升 24.4%，公安机关对检察机关不批捕、不起诉决定提出复议复核数同比下降 58.3% 和 26.1%；退回补充侦查和延长审查起诉期限数量大幅下降。延长审查起诉期限合计 12684 件次，同比下降

51.9%，占同期办理案件数的 1.5%，同比减少 1.4 个百分点。退回补充侦查 47194 件次，同比下降 26.4%。[①] 但在运行中仍暴露出了一些问题。其主要原因在于：一方面来自检察机关案多人少的矛盾，无力抽出时间专门参与派驻工作。这种在实践中以轮班制为主要派驻形式的工作模式，导致出现派驻与承办人员不一致。承办人员仍要通过审阅卷宗辅以同事的案情介绍进行办案，实际上加剧了人员紧张的矛盾。检察机关落实这项制度内生动力不足。另一方面来自侦查机关对于检察机关监督职能的排斥。这也是这项制度运行不佳的原因之所在。我们可以考虑变换工作思路，借鉴英国的制度原意，回避对立与监督，以检察机关引导侦查，与公安机关共同研判，以为疑难复杂案件提供侦查建议为切入点，一方面切实提高案件质量，从侦查之初以公诉为标准为侦查活动提供建议，避免不必要的侦查失误；另一方面增加该项工作的黏性，使公安机关逐渐接受，甚至主动要求检察机关介入，最终形成控诉一体的工作模式。在现有司法实践中，实际上公安机关与侦查人员大量就个案与检察机关和检察官进行各种形式、各种层面的沟通，听取检察机关或检察官对案件的看法和意见，这已经形成一种司法惯例。通过建立这一机制将原本私下、零散、不规范的沟通制度化、规范化，从而建立一种更好的沟通形式与平台。如成都市检察院第二检察部积极探索，充分利用捕诉一体化办案机制优势，大力提升退回补充侦查质效。完善重罪案件提前介入机制，分别就毒品案件和命案的提前介入工作制定了《提前介入信息联络机制会议纪要》《重大案件提前介入工作机制》，规范了捕后侦查提纲撰写和后续跟踪落实等事项，确保提前介入效果。

三、优化监督模式

在新型检警关系中，单向的配合容易形成单纯的打击理念，因此除检警之间密切配合外，检察机关还要对侦查权进行制约，防止其恣意妄为。域外刑事诉讼模式中，多以检察机关或者法院的司法审查对侦查权进行控

---

① 苗生明、李玉华、佘湘文：《侦查监督与协作配合机制的准确理解与有效运行》，载《人民检察》2022 年第 9 期。

衡，我国只在逮捕、回避、侦查期限延长等方面进行审查。从我国当前的司法制度和检察机关的职能来看，可以从检察机关法律监督职能出发，以监督制约侦查，通过扩大监督范围、增加监督手段、提高监督力度等方式，提升侦查监督的及时性与有效性，达到合作与监督并重的效果。

（一）完善监督制约方式

俄罗斯的检警关系虽然也是“检警一体”模式，检察机关作为侦查机关，直接介入侦查，但其对侦查控制的方式除依靠“检警一体”模式外，检察监督也是重要手段之一。其对侦查的监督针对司法警察履行职责的行为是否侵犯了公民的权利和自由，司法警察遵守《俄罗斯联邦司法警察法》以及《俄罗斯联邦执行程序法》规定的履行职责程序的情况与司法警察决议的合法性，其目的在于保障司法警察应用法律的情况，及时发现、制止违法行为，追究相应的责任。[①] 我国的检察制度与俄罗斯同样源于苏联检察制度，检察监督是社会主义法律监督体系的重要组成部分，侦查监督是行使检察职权的应然要求，更是宪法赋予检察机关的重要职责。2019年最高人民检察院工作报告中，全国检察机关加强对刑事立案、侦查、活动的监督。紧盯有案不立、有罪未究和不当立案、越权管辖等问题，督促侦查机关立案22215件、撤案18385件，同比分别上升19.5%和32%；对侦查机关违法取证、适用强制措施不当等提出书面纠正意见58744件次，同比上升22.8%。通过全国各地侦协办的运行，从2022年上半年的检察办案数据看，检察机关各项监督数据相比2021年同期具有明显提升。其中，监督立案、撤案4万件，同比上升50%，监督后公安机关已立案、撤案3.7万件，占监督总数的92.5%，同比增加11.6个百分点。[②] 在“捕诉一体”的背景下，有利于检察机关更好地履行侦查监督权，通过全流程的监督更好地实现对侦查的制约作用。通过对立案阶段的监督，限制侦查的启动；对侦查措施的监督，制约证据收集以及强制措施适用的任意性问题；对取证的监督，解决证据合法性的问题。因此，对于侦查活动的监督

---

① 何家弘主编:《检察制度比较研究》，中国检察出版社2008年版，第249页。

② 苗生明、李玉华、余湘文:《侦查监督与协作配合机制的准确理解与有效运行》，载《人民检察》2022年第9期。

可以实现对侦查的有效制约。

（二）扩大监督范围

我国检察机关的监督方式更多是事后监督，事前的司法审查只是对于逮捕以及侦查期限的延长，侦查制约范围较窄，这也是我国检察机关侦查监督不足的主要原因。因此，为了实现检察对侦查的有效制约，应当适度扩展监督范围，除对批捕、起诉、羁押必要性、回避的监督外，还可扩展到其他对人、对事的强制措施上，以及包括补充侦查、追捕追诉的检察决定事项的执行情况。有学者认为，应当将对公安机关的强制性侦查措施除强制性轻微的外，原则上交由检察机关审批，同时也应将查封、扣押、冻结也交给检察机关审批。[①] 也有学者认为，侦查措施报批不符合现有的侦查职能，但可以考虑以备案的方式，检察机关可以视侦查取证情况决定是否派员参与。[②] 同时利用信息化手段，及时推送公安机关立案信息，增加检察机关信息掌握渠道与方式，在实行监督的同时，可以自行决定是否提前介入侦查工作，变被动邀请为主动介入。

（三）增加监督手段

大陆法系国家与俄罗斯的检察监督权主要分为对事的监督与对人的监督，对事的监督指对侦查行为的监督，主要针对在侦查行为的批准与撤销；对人的监督指对侦查人员的监督，主要表现为对人的奖惩、人员的更换以及任免。我国现有的检察机关的监督权同样也针对这两类对象，其表现为“两头式”的监督。对事的监督，更多的是一种监督建议权，没有对侦查行为的撤销权，只是对侦查所收集的证据进行审查，判断是否具有证据能力，对于侦查活动缺乏足够的强制力。这种没有强制力的监督权难以形成有效的震慑效果。对人的监督只有通过职务犯罪侦查为手段进行，对于没有达到犯罪程度的情况，无法对侦查人员进行有效监督。俄罗斯、保加利亚、日本等国都有着对侦查的控制权，侦查机关必须服从检察机关的

---

① 龙宗智：《评“检警一体化”兼论我国的检警关系》，载《法学研究》2000 年第 2 期。

② 刘文强：《以审判为中心视野下我国检警关系的反思与重构》，载《辽宁大学学报》2019 年第 4 期。

指令，检察机关有着对侦查行为的撤销权。如摩洛哥检察机关可以对司法警察进行考评，对其履职行为进行评价。这种将对事的监督与对人的评价相结合，才能有效实现对公安机关与侦查人员监督的有力统一。我们也可以考虑在检察机关建立侦查人员评价意见参考机制，通过建立执法办案档案对侦查人员的侦查情况逐案反馈，作为其考核的参考；对于拒不接受或者回复检察机关纠正违法通知书以及拒不执行检察机关合理决定时，检察机关可以建议更换侦查人员，并对原承办人员予以监督评价，通过这种方式既能增加检察对侦查的制约，又能提高检察监督的可操作性与力度。

第二节 确立控诉一体模式下的退回补充侦查制度

一、原则遵循

（一）明确非必要不回转原则

如前文所述，程序回转是为了弥补或解决前一诉讼阶段所出现的问题而产生的程序，其更多是为了实现实体真实或是实体正义，在查明案件事实、全面收集证据、准确认定情节等方面具有积极的意义。但其实际上拖沓了诉讼效率，浪费了司法资源，侵害了案件当事人的合法权益。因此，从诉讼阶段论出发，应当明确非必要不回转原则，避免侦查回转的负面效应。

1. 侦查回转不符合诉讼经济原则

资源作为一个经济学概念，代表了能够满足社会需求的各种财富。其本身具有稀缺性，不可能无限制地提供。萨缪尔森给出了如下的结论："稀缺这一事实存在于经济学的核心之中。没有一个社会达到了无限供给的乌托邦。供给是有限的而资源看似又是无限的。"诉讼活动作为社会生活的一部分，同样需要资源的供给。诉讼在一定意义上也可以被视为一种受制于投入产出规律的经济行为。从微观看，诉讼过程中各主体所作出的财力、物力和人力的耗费同主体从诉讼裁决结果中所获得的收益之间的比值关系，制约甚至决定着主体的行为选择。在客观层次上，诉讼耗费与诉讼效益之间的关系体现和反映了诉讼的基本价值。刑事诉讼同样要考虑到诉讼成本与收益的计算。刑事诉讼程序就是通过国家机关的侦查、起诉、审判等诉讼行为，投入相关的人、财、物资源与社会信息资源来追究犯罪、惩罚犯罪嫌疑人，维护社会稳定与人民群众的合法权益，其投入主要包括在立法、执法、社会主体参加诉讼等活动中由国家专门机关、当事人所付出的人力成本、物质成本以及机会成本。由于法律事实的形成具有滞后性，法律事实的查明必然消耗相当的资源。同时，由于社会生活本身的复杂性以及程序正义的必要性，查明、认定法律事实所耗费的成本往往远远大于事实形成的成本。并且当事人在刑事诉讼过程中，也必然会耗费时间成本、精力成本乃至经济成本。因此，无论是对国家还是对个人，不惜一切代价去追求司法公正而导致诉讼效率拖沓，诉讼成本高昂，当事人对司法的期望度降低，实际上已经陷入了司法不公的另一个极端。如果我们把一个在任何诉讼阶段均没有任何程序延长或回转的情况看作“1”，那么从侦查到起诉再到审判，诉讼程序按照其所预先设定的理想状态运行就是“1+1+1”的模式。但当程序出现延长或者回流时，其诉讼阶段必然会增加，诉讼中所消耗的司法资源和制度成本必然也会相应增加。以退回补充侦查为例，退回补充侦查之后侦查机关要继续侦查，重报之后再次进行审查起诉，因此侦查阶段“+1”，审查起诉阶段“+1”，原审查起诉阶段“1”就变成了实际上的“1+1+1=3”乃至更多，导致诉讼程序更加烦琐。由于诉讼阶段的增加，还会导致诉讼期限的延长。刑事诉讼法规定的审查起诉期限为 1 个月，退回补充侦查的期限为 1 个月，重报之后审查起诉期间重新计算，就从原有 1 个月的诉讼期间变成了 3 个月，如果需要两次退回补充侦查，那么诉讼期限将变成了 5 个月，严重降低了诉讼效率，不符合诉讼经济的制度运转。因此，尽可能地减少不必要的程序回转是诉讼效率价值的具体体现。

2. 侦查回转增加司法结果的不确定性

诉讼阶段的终结是由于在该阶段的任务已经结束，下一个诉讼阶段的诉讼活动应当以上一诉讼阶段所形成的结论推进。因此，侦查人员通过侦查活动所建立的法律事实应当作为检察机关审查的案件事实，案件当事人对于结果的预判也同样源于侦查机关侦查的事实。从字义上来说，终结意味着最后结束。虽然从整个诉讼的角度上来说，侦查结论不是终局性判断，但其仍然具有自身的确定力与约束力，任意推翻会增加司法结果的不确定性，任意回转会产生侦查结果变化的可能性。

审查起诉阶段的任务主要是对侦查机关的起诉意见与移送证据的审核，因此，作为担负客观公正义务的检察机关在该阶段应该是位于一个居中裁判者的角色，判断起诉意见能否成立，收集的证据是否充足，收集程序是否合法。从这一角色上看，其只需要对侦查结果作出判断即可。证据充分依法起诉，证据不充分或认为不构成犯罪依法不起诉或者要求侦查机关撤销案件。既然侦查已然终结，没有必要再增加其他处理方式。但由于检察机关有着引导侦查、打击犯罪的职责，侦查回转的设置，固然有查明案件事实的作用，但不论是从制度设立、立法原意还是司法实践，其更多起到的是对原侦查程序的补正作用。通过这一回转程序，将原侦查终结后可能作出不起诉决定的案件变更为起诉决定，当然也可能将原本作出起诉的决定，根据案件查明的其他情节，作出不起诉决定。比如王某某盗窃案中，检察官根据侦查机关侦查意见及证据已经作出起诉的意见，在对其讯问的过程中，犯罪嫌疑人供述户籍材料所记载的出生日期有误，通过退回补充侦查查明其真实年龄并未达到盗窃罪的刑事责任年龄，最终作出了法定不起诉的决定。上述案例虽然是侦查回转程序积极作用的体现，但其实际上改变了根据原侦查结果应当出现的结论，因此当案件当事人，尤其是犯罪嫌疑人及辩护人如果仅依据原侦查情况对检察机关、审判机关决定或判决作出预期判断时，往往出现与实际情况不同的结果。

3. 侦查回转过多可能影响程序的正当性

从诉讼阶段论与认识论的角度看，审查起诉阶段的作用就是完善案件事实、补充证据，最终由检察机关作出中立性判断。但在实践中，审查起诉阶段常常成为侦查阶段的延伸。我国作为检警分立的国家，检察机关与公安机关虽然相互制约、相互配合，但从其自身的追诉倾向上看，更多的是以制约促进配合，以证据补正代替非法证据排除，以回转促进程序推动。在实践中，侦查回转更多的作用就是为了更好地对原侦查结果予以修正与弥补，基本上是收集新的证据或者对原有证据的补正。在这一前提下，检察机关补充侦查的目的在现实中也有着一定的倾向性，更多的是从证明犯罪的角度进行补正，其本质上还是希望给侦查机关提供更多证明侦查结果的机会，变成了侦查阶段的延伸，也为未来提起公诉后顺利获得有罪判决奠定了基础。当然，在听取被告人以及辩护人意见之后，也会根据听取意见情况收集相应的证据。但对于犯罪嫌疑人而言，检察官在对案卷进行书面审查之后，容易产生先入为主的观点，认为犯罪嫌疑人是在为自己的行为进行辩解，“只听不取”的情况较为普遍，且犯罪嫌疑人往往被羁押，也没有条件找到相反的证据予以反驳。

刑事诉讼作为程序的一种，同样要遵循程序自治的原则，通过程序内各方角色的职能分配，诉讼程序的设计及运行使刑事诉讼产生合理的运行结果。程序自治是指在诉讼运行中，诉讼参与各方按照法定程序来约束自己的行为，裁判者排除外在干扰，按照程序内部的信息独立作出自己的判断。程序自治原则的要求就是程序的存在即运行本身合法且正当，否则就容易出现异化。刑事诉讼的正常运行模式是单向式的、不可逆的运行模式。补充侦查作为诉讼回转的一种，属于刑事诉讼的例外情况，其是在程序自治所允许的范围内的自治行为。在正常运行状态下，对诉讼程序起到的补正效果有其正当性依据。但如果过多适用，则突破了刑事诉讼程序自治的界限，违背了存在的合理性，其存在的正当性依据也就被否定。

4. 侦查回转过多会导致当事人的权益受损

刑事诉讼进程往往有着刑事强制措施的伴随，对人的强制措施必然限制犯罪嫌疑人的人身权利，对物的强制措施也会影响到案件当事人的经济性利益。侦查回转势必会导致刑事强制措施的期间延长，正如上文所述，对犯罪嫌疑人在审查起诉阶段的羁押期限，从原本的 1 个月变成 5 个月，如果还需要延长审查起诉期限，最长可至 6 个半月。刑事诉讼规定对犯罪嫌疑人作出存疑不起诉的决定，至少要经历一次退回补充侦查，但实践中往往用完两次退查才会提交检察委员会讨论或是提交检察长决定。而侦查机关为了表明其在尽力取证，往往会将补充侦查期限用尽才重报检察机关，造成了犯罪嫌疑人的无谓羁押。同时，被害人民事权益因为“先刑后民”的原则迟迟无法得以实现。这都是因侦查回转而导致诉讼期间延长产生的负面效应。

综上，为避免侦查回转给诉讼资源、诉讼效率、司法结果以及程序的正当性带来的负面效应，在刑事诉讼程序理念中，应当明确“非必要不回转原则”，以诉讼阶段推进或程序终结为原则，以阶段回转为例外，强调在原侦查阶段完成侦查任务，避免在审查起诉阶段继续侦查任务，防止出现侦查中心主义，影响该阶段的客观公正性，还其本身的诉讼阶段价值、还其自身的裁量功能，实现检察机关与公安机关之间相互配合、相互制约的关系定位。

（二）明确退回补充侦查的有效性原则

避免程序回转，要在侦查以及补充侦查的效果上下功夫，只有原侦查效果好，才能尽量避免补充侦查的情况；只有一次退回补充侦查效果好，才能避免更多的程序回转的情况发生；只有提高补充侦查的有效性，才能更好地查明案件事实、补充诉讼证据，提高检警关系沟通的有效性。

1. 贯穿补充侦查全阶段的主导性

检察机关作为贯穿刑事诉讼全过程的诉讼单元，在办理案件过程中应当发挥其在刑事诉讼中的主导作用。尤其是其作为审前程序的主体，更要以审判为中心，对证据的收集、完善、审查、认定起到主导作用。退回补充侦查作为刑事诉讼的环节之一，其目的与原侦查一致，均在于查明案件事实、收集证据，从而有效地追诉犯罪。因此，补充侦查活动也应以服务起诉为目标，由检察机关承担主导责任。在退回补充侦查之前，拟定补充侦查决定书以及退回补充侦查提纲，作出退回补充侦查决定以及侦查方向，公安机关根据检察机关的退回补充侦查决定以及补查事项开展补充侦查工作。在退回补充侦查之后，虽然由侦查机关具体开展补充侦查工作，但检察机关应当随时了解补充侦查情况，跟进案件进展，把握补充侦查节奏，及时调整补充侦查方向和策略，为补充侦查提出相应的引导意见。在退回补充侦查结束后，对补充侦查情况进行分析研判，判断是否达到起诉标准，对于达到起诉标准的依法提起公诉；对于仍未达到起诉标准，但还有进一步补查空间的，再次退回补充侦查；对于没有补充侦查空间及希望的，依法作出不起诉决定。

2. 增加补充决定的说理性

退回补充侦查作为程序回转措施，会引发诉讼效率降低、诉讼周期延长、犯罪嫌疑人的人身及财产被限制的时间延长、案件处理决定拖后等一系列法律后果，因此作出这一决定应当有着充分理由、依据及需要。检察机关在作出退回补充侦查决定时，应当充分论证程序回转原因，从而说服侦查机关重启侦查活动，说明案件当事人接受诉讼期限延长后果，说服社会大众相信检察机关决定的必要性。同时，为保证补充侦查的效果，应当具体列明补充侦查的事项、目的和要求，力求准确、清楚、有效，便于侦查人员有针对性地依据补充侦查提纲及时补充证据，查明事实。其中要做到：一是补充方向客观有效。检察机关以“事实清楚，证据确实、充分”为标准，对照梳理案件需补充的证据及查明的事实，客观列明需要补充侦查的事项，严禁补充无需补充事项，浪费司法资源；二是补查可能性有效。检察机关列明补充事项时要进行补查可能性评估，不能依据理想状态下证据标准罗列补充侦查事项，对侦查机关下一步的侦查空间与侦查内容进行理性评估，从而确定补充侦查事项并形成书面提纲；三是列明每一项补充侦查事项的理由、目的、证明内容与重要程度，并且就补充侦查的方式及次序进行详细说明，便于侦查人员在有限的时间内按步骤、按节奏开展侦查工作；四是增加沟通方式，变“文来文往”为“人来人往”，检察官与侦查员通过面对面沟通，针对补充侦查提纲共同分析研判，说明补充侦查理由及时间节点要求，便于侦查人员更直观地了解补充侦查事项、补充侦查理由，避免侦查人员的抵触情绪，提升补充侦查的效率及效果。

3. 确保补充过程的亲历性

虽然退回补充侦查不同于检察机关自行补充侦查，主要由原侦查机关开展，但是也需要确保补充过程的亲历性，从而保证补查效果。检察官应当秉持控诉一体的理念，参与到侦查过程中，为侦查活动当好参谋，提供帮助。在制定补充侦查提纲时，与侦查人员共同商定补充侦查内容和补充侦查计划，听取侦查人员就原侦查情况的介绍，了解原侦查情况，对于原侦查已经开展相应侦查工作，但已经无法收集的情形，不再要求补充侦查或是通过其他路径予以完善，避免出现无效补充侦查事项。在补充侦查过程中，检察官可以各种形式参与到补充侦查中，侦查人员负责补充侦查的具体执行，检察官负责提供法律咨询和引导工作，在必要时，检察官可以与侦查人员共同开展补充侦查工作，在现场对补充侦查提供指导意见，避免因沟通理解不一致或是侦查程序不当导致补充侦查目的无法实现。同时，检察官参与补充侦查还能够起到督促监督的作用，对于过程的全程参与和介入可以给侦查机关与人员形成压力，督促其在第一时间补充侦查完毕，提高补查效率，从而尽量将补充侦查对诉讼及参与人造成的负面影响降到最低。

4. 保证补充结果的有效性

退回补充侦查制度的设置就是为了弥补原侦查中存在的缺陷与不足，从而完善案件事实和证据，最终为是否作出起诉决定提供依据，这也是侦查机关与检察机关在诉前完善证据的重要手段。因此，检察机关应当在退回补充侦查时坚持有效性的原则，对于每一次退回补充侦查的决定，对于每一项补充侦查的事由、每一个补充侦查的证据都应审慎对待。检察机关选择有效的补充侦查方式，在侦查过程中发挥主导性、说理性的作用，可以提高补充侦查的效果。侦查机关也应以完善案件质量、达到定案标准这一目标，积极开展补充侦查。在过程中发现确实存在障碍以及问题的，及时主动与检察机关沟通，寻求检察机关帮助，第一时间找到解决问题的方法。同时，检察机关在与侦查机关沟通过程中也要注意方式方法，发挥控诉一体、检警配合的制度优势，密切衔接。对于确无可能收集的，要求侦查机关以情况说明的方式说明理由，对于侦查人员怠于行使乃至不行使补充侦查职责的，书面通报侦查机关，建议公安机关更换办案人员、或是办案单位、或是向其上级单位通报，必要时在庭审或是公开听证中通知其到场作证，说明情况。因其滥用职权或者玩忽职守，造成关键证据无法收集、关键事实无法查证，影响案件最终处理的，依法行使检察机关法律监督职能。对于侦查机关在退回补充侦查期间行使其案件处理功能的，检察机关应当依法要求其说明理由，确保其案件处理功能不被滥用。

（三）明确诉讼效益原则

正义和效率原则在诉讼活动中有着辩证统一的关系。正义是效率的前提，效率是正义的保证。司法效率的提高，避免不必要的拖延，实现对人权的保障，是实体正义实现的保证。同时，提高司法效率，可以将更多的精力用于其他案件的办理，进一步保证了正义价值的实现。正义价值是效率原则的必然要求，也是效率原则必须遵循的依据，不能为片面追求效率而牺牲正义，这样既无法实现司法的根本目的，实际上又损害了效率。正义与效率双重实现就是诉讼效益的价值追求。退回补充侦查作为影响司法效率的诉讼阶段，必须遵循效益原则，才能保证正义与效率原则的运行平衡。

1. 实现实体正义与程序正义的兼顾

回顾刑事诉讼制度与实践的发展历程，实体正义，追求客观真实一直以来都是我国刑事诉讼中侧重或者优先追寻的价值追求。但不计成本、不计回报、不计后果的追寻势必带来司法资源、司法成本的大量消耗，也容易导致司法权力的滥用，影响诉讼本身的公平，造成控辩之间的严重不平等。虽然我们现在处于社会转型期，人民群众对于犯罪打击的意愿和要求仍然高涨，但是不能在追求实体正义的前提下牺牲程序正义。所以，实现实体正义和程序正义的兼顾，将多元化的价值目标作为我国现有刑事诉讼目标符合社会发展的规律和趋势。退回补充侦查作为追求实体正义的手段，作为一项公权力和逆流程的操作，首先要遵循谦抑原则，在制度设计与司法实践中与现代司法理念相协调，在制度框架与设计目的范围内运行，不被滥用。尤其是注重其适用的限度，对于确已影响案件事实认定与处理的，并有启动必要和条件的，方予启动。对于部分限于枝节的案件事实，需进行评估，尽量采用其他非回转型程序予以补充核实，发挥其应有的诉讼价值。

2. 与人权保护的兼顾

人权的实现状况体现了社会的文明程度，打击犯罪是为了维护社会公平正义，但这并不意味着要以牺牲犯罪嫌疑人的合法权益作为代价。作为犯罪嫌疑人，首先未经审判之前未对其定罪，在定罪之前其仍与其他人一样，应当具有同等的权利义务，没有任何理由随意侵害其权益。即使是定罪处罚之后，也必须给予其作为人的权利和必要的尊重，用以恢复正义及改造罪犯。在刑事诉讼中，国家对于犯罪嫌疑人、被告人的权利保障程度，也是衡量一个国家司法文明的标准。而人身权、行动权、政治权、经济权作为法律意义上人的基本权利必须在立法与司法中予以充分尊重。因此，在退回补充侦查制度中，对于犯罪嫌疑人的人身自由的保障、程序的参与、诉讼权利义务的告知等权利的落实也是落实人权保障的体现。规范退回补充侦查程序的适用，杜绝该项权力的滥用，也是人权保障的充分体现。

3. 与诉讼效率的兼顾

随着社会的不断发展，诉讼效率越来越得到世界各国的重视。诉讼效率就是通过合理的诉讼资源配置，以较小的司法成本取得较大的司法收益，从而减少案件的积压，提高案件的处理速度。而退回补充侦查是通过程序回转，延长诉讼周期，投入更多司法资源，弥补原侦查程序的漏洞。其本身看似与诉讼效率原则相互冲突。但退回补充侦查制度与诉讼效率有着共同的价值追求，其都是在尽可能地追求公平正义。公平正义是司法的根本追求，案件质量是司法活动的首要前提。司法效率并不是无原则的速度提升，其还是在保证案件质量的前提下提高案件处理速度。这从认罪认罚从宽制度中对证据要求的一致性可见一斑。退回补充侦查看似拖慢了诉讼，但这项制度实际上是在公平与效率发生严重冲突时的无奈选择。通过补充侦查对案件事实的查明，避免了冤假错案的发生，实际上提高了诉讼效率。如果一味追求效率而忽视正义，那么需要投入更多的司法资源予以纠正，其结果适得其反。

二、制度规范

由于立法规定的模糊性，造成了退回补充侦查与自行补充侦查适用混乱的问题；同时由于救济权的不完善，操作规则较为粗糙，造成了在实践中运行状况不佳的情况。虽然《指导意见》对于退回补充侦查的条件进行了明确，但其采取的是反向规范的方式，即一般不退回补充侦查的条件。这种反向规定虽然一定程度地限制了退回补充侦查的应用，但实际上规定仍较为粗疏，对检察机关与公安机关无法起到规范性的作用。因此，需要进一步地明确适用条件、增加救济手段、明确操作方法，才能够从制度层面规范退回补充侦查制度的运行。

（一）明确退回补充侦查的适用条件

从退回补充侦查的实践运行情况与成因我们可以看出，退回补充侦查启动的原因分为三类：一是事实原因，涉案事实尚未查清或是未查实完毕，可能影响是否构成犯罪或者构成何种犯罪；二是证据原因，主要是证明犯罪事实与情节的证据不足，或证据之间存在矛盾；三是程序原因，证据收集程序存在瑕疵或是其他侦查程序存在违法情形，需要公安机关予以补正。因此，应当将退回补充侦查的启动条件明确为事实条件、证据条件以及程序条件，并予以相应的细化，使其具有规范性与可操作性。具体来说：

1. 事实条件

案件事实范围的界定较为广阔，从广义上来说，只要是与案件相关的事实均可以称为案件事实。但是从侦查的角度来看，只有影响案件性质认定与量刑的事实才是案件事实。因此，首先，并非所有事实都需要进行补充，只有影响案件性质认定与量刑情节的事实才属于补充侦查的范畴；其次，并非所有事实都需要通过退回补充侦查的方式予以解决，从诉讼效率的角度来看，查明事实情况不需要通过专业的力量和方式即可以实现的，可以通过在审查起诉期间要求侦查人员进行调取，没有必要重新启动侦查程序；最后，主要的犯罪事实由于影响整个案件的认定，需要通过侦查机关的侦查手段与程序进行确认。故退回补充侦查的事实条件应当为：与案件定罪量刑有关的主要事实、情节不清。具体来说：

（1）刑法及相关司法解释规定的犯罪各构成要件未能查明的，应当退回补充侦查。按照我国传统的四要件犯罪构成理论，犯罪构成分为四个要件，即犯罪主体、犯罪主观方面、犯罪客体、犯罪客观方面。其中，犯罪主体是指实施犯罪的人或其他组织；犯罪主观方面指行为主体在实施犯罪行为时所持有的心理态度；犯罪客体就是刑法所保护的法益以及犯罪行为所侵害的社会、政治、经济关系等；犯罪客观方面是指行为人所具体实施的犯罪行为。为了更为直观的表述，有学者将其概括为七何：何人、何种目的和动机、何时、何地、何种手段、何种犯罪行为及造成何种危害后果。作为侦查活动的主要目的，查明犯罪事实是侦查机关所要完成的首要之务。无论是何种犯罪构成理论，犯罪构成要件的判断均需要依托侦查活动予以查明，在侦查活动没有查明犯罪构成要件事实时，无法进行有效的判断，其直接影响到罪与非罪、此罪与彼罪、一罪与数罪的问题。因此，当出现此种情形时，就需要进行补充侦查：

①犯罪主观方面：没有查明犯罪嫌疑人的犯罪故意、犯罪过失、犯罪目的及动机。所有犯罪必须具备故意和过失，目的和动机是刑法分则部分罪名所必须具备的要素。因此，在原侦查过程中对上述情形尚未查明的，应当予以补充完善。

②犯罪主体方面：没有查明犯罪嫌疑人是否为行为人；行为人是否具有全部或者部分刑事责任能力；单位犯罪中，行为主体是否符合刑法所规定的主体要件；行为主体是否为特殊主体，是否存在法律或者职责上的义务等。上述情形涉及行为主体是否符合承担刑事责任的主体条件，因此需要进行补充。

③犯罪客观方面。刑法理论通说认为，犯罪客观方面包括行为客体、结果、因果关系、犯罪的时间和地点[①]，或者实行行为、行为对象、危害结果、因果关系以及行为人的身份和行为的时间、地点、方法等[②]。在侦查中，对于实行行为内容、行为是否造成后果、造成后果的具体情况、行为与后果之间是否存在刑法上的因果联系，以及行为的时间、地点、方法等均需要进行查明，否则需要补充侦查。

④犯罪客体方面。没有查明犯罪行为是否侵犯了刑法所应当保护的法益，是否侵犯了经济社会关系，包括造成了多少人员伤亡、多少经济损失等。这方面的事实在侵犯管理秩序类犯罪中相对比较抽象，但是也可以通过造成的危险状态来予以证明。当上述情形不明时，则需要进行补充。

（2）刑法、刑事诉讼法及其相关司法解释规定的不追究犯罪嫌疑人刑事责任的事实或情节，应当退回补充侦查。除上述一般构成要件外，当出现部分特殊情形时，应当不再追究犯罪嫌疑人的刑事责任。由于此类情况出现较少，容易在原侦查中被忽略，并且此种情形往往与是否最终需要承担刑事责任相关，其中包括是否存在正当防卫、紧急避险等违法阻却事由，是否属于意外事件、情节显著轻微等，是否超过追诉期，是否属于告诉才处理的案件，行为主体是否已经死亡或者解散的等情形。如果出现上述情形，不作犯罪处理或是不需要承担刑事责任，应当作出法定不起诉处理，因此需要通

---

① 陈兴良：《本体刑法学》，商务印书馆 2001 年版，第 226—295 页。

② 曲新久：《刑法学》（第二版），中国政法大学出版社 2009 年版，第 87—96 页。

过退回补充侦查予以确认。

（3）刑事诉讼法规定的与量刑有关的事实、情节，确有必要通过退回补充侦查予以补充的；侦查除需查明定罪事实外，同时需要查明量刑事实，以准确适用认罪认罚及确定最终的刑期乃至刑罚执行方式。其中包括从重的量刑情节，累犯、再犯、缓刑期内犯罪等，以及自首、立功、坦白、从犯、胁从犯等从轻量刑情节，同时还有分则中各罪不同的量刑情节都需要予以查明。与定罪事实不同，量刑证据收集相对简单，侦查机关在侦查活动中能够及时掌握，只是在移送时没有移送相应证据材料，因此，一般情况下不需要通过退回补充侦查的方式进行补充。只有部分分则所涉罪名情况，因与案件事实关联难以及时查明，比如走私、贩卖、运输、制造毒品罪中规定，利用、教唆未成年人或向其出售从重处罚，需要查明被利用、教唆者情形等，应退回补充侦查。

（4）其他与定罪量刑、追究刑事责任有关的事实、情节，确有必要退回补充侦查的。除法定定罪量刑情节外，部分事实虽然与定罪量刑没有直接的法律关系，但是对司法人员的内心确认，对犯罪嫌疑人建议刑期、刑罚种类以及刑罚执行方式，对部分证据的采信度有着影响。这些事实虽不直接决定案件的未来处理，但是对定罪量刑有着重要的影响，比如被害人、证人的品格证据，犯罪嫌疑人的家庭情况，有无需要扶养对象等。这类证据一般情况下可以在审查起诉阶段要求侦查机关调取，只有极少数情形需要程序回转，因此在对必要性进行评估后，适用退回补充侦查。

2. 证据条件

在司法实践中，90% 的案件无法起诉或者审判的原因都是因为证据原因造成的，因此证据条件是退回补充侦查中的重要原因条件。侦查终结、审查起诉及审判的证明标准同样为“犯罪事实清楚，证据确实、充分”。理论界与实务界普遍认为该证明标准可以具体表现为：一是据以定案的证据已经全部查实清楚，且符合证据合法性、客观性、关联性的要求；二是证据之间、证据与事实之间不存在矛盾或是矛盾已经排除；三是认定事实的证据足以证实；四是证据证明的事实是唯一结论，没有其他的可能。上述四个条件需同时具备，否则可能出现案件事实无法认定的结果，不只是没有达到起诉与审判标准，甚至侦查终结条件也没有达到。如果出现不具备上述条件之一的情形，其不符合侦查终结标准，应当由侦查机关继续侦查。因此，退回补充侦查的证据条件应该总结为：用以证明与案件定罪量刑相关的事实、情节的证据不足、有矛盾或不具有可采性，使相关案件事实、情节难以认定的。具体来说：

（1）证明法律规定的犯罪各构成要件的事实、情节的证据缺乏或有矛盾或不具可采性，导致该事实、情节难以认定，应当退回补充侦查。

案件是否符合犯罪构成要件，犯罪嫌疑人的行为是否构成犯罪均需要充分的证据予以证明。无法证明案件事实，直接关系到该案是否系犯罪行为，犯罪嫌疑人是否构成犯罪，侦查所查明的案件事实是否清楚，所认定的罪名和案件事实能否被法官采信。因此，与事实条件类似，当证明案件事实的证据缺失或是相互矛盾，足以影响到案件事实认定与罪名适用时，应当退回补充侦查。通过程序回转，不仅是对证据的补充，更是通过退回补充侦查对案件事实及罪名的确认。这类关键证据的获取，必须经过侦查机关的合法收集才具有证据的合法性效力；同时，在司法实践中，此类证据获取的难度也更大，亦需要专业的侦查机关通过专业手段获取。

（2）证明法律规定的与追究犯罪嫌疑人刑事责任相关的事实、情节的证据缺乏或有矛盾或不具有可采性，难以认定是否追究犯罪嫌疑人的刑事责任，应当退回补充侦查。

除犯罪各构成要件事实外，追究犯罪嫌疑人刑事责任的事实、情节同样需要证据予以证实。有无超过追诉期需要证据证明犯罪行为或是危害结果的终结时间；是否系正当防卫需要证据证实是否具备现实的危险，同时亦需要证明有无超过必要限度；有无义务来源需要证实有无先行行为或是法定义务来源，这些证据缺失或矛盾将会导致犯罪嫌疑人出罪的情形，因此也需要通过退回补充侦查予以确认。

（3）证明法律规定的与量刑有关的事实、情节的证据缺乏或有矛盾或不具有可采性，难以正确量刑的，确有必要退回补充侦查。

量刑事实也需要充分的证据予以证实，累犯需要前科判决以及释放证明；自首需要到案经过以及犯罪嫌疑人、证人的证言；立功需要受案材料、犯罪嫌疑人供述以及立功相应证明材料；从犯、胁从犯需要证明案件基本事实证据，刑法分则中规定的量刑情形也需要证据予以证实。与事实条件类似，一般情形下总则中的量刑证据不需要通过程序回转就可以收集，但是分则中的量刑情节往往与案件基础事实相关，因此在分则中的量刑情节证据不充分或者矛盾的情况下，需要通过退回补充侦查予以完善。但应谨守非必要不回转的原则，在可以通过其他补正方式实现的情况下，优先选择其他方式。

3. 程序条件

在侦查活动中，侦查人员往往基于对侦查结果追求的急切心态、对程序规范的不了解、侦查经验不够充足等因素，出现侦查程序或行为违反了相应的法律规定，进而违反了程序正义的原则，最终使得证据出现可能不被采信的结果。从案件侦办的角度来看，将所有违反程序性要求的证据与事实排除于案件体系之外是不科学也不现实的。因此需要通过补充侦查程序对程序性事项进行补正，对于确实经过调查程序证实系非法证据后造成现有证据无法认定案件事实的，也要通过退回补充侦查方式重新侦查。退回补充侦查的程序应当是较为严重的程序性违法情形，需要进行非法证据排除的可能的情形，具体包括以下情形：

（1）严重侵犯诉讼参与人的人身权利和诉讼权利，如刑讯逼供等；

（2）案件证据收集严重违法，导致证据能力存在缺陷，难以采信，如以威胁、欺骗等方式向有关证人收集证据等；

（3）违反回避规定，导致侦查程序失去公正性；

（4）侦查人员在侦查中有贪污受贿、徇私舞弊行为，影响侦查公正性；

（5）其他严重违反法律程序的行为。

上述侦查违法情形，或是严重侵害被取证对象的合法权益或是自身存在重大问题，均从根本上影响了证据的合法性与客观性，无法通过侦查机关自行补正的方式予以补正，属于非法证据排除的范畴。通过上述手段收集的证据，往往对案件定罪量刑起到关键性的作用，因此需要回转至侦查阶段重新收集证据。需要注意的是，在程序性条件出现时，检察机关除对补充侦查阶段的启动外，还应当建议更换侦查人员，避免上述情形的再次发生。

4. 监督条件

除上述三种条件外，检察机关作为法律监督机关，在审查中发现有漏罪、漏犯以及遗漏犯罪事实的情况，应当及时追诉。其中，对于现有证据足以证实的犯罪事实、罪名，直接提起公诉；对于现有证据足以证实的犯罪嫌疑人，书面要求侦查机关补充移送；对于证据尚不充分，但通过退回补充侦查能够查明的，依法退回侦查机关补充侦查；对于明显通过补充侦查无法查明或是仅系案件线索的情况，向侦查机关移送犯罪线索，或发出检察建议，建议其对遗漏的犯罪事实及犯罪嫌疑人重新立案侦查。

（二）建立补充侦查必要性评估司法化审查规则

由于退回补充侦查条件的不明确，一定程度上造成了司法实践中对退回补充侦查措施的滥用。虽然立法可以明确相应的条件，但是由于司法活动的复杂性和易变性，无法穷尽所有情形，因此需要对退回补充侦查必要性与合理性进行评判。但由于长期以来检察机关实行的“三级审批制”的运行机制带有浓厚的行政化色彩，因此对于补充侦查的决定权，还是传统的检察官建议、部门负责人审核、分管检察长审批的方式。即便是现在所运行的检察官司法责任制，大多也是由检察官自行决定，部分疑难复杂案件或是二次退回补充侦查案件由负责人乃至分管副检察长审批。“检察机关是有司法权的司法机关，却始终采用行政性办案方式而欠缺司法特征。”[①] 这种带有浓厚行政色彩的决定方式看似保证了诉讼效率，但是实际上这种封闭式、单方式的决定方式势必带来公正性的疑问。这也造成了司法实践中退回补充侦查的滥用现状。作为一种非常态的、逆程序的决定，应当对其进行严格限制，遵循“非必要不回转”原则。这个必要需要进行严格的审查和判断，建立专门化的审查程序对检察官退回补充侦查的必要性进行评估和判断。

1. 审查方式

实践证明，行政式审批或者决定方式存在封闭性、缺乏有效监督的问题。由于检察官办案的独立性，只有案件承办人最为了解案件情况。审批

---

① 龙宗智：《检察机关办案方式的适度司法化改革》，载《法学研究》2013 年第 1 期。

领导往往通过听取汇报、审阅案件审查报告的间接方式审查，容易被案件承办人的观点所引导，无法了解客观情况，也无法了解到所需补充证据对案件处理起到的作用程度。同时，由于该决定的封闭性，造成侦查人员、案件当事人、辩护人无法发表意见。因此需要一种公开透明的审查方式，而检察权是一种兼具行政性与司法性双重属性的权力。① 其主要理由是：检察机关的组织结构和活动原则确实具有浓厚的行政色彩，但检察官的侦查、公诉都是以适用法律为目的，与法官在诉讼性质上具有"同质不同职"的职业特点，同时享有受宪法人身及事务独立性的保障，具有明显的司法特征，而且我国现实中也确实把检察机关归于司法机关②，因此认为检察权兼具行政权和司法权的双重属性，有些学者甚至称为"准司法权"或者"特殊的行政权"。近年来，为提高审查逮捕程序中当事人及辩护人等的参与程度，提升审查逮捕质量，各地积极探索诉讼式审查机制改革。最高人民检察院《2018—2022年检察改革工作规划》明确提出，"建立有重大影响案件审查逮捕听证制度，健全讯问犯罪嫌疑人、听取辩护人意见工作机制"，在审查逮捕之前，通过对侦辩双方的争议问题进行事实和证据的实质化听证，构建侦查机关、辩护律师、犯罪嫌疑人共同参与，检察官居中裁判的三方结构，设置概括举证、针对性讯（询）问、单方调查等程序。不仅逮捕活动具有司法属性，公诉活动也带有一定的司法属性，侦、辩、检在审查起诉活动中的关系类似审判中控、辩、审三者之间的关系，检察机关客观审查，听取侦查机关与辩护方的意见，最终作出是否起诉的决定，具有类司法化的性质。补充侦查决定作为公诉的一部分，可以考虑以司法化方式对该决定的作出进行审查，从而扩大决策的透明度与公正性，防止权力滥用与司法腐败，提高决定的科学性与可信度。

2. 启动条件

对于启动条件的争议，有学者认为，这种审查方式应当参考重大影响

---

① 龙宗智：《论检察权的性质与检察机关的改革》，载《法学》1999年第10期。

② 我国检察机关的组织体系是阶层式建构，奉行的是上命下从、检察一体化的活动原则，这是检察权行政性的典型表现，同时我国检察官在其职权范围内独立办案、适用法律，而且无论是宪法定位还是实际情况，检察官与法官都具有基本相同的身份和职业保障，这些又充分体现了检察权的司法属性。

案件审查逮捕听证制度，只针对重大疑难复杂案件进行听证；对于一般性案件不需要采用听证程序，仍通过检察官自行决定与审批即可。笔者认为不尽其然，应当对所有退回补充侦查案件的决定进行司法化审查。首先，由于审查逮捕案件数量多、审查期限短，检察官精力与人力有限，无法也没有必要对所有案件进行听证，其所秉承的理念就是“集中力量办大事”，针对疑难复杂案件进行研究。但退回补充侦查本身就应当是例外情形，通过其他途径也可以实现补正目的，在严格限制的前提下实现减少无谓诉讼回转的目的。在这一前提下，需要退回补充侦查的绝大多数属于重大、疑难、复杂案件，实际上与审查逮捕听证案件范围相符。其次，正是由于该程序的复杂性，可以从实践中抑制程序的启动，避免出现相互借时间或是技术性退查的情形。最后，重大疑难复杂案件在所有案件中所占比例不大，实践中，退回补充侦查中的大量案件并不属于这一范围，如果将范围仅限于此，无法起到对这一决定的监督作用。

3. 参与主体

即便在“检警一体”的诉讼构造下的德国，检察官也需要承担客观公正的义务，其以“法律的守护者”的身份参与诉讼，并非案件的一方当事人。其不仅要侦查被告人有罪的情况，也要侦查无罪的情况，检察官应当站在客观的立场上进行活动。德、日等国家检察官与法官相同，都属于“司法官”。法官和检察官是性质相同的为发现真实情况而努力的合作者，只是分工不同而已。[①] 因此，应由检察机关承办人主持整个审查程序。

退回补充侦查中侦查效果不佳的主要原因之一就是公安机关不承担指控失败所带来的负面后果，也不理解检察机关补充侦查的目的所在，对退回补充侦查持一定抵触与消极情绪，导致补证效果不好、运行状况不佳。检察机关亦有必要了解案件前期侦办情况，从而决定补充侦查的内容和方向，因此有必要要求侦查机关以及侦查人员参加。同时，由于退回补充侦查影响对犯罪嫌疑人的羁押、侦查收集的证据以及最终的处理结果，因此犯罪嫌疑人及辩护人也有必要参与。最高人民法院、司法部《关于开展刑

---

① [日]松本一郎：《检察官的客观义务》，郭布、罗润麒译，载《法学译丛》1980年第2期。

事案件律师辩护全覆盖试点工作的办法》也为该项工作奠定了基础，没有委托辩护人的，可以由指定辩护人介入；没有指定辩护人的，可以考虑由认罪认罚从宽制度中的值班律师介入，这样还可以同时发挥认罪认罚工作对案件办理的推进效果。退回补充侦查程序会拖慢诉讼周期，案件的最终结果也会影响到被害人的权益维护，因此在有必要时也可以邀请案件被害人及与案件处理结果有关系的其他当事人，听取他们的意见。

4. 审查程序

该程序可以考虑采取不公开听证的方式，以闭门会议的形式召开。首先由承办检察官介绍拟作出退回补充侦查决定案件的理由以及补查事项，再听取参与审查主体的意见。除重点听取参与各方对于退回补充侦查决定的意见外，对于公安机关，主要听取前期侦查情况以及对于补充侦查事项的意见和建议；对于犯罪嫌疑人、辩护人，主要听取退回补充侦查时间、对事实及证据意见的请求、请求侦查机关核实事项等意见；对于被害人以及案件其他利害关系人，主要听取对案件处理的意见，有无需要提交的证据或提供的线索，从而保证补充侦查的效果。这种方式一是可以给予诉讼参与各方表达意见的机会，保障其诉讼参与权；二是可以使诉讼参与各方了解案件进展，增加司法的透明度；三是可以通过这种当面听取意见的方式对涉案财物的查封、扣押、冻结的处理及羁押必要性审查等情况，作出适当处理。根据听证情况最终形成倾向性意见与下一步补充侦查方向，为检察官的决定提供参考。

（三）建立诉讼参与人的权利救济途径

在现有审查起诉退回补充侦查程序中，没有诉讼参与人参与的程序设计，亦没有专门性的权利保障措施，程序的天平明显倒向了实体正义与追究犯罪的一方。因此有必要在除上文中设置的意见表达程序外，设置专门的参与及救济途径，保障诉讼参与人的合法权益。

1. 保障诉讼参与人的知情权

权利的保障首先在于程序的告知。除在决定前设置听取意见的程序外，在检察机关作出退回补充侦查决定时，应当在作出决定起 3 日内书面告知犯罪嫌疑人及其辩护人、被害人及其诉讼代理人、未成年犯罪嫌疑人、被害人的法定代理人等作出决定的时间、理由及所具有的权利义务，并在告知后签字确认。同时在案件退查重报之后，同样告知上述主体退查重报的时间，并且及时通知辩护人、诉讼代理人对补充侦查后收集的证据进行阅卷，以保证其及时了解案件进程，掌握新查明的事实及收集的证据，更好地发表自身的意见。

2. 设置权利救济途径

“无救济则无权利。”在当下的补充侦查制度中，诉讼参与人对于退回补充侦查存在异议的，没有法定程序予以救济，只能通过信访方式反映意见。因此应当给予案件当事人对退回补充侦查决定的申诉权或者复议权，由案件管理部门的检察官对退回补充侦查的事由及必要性进行审查，通过调阅卷宗、听取案件当事人以及案件承办人的意见，并作出退回补充侦查决定是否证据的结论。由于补充侦查期间仅有 1 个月，因此复议审查期间应当以 7 日为限，审查期间并不影响补充侦查活动的进行。对于退回补充侦查决定违反法律规定或者明显不当的，可提请检察长或者检察委员会决定，撤销退回补充侦查决定，并在撤销补充侦查决定后 7 日内作出是否起诉的决定，不再重新计算审查起诉期限。

3. 配套羁押必要性审查制度

退回补充侦查会造成诉讼周期的延长，从而造成犯罪嫌疑人羁押期限的增加。同时，由于退回补充侦查后，发现证据、事实有重要变化也是羁押所需要考虑的内容，因此在退回补充侦查时需要进行羁押必要性的同步审查。

在对退回补充侦查的案件进行羁押必要性审查时，要重点审查两个方面：一是对侦查结果进行分析预判。由于一般情况下作出存疑不起诉决定要经过一次退回补充侦查，但是如果经过审查后认为实际没有补充侦查可能，或是侦查结果能够获取有效证据可能性不大的情况下，应当持续跟进羁押必要性；对于犯罪嫌疑人不羁押不影响案件处理的情况，及时变更强制措施，避免不必要的羁押。二是对期限的预判。与罪责刑原则相一致，羁押也要考虑比例原则。根据案件不同情况，考虑不同的羁押期限，并且根据案件补充侦查所查明的情况及时变更强制措施，这样有利于将退回补充侦查所造成的负面影响降到最低。在域外也有着类似规定，如法国，受到轻罪（量刑幅度最高不超过 5 年监禁）指控的被告人，一般不得被羁押 4 个月以上；而受到重罪（量刑幅度 5 年监禁刑以上）指控的被告人，羁押期间一般为一年以内，法定特殊情况下可以延长到两年。因此在退回补充侦查前后，应当进行同步审查，如果发现其被羁押的期限有可能会超过宣告刑期，应当及时变更强制措施，避免因为羁押期限的延长而造成宣告刑期的增加，这实际上侵犯了犯罪嫌疑人的合法权益。

三、司法完善

（一）新型检警关系背景下的退回补充侦查配合模式

1. 拓展补充侦查方式，降低对退回补充侦查的依赖性

首先，明确退回补充侦查的定位。退回补充侦查并非解决问题的唯一方式或优先方式，只有通过其他补充方式无法实现完善侦查的目的，或是通过其他方式在短时间内无法补充侦查到位时，才需退回补充侦查。根据“非必要不回转”的原则，其应当是在没有其他实现方式的情况下作出的最终选择，而非首要选择。成都市检察院针对重罪案件退回补充侦查手段运用制定了退回补充侦查工作指引，对确需退回补充侦查案件在一次退回补充侦查时组织员额检察官讨论退回补充侦查的必要性；二次退回补充侦查时由部门负责人组织讨论，着重对一次退回补充侦查效果和二次退回补充侦查的必要性进行把关。通过案件讨论前移、退前汇报审查等方式督促承办检察官提高办案效率，增强退回补充侦查质效。所辖基层院继续实行案件退回补充侦查由分管检察长把关制。对确有退回补充侦查必要的案件，严把实体关、流程关、质量关，保证案件确有退查必要，经审查把关后方可退回补充侦查。针对重大疑难复杂案件在退回补充侦查前实行全流程汇报制度，通过部门负责人、检察官联席会议对补充侦查文书内容进行审查，力求文书补查事项有必要、好操作、无遗漏。其次，降低对退回补充侦查的依赖性。充分利用自行补充侦查、提供法庭审判所需证据材料通知书、说明证据合法性通知书等其他补充方式，避免退回补充侦查所造成的程序回转、阶段增加、周期延长的弊端，并且积极参与侦查活动，保证补充侦查目的的有效实现。最后，即使启动了退回补充侦查程序，检察官也应适时跟进补查工作，力争一次退回补充侦查解决原侦查中所有问题，

避免二次退回补充侦查后事实证据仍存在问题的情况发生。

2. 提高补充侦查提纲的针对性、说理性与可行性

检察机关作出退回补充侦查决定的原因在于原侦查行为没有达到预期效果或者原侦查存在不全面、不完善、不规范的问题。因此，梳理问题、找出不足是提高补充侦查效果的前提与基础。《指导意见》中明确了补充侦查的说理性原则，规定补充侦查提纲应当写明补充侦查的理由、案件定性的考虑、补充侦查的方向、每一项补证的目的和意义，对复杂问题、争议问题作适当阐明，具备条件的，可以写明补充侦查的渠道、线索和方法。因此，退回补充侦查提纲要紧紧围绕“缺什么”“为什么”“怎么做”。补充侦查的属性在于“补充”，找到“缺什么”才能“补什么”，因此首先需要找准原侦查中的缺陷及问题，保证退回补充侦查提纲的针对性。找寻问题缺陷要通过认真、仔细的阅卷工作，才能做到全面掌握案件情况，才能发现哪些事实还有待于进一步查实，哪些证据需要补查。同时，在列明事实以及证据补正事项时，应当标明所要求补正的证据及事实在证据中反映的位置、卷册、页码以及取证时间，便于侦查人员查找。其次，要说明“为什么”。为避免产生误解、提高补充侦查效果，应当在补充侦查提纲中充分说明补查证据的理由，从法律规定、证据规则、常情常理、法律后果等方面，对待证事实证据的应然条件、现有证据状况、证据收集理由等进行详细说明，便于侦查人员充分理解补查目的。最后，明确“怎么做”。按照证据类型，对证明内容归纳分析提出要求，对解决问题的办法及补充侦查方向进行梳理，做到先主后次、先重后轻，保证在有限的期限内集中力量补充相关证据。同时，在列明补充侦查内容时也要考虑实际操作层面，考虑方案的可操作性、可行性，如要求侦查机关补充如多年前的监控视频、抓捕无法获知真实身份的犯罪嫌疑人或是就数年前案件走访在场证人等几无补充可能性的证据。此外，要保证补充侦查提纲的全面性，不仅要查实案件的有罪证据，还要注重对无罪证据进行查证，尤其对犯罪嫌疑人的辩解要充分重视，保证案件不枉不纵，才能实现和维护司法公正。

3. 同步跟进，实时跟进补充侦查情况

作为作出退回补充侦查决定的检察机关，应当同步介入补充侦查活

动。通过介入补充侦查活动，一方面，对补充侦查进程进行实时评估。对于无法补充的，及时调整侦查方向与证明手段，通过其他形式证明待证事实；对于退回补充侦查到期之前侦查完毕的，及时向检察机关重报，避免不必要的拖延；对于在补充侦查期限届满前无法完成全部补充侦查工作的，及时研判；对于实际无法补充的不再要求补充；对于在审查起诉期间可以调取的证据及时调取；对于确有必要第二次退回的案件，经征求意见后依法退回。另一方面，对补充侦查结果实时跟进，及时作出处理决定。对于经过补充侦查查明不属于犯罪情形的，建议侦查机关自行撤案处理并及时变更强制措施，减少无谓羁押和司法流程，降低司法成本；对于查明新的犯罪事实与犯罪嫌疑人，及时立案侦查、追捕、追诉、采取强制措施，有效打击犯罪。

4. 健全沟通机制，统一侦查标准

检察机关适时介入重大疑难复杂案件的侦查，向侦查机关提出侦查建议，及时纠正与预防侦查活动中的违法行为。但是，由于检察机关精力的有限性，提前介入的案件范围相对较窄，对于大量的普通案件检察机关不可能全部提前介入。从补充侦查的运行现状来看，盗窃、诈骗、故意伤害、贩卖毒品、寻衅滋事等常见犯罪的退回补充侦查的绝对数量仍排在前列。因此，加强检察机关与侦查机关之间的沟通，定期组织专门性的学习交流，对于提高侦查质量，实现诉讼阶段的有效衔接有着积极的意义。实践中，一是检察机关与公安机关可通过定期召开联席会议，集中研判常见犯罪的证据标准、退回补充侦查中的常见问题、退回补充侦查的常见原因等，就证明标准与证据规范统一认识，避免因认识不统一而造成的退回补充侦查情形。发挥检察官联席会议作用，对疑难复杂案件开展充分讨论，群策群力提出有效的补充侦查意见，保障案件证据质量，检察人员在参与讨论过程中其引导侦查能力也可以得到提升。邀请侦查人员参与案件讨论，在讨论过程中向侦查人员释法说理，更加深入详细阐明补充侦查的目的和意义；同时，认真听取侦查人员解释取证困难，共同探讨具有可操作性的补充侦查意见。二是检察机关可以对类案情况进行总结，对于常见犯罪进行类案总结，对证据标准规范化，对常见类型案件制作统一明确的证据指引与必要的证据清单，并要求公安机关对照执行。三是挑选补充侦查典型案件组织侦查人员观摩庭审。通过典型庭审观摩，使侦查人员了解庭审中案件证据使用的状况及目的，知晓辩护人对证据和事实提出的意见，了解公诉人因侦查存在的问题导致在庭上出现的被动状况与指控困难，从而使侦查人员从内心深处明白检察机关退回补充侦查的目的，便于侦查人员在侦查过程中增强证据意识，树立证据观念。

（二）授予检察机关侦查监督评价权

侦查是审查起诉以及审判活动的基础，因此侦查状况关联了起诉及审判的质量。补充侦查正是为了提高侦查质量而进行的程序回转，其直接决定了未来诉讼活动的走向及最终司法机关的处理决定。检察机关作为审查起诉的参与主体、补充侦查的决定主体及法律监督机关，对补充侦查运行状况及质量监督有着应有之义。同时，在我国不具备强势司法审查制度的背景下，通过提升检察建议及侦查违法措施的刚性，赋予检察机关监督性评价权。

1. 事前制约与监督评价

我国刑事诉讼制度中，退回补充侦查的决定权在于检察机关，因此检察机关对于补充侦查的启动权和选择权已经通过法律予以了确认。但是刑事诉讼法仅规定了补充侦查的决定主体以及补充侦查期间，并没有给予检察机关对于补充侦查时间的限定权，将退回补充侦查的时限把控交给了侦查机关。这样规定固然有一定道理，侦查机关可以根据实际补充侦查情况把控侦查节奏。但是实践中更多的是没有充分有效利用退回补充侦查期限，因此应当给予检察机关对补充侦查时间的限定权。在检察机关对退回补充侦查案件公开审查时，除对退回补充侦查的证据提出要求外，还要对补充侦查期限提出要求。检察机关通过对需要补充侦查的内容、难易程度、工作量等方面的研判，对于每一项补充侦查事项设立侦查期限，并统一形成整体的退回补充侦查期限，在与侦查机关共同评估研判后，在补充侦查决定书中予以列明。如果补充侦查事项较多的，则根据证据的重要程度划分阶段，并列明各阶段完成时间和完成进度。如果属于发现新犯罪事实或新犯罪嫌疑人的，对侦查节奏进行评估判断是否通过退回补充侦查方式进行侦查。如果侦查周期较长，则应当另案侦查、另案处理，避免诉讼程序的无谓延误。如果没有在规定期限内完成或是完成进度较慢的，则向侦查机关予以通报，并发出督促补充侦查通知书。如果因为无谓拖延而造成证据无法收集或事实无法查明的，发出侦查违法通知书或者检察建议。如果遇突发紧急情况，无法及时完成补侦事项的，应当及时向检察机关报告，以便及时调整侦查节奏。

2. 事中制约与监督评价

补充侦查的关键在于查明事实、补充证据、完善程序。除了事前的把控，事中的监督更有必要。因此，检察机关在同步跟进的同时，还需要进行同步监督，对侦查机关的补充侦查活动进行全程跟踪核查。由于长期以来的“侦查中心主义”在刑事诉讼中的主导地位，侦查机关对检察机关补充侦查要求常常敷衍塞责、应付了事，导致退回补充侦查制度运行不畅。同时，由于侦查机关在退回补充侦查阶段具有案件处理职能，可以根据案件补查情况自行作出撤案决定，因此更需要对其进行实体性的监督。检察机关同步指导补充侦查的过程，也是对补充侦查的监督过程，监督侦查机关有无按期推进补查进度、补充侦查的目的是否达到、有无故意拖延或者怠于行使、在补充侦查中有无侦查违法情形、是否存在违规撤案等，对于怠于侦查的，通过口头或者书面督促令予以督促；因此造成后果或是出现违法侦查情形的，发出纠正违法通知书及时纠正；对于经调查核实系非法证据的，依法不予采纳；在退查过程中，发现补充侦查严重超期等违法现象时，检察机关及时制发纠正违法通知书；对于退查案件期限届满后未将案件重新移送的，要求侦查机关说明理由，对退查案件开展及时有效的监督；对于违法侦查行为有着撤销侦查行为或宣布侦查行为无效的权力；对于侦查人员不配合补充侦查的，向侦查机关发出检察建议更换案件承办人；对于侦查机关不予配合的，向其上级部门报告，建议更换侦查机关；对于存在滥用职权、徇私枉法等情况的，启动自行侦查权，依法立案侦查，存在受贿等其他职务犯罪或是违法职务廉洁性行为的，及时向纪委监委移送线索。通过多种手段，依托各种力量，实时监督补充侦查的有效推进。

3. 事后制约与监督评价

除事前、事中监督外，事后评价也是检察机关对补充侦查有效制约的重要手段。对补充侦查的事后制约主要体现在对补充侦查结果及侦查人员的评价上。对结果的评价主要通过检察机关的不起诉权予以体现。对于补充侦查效果不佳，不足以查明犯罪事实的，依法作出存疑不起诉的决定；对于经过补充侦查后查明认为系不构成犯罪的，依法作出法定不起诉的决定。检察机关通过行使程序终结权，从诉讼程序上把控补充侦查质量，避免出现不应被追诉的人进入审判程序。同时，为保证事后制衡的实效，建议完善综合问责制度。虽然检察机关针对公安机关的徇私枉法行为等罪名具有直接侦查权，这也是对侦查人员最严厉的惩戒方式，但是司法实践中真正动用刑罚手段的较少。因此，建立一套适用范围更广、运行效果更佳的综合性问责机制，摆脱原有无法针对到人的检察建议、纠正违法的方式，通过办案质量通报制度、评价制度等，为有效补充侦查提供保障，不失为一种有效监督方式。

（三）内部监督保证权力不被滥用

为保证退回补充侦查的顺利运行，既需要依托外部监督，更需要激发内生动力。司法机关内生动力的激发，一般情况下将依托正向引导外，自身的监督也同样重要。

1. 建立相应规则，加强检察机关对退回补充侦查的全流程监督

对于检察机关退回补充侦查的监督主要针对退回补充侦查决定的监督以及对于退回补充侦查跟进情况的监督，避免出现技术性退回补充侦查或与侦查机关相互借时间的情况，以及退查后不予关注、放任不管，坐等退查重报的情况。首先，根据办案实际情况，针对不同种类罪名科学设置不同的退回补充侦查率，严格限制不必要的退回补充侦查。对于集资诈骗、非法吸收公众存款、合同诈骗、侵犯公民个人信息等犯罪，由于其涉及人数多、覆盖面广、法律关系复杂、经济交往较多，退回补充侦查的可能性较大；对于一般盗窃、抢夺、故意伤害等案件，原则上尽量避免程序回转。同时，针对不同层级的案件也应当有所区别，层级越高的检察机关办理的案件越复杂，退回补充侦查的比例亦相对较高，依次递减。其次，加强案件管理部门对退回补充侦查的监督。一方面，通过流程监控实现对退回补充侦查决定的实时监督，对退查案件进行随机抽查，对于不符合退查条件的案件，及时发出流程监控通知书，预防技术性退侦；另一方面，对于办结案件进行案件评查，尤其是将两次退回补充侦查案件作为必查案

件，对于退回补充侦查的必要性以及检察官在退回补充侦查后的跟踪监督情况进行严格审查，存在技术性退回补充侦查或是退而不跟、退而不管情况的，可定为瑕疵案件乃至不合格案件。

2. 转变观念，将退回补充侦查情况与侦查质量关联

一是转变“破案即结案”的传统侦查思路，将“破案为中心”转移到“定案为中心”的指导思想上来，摒弃“重破案轻证据”以及“重口供轻物证”的固有理念，重视案件取证的规范性与全面性。二是重视侦查效果与退回补充侦查效果，严格限制程序回转，将退回补充侦查数量、补充侦查质量、案件处理结果与侦查质量相关联，案件侦查质量高、不必要的回转就少。检察官通过提供法庭审判所需证据材料通知书或是口头沟通即可以起到补查目的，退回补充侦查数量就会减少。三是建立内部奖惩制度。对于怠于补充侦查的，检察机关可发出纠正违法通知书或检察建议，通过及时更换侦查人员或单位等手段增加监督力度。

（四）加强侦查队伍建设，提升侦查水平

侦查活动需要侦查人员予以完成，侦查人员的水平决定了侦查活动的水平，因此需要增强侦查人员的侦查意识、证据意识，提升其政治素质、纪律素质、法律素质、业务素质与心理素质。

一是建立专业的侦查队伍。针对现有侦查人员专业性不强的现状，整合办案资源，挑选业务骨干重点培养，改善侦查队伍的人员结构，对于不适应岗位的侦查人员或对其进行专业性的培训或调离侦查岗位。现有基层派出所的刑事、行政合一的执法办案模式，虽然有利于提高案件效率，提升治安处罚案件质量，但是由于治安案件证据要求、证明规则、案件复杂程度远低于刑事案件，易造成“刑事就行政”，降低刑事案件质量的情况。

二是侦查人员要注重培养收集、分析、运用证据的意识，把依法收集证据作为侦查活动的中心，把为起诉乃至审判提供证据作为侦查活动的目标，把“破案”与“庭审”对证据的要求有机结合起来，实现从“抓人破案”向“证据定案”的转变。变传统抓获犯罪嫌疑人作为证据收集的起点为案发起作为起点，及时有效地实现对证据尤其是客观性证据的收集，并且提高证据收集、分析能力，以审判作为侦查活动的终点，从而减少退回

补充侦查的可能。

三是要大力加强刑事侦查技术能力建设，提高利用科技手段发现、收集、固定证据的能力。利用照相录像技术、痕迹检验技术、文书（含笔迹）检验技术、刑事理化检验技术、法医鉴定、DNA 检验、声纹鉴别技术、气味鉴别技术、心理测定（测谎）技术、人体外貌识别技术、侦查通讯技术、刑事模拟画像等手段，增加客观证据比例，降低因主观性证据变化给案件办理造成的负面作用，为有效指控犯罪提供依据。以入户类案件为例，痕迹收集（尤其是门窗）、毛发收集、DNA 检验对于犯罪嫌疑人是否出现在现场有着直接的证明作用。

四是完善侦查人员出庭作证制度。侦查人员出庭作证一是为了说明取证过程，证明证据收集程序的合法性。二是让侦查人员直接参与庭审，体验庭审中对于证据的要求有着第一时间的感性认识，促使侦查人员在以后侦查中，有针对性地、高标准地收集证据，符合起诉的证据要求，达到排除合理怀疑的证据标准。

第三节　确立以自行补充侦查制度为中心的侦查监督手段

自行补充侦查权既是在中国刑事诉讼法律语境下的一项特殊制度，也是我国审查起诉阶段补充侦查制度的一项重要内容，有着独特的理论价值与实践意义。该项制度在法律设置、制度运行与实际操作中存在的问题造成了其运行状况不佳的情况。因此，有必要对这项制度的定位、制度设计以及现实运行进行重新审视与调整，真正发挥其预设作用。

一、逻辑基础

《刑事诉讼法》第 175 条除赋予检察机关退回补充侦查权外，还赋予了检察机关一个更加重要的职权——自行补充侦查权，即检察机关在审查案件中，可以视情况对案件自行补充侦查。同时，在第 170 条中赋予了检察机关除对公安机关移送起诉的案件有自行补充侦查权外，在“必要时”也可以对监察机关移送起诉的案件自行补充侦查。为什么在退回补充侦查之外还要设置检察机关自行补充侦查权？是否多此一举？一个制度的设置必然有其逻辑起点以及现实需要，自行补充侦查也不例外。综合其设置原因以及运行现状来看，自行补充侦查的设置是为了实现刑事诉讼的三个需要，即效率需要、公正需要、监督需要。

（一）自行补充侦查契合刑事诉讼的效率价值

在法的价值论中，法律中所存在的价值，并不限于秩序、公平和个人自由，许多法律首先是以实用性，即获得最大的效益为基础的。在刑事诉讼中必然也要体现效率的原则，避免不必要的诉讼环节，缩短诉讼期间，尽可能地减少司法机关与当事人的诉累也是刑事诉讼在尽可能探求客观事实的同时，亦需要关注的重要内容。司法效率本身包括时间和成本两要素。时间要素主要是司法机关及诉讼参与人为实现司法目的所花费的时间；成本要素是指在诉讼过程中所消耗的人力、物力、财力、精力成本。提高司法效率就在于两个方面：一是提高单位时间内的有用工作量；二是以最小的成本投入获得最优的产出，实现“最佳投入产出比”。简易程序、认罪认罚从宽、速裁程序等制度的设置就是为了简化诉讼过程，在保证案件质量的同时确保诉讼效率、节约司法资源。自行补充侦查同样也是基于这一价值追求而产生的。

一是提高单位效率。较之退回补充侦查，自行补充侦查不产生新的诉讼期间，不移转新的侦查主体，实践中也不存在统一观念的过程。通过审查主体在审查起诉期间内自行补充相关证据，减少了不必要的中间程序、环节，避免了不必要的拖沓，使得在不增加时间的情况下同样达到了诉讼目的。如果采取退回补充侦查方式，从期间上计算，加上退回补充侦查后的审查时间，其最长可以经历六个半月的时间，而自行补充侦查是在审查起诉期限内完成，即便延长审查起诉期间，最长只会经历一个半月的时间，时间仅为退回补充侦查的 1/3。按照工作时间效率的公式——工作总量 ÷ 工作时间 = 工作效率，在工作总量不变的情况下，工作时间减少决定了工作效率的提高，因此其理论上能够提升单位时间内的有效工作量。[①]

二是减少司法成本。这里的司法成本包括两类：一类是司法资源成本，主要是指司法机关为开展诉讼活动而投入的资源；另一类是诉讼成本，是指诉讼参与人为了达到维护权益的目的，主动或被动地参与司法活动，其间所投入的时间、诉讼费、律师代理费等成本。自行补充侦查一方面可以减少案件在侦查机关与检察机关之间的来回传递及沟通交流，检察机关自行补充侦查是其根据自行审查后的需求直接收集相关证据，省去了与侦查机关的沟通与统一认识的时间与精力。同时，检察机关在审查核实过程中，就已经收集到相关证据，如果再退回侦查机关进行转化意义不大，且容易产生丧失证据收集及时性的问题。因此，在程序、时间精力、证据及时性等方面，自行补充侦查都能起到节约司法资源成本的作用。另一方面，由于诉讼过程缩短，诉讼当事人因诉讼所投入的时间成本与精力成本也会随之减少。因此可以看出，自行补充侦查制度存在的逻辑起点之一就是基于刑事诉讼的效率需要。

（二）自行补充侦查符合刑事诉讼的公正需要

在刑事诉讼活动中，可以说诉讼进程的推进是由公、检、法所主导的，案件的诉讼参与人更多是作为刑事诉讼的对象，而非参与主体的地位。普通参与人在诉讼中所起到的作用以及对诉讼活动的影响也无法与公、检、法等司法机关相比。这一差距不仅是权利与权力之间的差距，即便给予了包括犯罪嫌疑人、被告人在内的诉讼参与人相等的权利义务，还有着资源、地位等方面的差距，尤其个人权利在诉讼进程中与侦查权相比更为明显。

侦查权作为一种国家权力，其价值取向是由国家进行社会控制价值取向所决定。国家进行社会控制的首要因素是社会安全，而犯罪行为本身就是对社会安全秩序的破坏及挑战。而国家启动侦查程序就是对犯罪行为进行控制与调查，通过刑事程序使犯罪人受到应得的惩罚，恢复因犯罪而被破坏的社会关系。这时，在侦查过程中，公平正义的价值追求较之上述需

---

① 这里仅指在理想运行模式下的状况，实践中自行补充侦查是否能够达到理论上所预计的运行效果，将在下文详细探讨，在此不进行赘述。

求必然处于次要地位。因此，为了惩罚犯罪，侦查机关的侦查思路必然是从有罪推定的角度出发，在这一思路的指引下组织收集证据。但刑事诉讼的根本目的是追求客观公正，这一公正追求既包括实体上的公正也包括程序上的公正。而要实现客观公正，必然要准确查明案件事实，这也是刑事诉讼一贯的价值追求。这两项价值的矛盾必然导致侦查行为处于两难选择的境地。虽然《刑事诉讼法》第 115 条规定，公安机关对已经立案的刑事案件，应当进行侦查，收集、调取犯罪嫌疑人有罪或者无罪、罪轻或者罪重的证据材料。但是由于侦查活动本身的倾向性，侦查机关往往注重收集证明犯罪嫌疑人有罪、罪重的证据，忽略收集无罪、罪轻的证据；重视收集定罪证据，忽视收集量刑证据。这导致了其一方面会丧失客观中立性，提交检察机关审查逮捕、审查起诉的案件材料与证据均以定罪为目标；另一方面会忽视对涉案犯罪嫌疑人的权利，尤其针对犯罪嫌疑人、被告人的无罪辩解，往往认为其是在狡辩，忽视对其自身辩解的调查核实工作。以 2018 年为例，全国检察机关共批准逮捕各类犯罪嫌疑人 1056616 人，提起公诉 1692846 人，但同时对不构成犯罪或证据不足的决定不批捕 168458 人、不起诉 34398 人，该现象产生的原因就基于此。[①]

由于这种力量上的悬殊对比与价值取向上的偏差，单靠诉讼参与人及辩护人自身根本无力解决。检察机关的客观公正义务则是一个现实可行的依靠。检察机关在办理案件过程中，无论是审查逮捕、审查起诉、出庭公诉还是履行其他刑事诉讼职责，都应当秉持客观公正的立场，不仅要依法追诉犯罪，也要保障人权，使追诉犯罪与司法公正平衡。尤其是在职务犯罪侦查转隶之后，检察机关既当运动员又当裁判员的身份混同问题基本得到解决，有罪推定与客观公正之间的摇摆问题也应不复存在。检察机关应当真正回归到其客观公正义务上，成为“刑事法律的守护人”，而不仅是“刑事犯罪的追诉人”。追究有罪并不是检察机关的终极目的。检察机

① 数据来源于 2019 年 3 月 12 日，中华人民共和国十三届全国人大二次会议第三次全体会议上最高人民检察院工作报告。

关应当坚持客观立场，忠实于事实真相，实现司法公正。[①] 作为检察官客观义务，要求“检察官客观全面地收集、保全对被告人不利、有利的各种证据”“客观公正地行使公诉权和求刑权。根据案件的事实和证据客观公正地决定是否起诉；如果庭审中证据调查结果表明公诉的犯罪事实缺乏足够的证据支撑，检察官应当依法请求法院判决无罪”。[②] 即便检察机关作为公诉机关，天生具有追究犯罪的倾向，其对案件的事实和证据也要承担客观义务。因此，检察机关在审查起诉中，不完全将自己放在与辩护方完全对立的地位上，而要承担部分辩方的职责，并且将自身的资源分享给辩方。在这一背景之下，自行补充侦查可以解决侦查机关倾向性过强的问题。通过自行补充侦查，检察机关作为中立审查的第三方，从查明案件事实的角度出发，对犯罪嫌疑人的辩解进行自行侦查，客观反映案件的真实情况。同时，从起诉角度，准确认定犯罪嫌疑人的量刑情节既是检察机关的应有之义，也是客观行使求刑权的需要。这种侦查同时包含了为辩方侦查的意味，以解决囿于种种现实条件而导致律师无法调查、获取有利于被告人的证据材料。[③] 以自首为例，司法实践中认定自首的依据绝大多数来源于案卷中的到案说明，而到案说明几乎由侦查机关出具，且到案说明内容也往往较为模糊，不能准确描述犯罪嫌疑人的归案过程。这也与公安机关重定罪、轻量刑的侦查思路有关。但能否认定自首关系到对犯罪嫌疑人刑期的确定。这时自行补充侦查对这一情况的补充，能够有效核实犯罪嫌疑人的归案情况，从而准确求刑。

（三）自行补充侦查也是检察机关独立行使检察监督权的需要

宪法和刑事诉讼法均规定了检察机关独立行使检察权，但在实践中，检察权的行使往往要依赖公安机关的配合。在刑事诉讼过程中，由于侦查机关在诉讼活动的优势地位与人民法院在检察机关后端的钳制作用，检察

① 朱孝清:《检察官客观公正义务及其在中国的发展完善》，载《中国法学》2009 年第 2 期。

② 朱孝清:《检察官客观公正义务及其在中国的发展完善》(上)，载《人民检察》2009 年第 9 期。

③ 何胤霖:《检察机关自行补充侦查制度研究》，载《湖北警官学院学报》2020 年第 1 期。

机关在诉讼过程中往往处于较为弱势的地位。虽然说审查逮捕与审查起诉的权力属于检察机关，公安机关在逮捕和起诉上“有求”于检察机关，但是根据刑事诉讼法的规定，检察机关自行侦查案件的拘留和逮捕，以及部分案件的技术侦查权仍属于公安机关，这种权力的配置使检警之间“重配合轻制约”，并且由于公安机关在侦查中的主导地位，其在侦查案件时对检察机关甚至具有反向制约的作用。

在侦查阶段，公安机关负责绝大多数案件类型的侦查，即便检察机关具有法律监督职责，但检察监督刚性不足使其对侦查活动监督的强制力不足，无法分解公安机关在侦查上的主导地位。可以说，检察机关的公诉权以及侦查监督权需要公安机关的配合才能有效地独立行使。而自行补充侦查可以实际起到分散侦查权的作用，使检察机关减少对公安机关的依赖，在实践中真正实现检察权的独立行使。一方面是在侦查方向上的分散。由于侦查活动位于审查起诉活动的前端，因此原侦查活动的方向决定了检察机关审查起诉的方向，如果原侦查方向错误，那么所查明的事实及获取的证据均无法适应审查起诉的需要。自行补充侦查可以对原侦查方向以及证据体系予以修正甚至是重构，从而起到引导侦查方向的作用。另一方面是对侦查措施的分散。自行补充侦查的决定与实施由检察机关主导，实际上将公安机关的原侦查任务部分由检察机关承担，实质上分散了公安机关的侦查权。由于审查起诉权由检察机关依法行使，在该阶段的证据采信、使用、事实认定由检察机关主导，检察机关自行补充侦查所查明的事实与收集的证据自然能够有效摆脱原侦查活动所带来的制约作用，转而由检察机关对审前程序进行主导。通过自行补充侦查，分解公安机关对侦查活动的主导地位，转为与其共享侦查主导权，最终形成对公安机关有效的监督和引导，实现检察权的独立有效运行。

二、制度完善

（一）明确自行补充侦查的权力属性

1. 自行补充侦查权不是完整的侦查权

侦查权是侦查机关为实现侦查目的，依法进行专门调查活动和采取相关强制措施的权力。侦查权应当包含专门的侦查主体、专门的权力、专门的程序，并且需要强制性措施予以保证。作为一种国家权力，侦查主体必须是经过国家权力明确确认的，有专门的机构人员予以保证并行使的，这也符合功能恰当原理对刑事诉讼的必然要求。但是从自行补充侦查的定位、法律规定以及权力内容来看，其并不是完整的侦查权。首先，从权力行使来看，检察机关并不具有针对所有犯罪的刑事侦查权，除少数罪名外，绝大部分案件的侦查权在公安机关。如果自行补充侦查属于侦查权，就意味着检察机关对于所有罪名有着实际的侦查权，其违背了刑事诉讼法关于管辖的规定以及侦查权的立法原意，也不符合“无授予即无权力”的原理。其次，从侦查措施来看，《指导意见》明确限定了自行补充侦查的侦查措施，其只具有刑事诉讼法规定的讯问、询问、勘验、检查、查封、扣押、鉴定等侦查措施。从我国侦查权所具有的侦查措施来看，自行补充侦查缺乏对人的所有侦查强制措施以及对物的冻结措施，其所具有的侦查措施的目的都是固定证据，而非限制犯罪嫌疑人及财物流转，因此其所具有的功能只有调查核实权，而没有诉讼保障权，权力内容小于正式侦查权。最后，从自行补充侦查的地位来看，补充侦查本身就是对原侦查的补充，自行补充侦查也排在退回补充侦查之后，属于例外之例外的规定，在实践中也是较少运用，不具有实际侦查的意义和作用。

2. 自行补充侦查权是检察监督权的一部分

大陆法系国家检察机关本身就作为侦查主体，其可以根据这一诉讼角色和诉讼权力随时针对所有案件启动侦查，其具有自行补充侦查权力毋庸置疑。英美法系部分国家的检察机关具有职务犯罪侦查权，美国针对高级官员的犯罪案件可以任命独立检察官对其进行侦查，因此其对这部分案件具有独立侦查权。我国检察机关不同于大陆法系国家，并没有针对所有犯罪的侦查权，因此侦查权并不是我国检察机关自行补充侦查权的权力来源。从上文对自行补充侦查功能和定位的分析，结合检察制度的域外法律渊源来看，我国自行补充侦查权的权力来源于法律监督权。这一权力的功能既是对侦查活动的合法性、规范性、完整性的监督，也是对侦查机关有无正常履行侦查职能以及补充侦查职能的监督手段。在《俄罗斯联邦检察机关法》中有着类似的规定，该法第 1 条第 2 款规定俄罗斯联邦检察机关对于司法警察执行法律的情况实施监督，其监督对象包括司法警察履行职责的行为是否侵犯了公民的权利和自由；司法警察遵守《俄罗斯联邦司法警察法》和《俄罗斯联邦执行程序法》规定的履行职责程序的情况；司法警察决议的合法性。同时第 29 条第 1 款规定，俄罗斯联邦检察机关的监督对象包括侦查搜查活动和初步调查工作的完成情况。① 其主要的监督内容与监督职能与我国自行补充侦查具有相似之处。不同的是，由于俄罗斯检察机关具有侦查权，其对侦查可以起到足够的控制作用，因此其监督方式也存在区别。《俄罗斯联邦检察机关法》规定了检察长对侦查搜查、初步调查和预审活动实施机关执行法律情况实施监督方面的权限。这个权限中包括对侦查活动自身的审查与调查权，在核实后可以直接撤销原侦查决定。而我国检察机关通过自行补充侦查对原侦查行为的核实也具有这方面的功能，可以通过建议或者通知的方式，要求侦查机关予以纠正。因此，自行补充侦查权虽有侦查之名但无侦查之实，其不应当属于侦查权的范畴，而应当属于法律监督权下属的侦查性措施或是侦查性权力，其目的就是通过自行补充侦查，实现对侦查行为的监督和补位，是检察机关的一种侦查监督救济行为。

3. 根据性质明晰法律规定

我国现行的自行补充侦查制度在刑事诉讼法中与退回补充侦查并列规定，作为选择性的适用措施。看似其与退回补充侦查、调取法庭审理所需要的证据材料以及说明证据合法性问题等同属于补充侦查的形式，但其在地位、功能、权力性质等方面同退回补充侦查有着根本的区别。退回补充侦查主要是对原有侦查行为的补正，而自行补充侦查主要是针对侦查活动的监督，两者并不是并列关系，更不是非此即彼的关系，实践中，两者可以同时适用。因此应当将自行补充侦查与退回补充侦查抽离，单独明确其权力的性质、目的、适用条件、配套措施与侦查结果运用，明确其监督属性，不再与侦查权相混淆，避免出现应用争议；明确证据主体地位，避免因取证主体不适格而不被法庭采纳。

---

① 何家弘主编：《检察制度比较研究》，中国检察出版社 2008 年版，第 249—250 页。

（二）明确自行补充侦查权的启动条件

正是由于自行补充侦查权的特殊性，应当对于自行补充侦查的适用条件进行明确规定。我国现行的刑事诉讼法中对于补充侦查的选择属于任意性规定，即在审查起诉阶段补充侦查既可以适用退回补充侦查也可以适用自行补充侦查，司法实践中还可以要求公安机关在审查起诉阶段提供相应证据材料。由于适用条件的不明确，检察官往往“舍难取易”，直接退回公安机关补充侦查，而不采用耗费自身精力的自行补充侦查方式。因此应当对现行的《刑事诉讼法》第 175 条第 2 款进行修改，单独增加一款，将“也可以自行侦查”修改为“公安机关不履行或消极应对补充侦查的，检察机关应当自行侦查，并追究侦查人员相应责任”。这样规定的意义在于：一是明确自行补充侦查的独立地位，并与退回补充侦查相区别；二是明确自行补充侦查的侦查监督性质与启动条件，并且明确在公安机关不履行补充侦查义务时才予以启动，终止退回补充侦查程序，启动自行补充侦查，将其作为退回补充侦查的救济性措施；三是可以与前文所涉及的检察对侦查的制约，尤其是对事与对人的制约相结合，建议侦查机关更换侦查人员，并对其予以评价。侦查机关在处理结束后，亦应当将处理结果及时通报检察机关。

（三）探索检察机关机动侦查权

检察机关机动侦查权并不是一个新鲜概念，其是指检察机关针对不宜由公安机关侦查或是监察委员会调查的案件，综合案件性质与综合情况，经过一定程序可以由检察机关立案侦查。《刑事诉讼法》第 19 条第 2 款就规定，“对于公安机关管辖的国家机关工作人员利用职权实施的重大犯罪案件，需要由人民检察院直接受理的时候，经省级以上人民检察院决定，可以由人民检察院立案侦查”。在监察体制改革前，刑事诉讼法就已经为检察机关设置了该项权力，为检察机关更好地行使法律监督职责提供保障，但由于检察机关工作重心主要在贪污贿赂等职务犯罪侦查上，加之机动侦查权限制条件较多、适用范围狭窄、审批程序复杂，因此在现实中较少适用。

监察体制改革之后，检察机关的监督手段与力度有所减弱，而监督职能又必然要求检察机关具有强制保障的手段，因此在对公安机关的侦查活动中，仍然保留了人民检察院在诉讼活动法律监督中发现司法工作人员利用职权实施非法拘禁、刑讯逼供、非法搜查等侵犯公民权利、损害司法公正的犯罪的侦查权，实际上就为检察机关通过机动侦查权扩大监督力度与手段奠定了基础。依托检察机关的机动侦查权建立一支具有专业知识的侦查队伍，为解决公诉环节自行侦查工作中存在的力量不足、保障不到位等问题创造了有利的条件。

三、司法完善

（一）在补充侦查中坚持公安机关补充为主，检察机关自行补充侦查为辅

由于现实中检察机关尚未明确具有强制力的引导侦查权，侦查监督措施的刚性也明显不足，因此自行补充侦查对于侦查监督有着重大的意义。但是，由于自行补充侦查权本身只是作为行使侦查监督权的一种侦查性权力，其具有的侦查措施及配套强制措施的强制力不足，无法支撑实现全部补充侦查目的。同时，侦查活动本身是一项具有极强专业性的诉讼活动，公安机关与检察机关由于我国刑事诉讼职能分配而各自长于“侦查”和“审查”。因此，虽然我们强调激活自行补充侦查权，但是仍然要考虑以法定侦查主体优先的原则，对于应当补充侦查的案件，以具有侦查权的主体进行补充，只有在侦查机关没有补充的情况下，为保证案件质量，履行检察机关客观公正义务，才由检察机关启动自行补充侦查程序主动调查取证。应当明确自行补充侦查并非完全代替侦查机关进行补充侦查，这是对侦查行为的监督与督促，其是在侦查机关本身对补充侦查不够重视的情况下，为避免因侦查机关怠于补充造成司法不公的结果而触发的救济性、监督性措施，因此该权力的行使必然有着谦抑性。如果将自行补充侦查与侦查机关补充侦查放到同等的次序或者设置相同启动条件，一方面有可能出现侦查推诿而产生的补充侦查“缺位”与检察机关偏离客观中立地位的“越位”情形；另一方面会增加检察机关的工作量，增加自行补充侦查的负担，影响检察权的正常运行。

（二）细化公诉环节自行补充侦查权的启动和运行程序

现行刑事诉讼法中，虽然规定了自行补充侦查权这一权力，但是从程序上来看，并没有关于启动与操作的具体程序，只在《指导意见》中有着零星的规定。由于自行补充侦查没有专门的阶段划分，由承办人根据办案节奏和阅卷情况进行把控，存在在审查起诉中随时启动、随时终结，案件其他参与各方无法把控和了解的问题。

1. 明确自行侦查的启动程序

自行补充侦查中没有对其启动的相应程序，由承办检察官通过审查案卷，对事实、证据进行评估及判断，并且与公安机关沟通后自行作出是否启动的决定；也没有相应的审批环节，以及相应的规范性的法律文书。虽然在各地的检察官权力清单中有着对于该项权力的审批权，但是由于没有标准的程序规范，导致其在实践中没有相应的审批流程。但从自行补充侦查的定位及运行情况来看，其与退回补充侦查一样需要建立标准化的审批流程与法律文书。一是建立检察长或分管检察长对自行补充侦查启动的审批程序。自行补充侦查虽然只是一种侦查性权力，但由于侦查行为本身就是一种行政权，从行政权运行的模式和规律来看，需要权力授予而不是天然具有。因此，对该权力的运行，应当通过审批确认侦查活动系有权侦查，否则侦查活动的合法性首先存疑，其所获取证据的合法性也会受到质疑。二是建立侦查措施的审批程序。在一般情况下，检察官无法自行完成补充侦查活动，需要借助其他检察部门乃至公安机关的人员与力量，因此通过审批可以调动多方力量，保证侦查效果。三是设置专门法律文书。根据补充侦查的需要，对拟采取的侦查措施设置对应的法律文书。法律文书一方面体现授权，表明程序的合法性及采取刑事侦查措施的法律依据；另一方面体现强制力，在对外取证过程中，设置专门的法律文书便于证明身份与取证目的，被取证主体因为法律文书的送达产生配合的义务和心理强制，从而保证补充侦查工作的强制力。

2. 检察机关应当根据情况设置不同的自行补充侦查期限

现有的自行补充侦查与审查起诉共享诉讼期间，这就意味着自行补充侦查结束后就要作出起诉或者不起诉决定。但是由于审查起诉时间短，检察官还需要承担审查案卷、讯问犯罪嫌疑人、询问被害人等工作，真正留给自行补充侦查的时间不多，因此需要参照退回补充侦查，根据不同情况设置侦查权期限。

对于检察机关对公安机关不配合、不履行补充侦查任务的情形，尤其是在退回补充侦查过程中，检察机关通过同步监督发现侦查人员不履职或消极履职，决定终止退回补充侦查的情形，应当单独设置上限为 1 个月的自行补充侦查期限。在这种情况下，原有的退回补充侦查的目的没有实现，检察机关作为补充侦查的主体，代替原本由公安机关补充侦查的工作，同样需要时间。需要注意的是，补充侦查两次的总数上限是为了严格限制程序回转，在此种情况下的自行补充侦查由于同样延长了诉讼周期，因此应当计入补充侦查的总次数中。对于没有退回补充侦查的简单补查事项，因为本身不会对诉讼程序产生拖延、取证难度不大，不必要设置专门的时间即可以完成，在原有的审查起诉期间完成即可。

3. 全国检察业务应用系统中建立专门的审批与运行流程

全国检察业务应用系统作为规范检察官行为的信息化手段，针对退回补充侦查设置了专门的流程、文书、审批权限以及案卡项，但是针对自行补充侦查只有简单的几个填报项目。作为重要的法律监督手段，应当为自行补充侦查设置专门的流程与法律文书，一方面可以在事前规范其审批、运行、适用状况，提取相关数据便于统计；另一方面便于案件管理部门对补充侦查进行事中与事后的跟踪监督，避免出现不必要的拖延和滥用。

（三）建立专门部门自行补充侦查

由于侦查活动的专业性，自行补充侦查需要由专业的人员来完成。检察官作为司法官，更多工作能力与经验侧重于案件的审查与法律适用，难以胜任自行补充侦查工作。因此，这项工作需要专门的人员、专门的部门来予以保证。自行补充侦查的监督属性与侦查属性决定了其由专门的具有侦查监督职责的部门与人员来负责更为恰当。在检察机关内设机构改革之前，北京、上海、重庆等地检察机关专门设置了诉讼监督部门负责对侦查、审判、执行活动进行专门监督。在机构改革之后，检察机关留存的自行侦查职能由各地的刑事执行检察部门承担，由于留存的自侦罪名都是司法工作人员利用职权实施非法拘禁、刑讯逼供、非法搜查等侵犯公民权利、损害司法公正的犯罪，因此该部门具有了对司法公正的刑事监督权。而从事这部分工作的人员多由没有转隶的原职务犯罪侦查部门人员转任，有着一定的侦查经验和能力，因此可以探索由刑事检察部门与刑事执行检察部门联合开展公诉环节的自行补充侦查活动。这样既有利于补充证据，也有利于检察机关发现调查、侦查和审判等职能部门工作人员在诉讼活动中涉嫌的犯罪线索，进一步强化检察机关对诉讼活动的法律监督。

（四）自行补充侦查运行透明化

退回补充侦查由于有着明确的诉讼阶段划分，也有着专门的补充侦查事由及提纲，当下虽然辩护人虽然无法参与退回补充侦查决定过程，但是可以通过阶段变化了解诉讼进程，进而对补充侦查获取的证据进行补充查阅。但是自行补充侦查由检察机关自行决定、自行执行、自行监督，辩护人一方面无法及时了解补充侦查情况，往往在案件起诉到法院后才了解到自行补充侦查的情况，无法对补充侦查事实进行审阅；另一方面无法对检察机关收集的证据进行查阅，导致无法提出有效辩护意见。因此，检察机关决定自行补充侦查后，要将自行补充侦查材料单独组卷，并在 3 日内告知案件当事人以及辩护人、诉讼代理人，并且及时告知其诉讼进展。待补充侦查完毕后，作出决定之前 10 日内通知辩护人、诉讼代理人补充阅卷，并听取其意见，在保证其阅卷权的情况下，保障其审查与发表意见的时间。同时在起诉时，既要移送侦查机关收集的证据，也要移送检察机关自行补充的证据，不得到庭审中才予以出示，进行证据突袭，违反庭前证据交换的原则。

四、现实保障

（一）提升自行补充侦查能力

在侦查能力与侦查经验上，公安机关的侦查人员以及检察机关原职务犯罪侦查部门的侦查人员的经验最为丰富。因此，检察机关可以通过集中培训、实践操作等方式，邀请经验丰富的侦查人员传授经验，充分沟通交流，实现检警培训资源的共享；还可以利用派驻检察室，通过适时提前介入侦查的方式，了解公安机关的侦查手段，在实践中学习其侦查技巧与侦查经验，发挥检察官较高法律素养与证据组织的优势，结合侦查实践，使补充侦查工作最大限度满足案件实际需求。

在提高人员素质的同时，还需要为自行补充侦查创造有利的技术能力。一是配备专门的勘验检查设备。近年来，随着公益诉讼的不断发展，全国各地都在建立独立的快检实验室，同时配置无人机、拍摄工具、水体取证等专业设备，为公益诉讼的调查工作提供技术支撑。刑事检察工作作为检察机关的“传统项目”，更需要专业设备的配置用以保证客观证据的提取。在案件现场勘验过程中，需要专业的照相、摄像、测距、制图等设施设备，但检察官用以现场勘验的一般就是普通的照相机乃至手机简单拍照，势必影响取证效果。这就需要配置专业的取证工具。二是建立专业的电子数据提取及分析系统。随着社会的发展，网络信息化越来越多地被应用到犯罪中，大量电子证据的出现一方面为发现犯罪事实提供了基础，另一方面为证据提取工作提出了更高的要求。在现有的实践中，公安机关或是无法提取电子数据，或是将电子数据笼统打包，交由检察官自行分析审查，这实际上就是怠于行使侦查权的另一种形式。这就需要建立专门的电子证据分析提取系统，在纷繁复杂的电子数据中找到证据及犯罪线索，有效实现侦查监督。三是丰富检察机关鉴定范围。现有的鉴定人员主要为法医、电子数据等方向，文证审查、精神病鉴定少之又少。以 C 市检察机关为例，全市只有一名具有文证审查资质的鉴定人，且主要从事的是对侦查机关的鉴定意见进行复查，几乎没有独立鉴定的机会及条件。这就需要整合鉴定资源，以省或省以内区域为单位，组建鉴定团队，并且通过资源共享，不断丰富检察机关自行鉴定范围。

（二）加强与公安机关配合，拓展侦查手段

《人民检察院刑事诉讼规则》规定，在自行补充侦查中可以由侦查机关予以配合。这也是为了弥补自行补充侦查权力不足、侦查措施不够以及能力不足的问题。一是探索具体的检警配合机制。区别于检察机关介入侦查活动，检察机关在自行补充侦查中作为侦查主体，在侦查过程中处于主导地位，侦查机关与人员配合提供侦查技巧及思路，同时提供检察机关所不具备的信息平台、技术侦查手段等技术设备予以辅助。需要注意的是，由于自行补充侦查的监督性质，原则上需要原侦查人员甚至侦查机关回避，更换其他侦查人员或单位予以辅助。二是由侦查机关提供强制措施予以辅助。自行补充侦查权中缺乏对人的强制性侦查措施。这会产生补充侦查强制力不足的情况。在侦查过程中，为了控制犯罪嫌疑人及涉案财物，需要采取紧急的侦查强制措施，抓捕犯罪嫌疑人和控制赃物、赃款，通常必须立即采取不容许拖延的侦查强制措施，比如通缉、边控、临时搜查等，检察机关自身并不具有这方面的权力与条件，因此需要由公安机关提供相应的强制措施予以辅助。比如C市W区检察院办理的高某某侵犯公民个人信息案，经梳理发现高某某还有多笔贩卖公民个人信息的事实没有起诉。检察机关遂充分发挥自行补充侦查职能，与公安机关召开补充侦查座谈会，分多路前往外地调查取证。其中，检察机关与公安机关前往重庆调取证据，并得到重庆警方的协调配合，成功补充相关证人证言，完成了该起犯罪事实的调查取证工作，通过自行侦查和补充侦查相结合，检察机关成功追加起诉了七笔犯罪事实。

（三）通过绩效考评促进制度运行

通过绩效考评，增加检察官适用自行补充侦查的积极性，同时增加侦查人员的配合程度。一方面，在检察机关内部，借助检察机关绩效考评，对于自行补充侦查、组织侦诉联合补充侦查的检察官予以肯定，设置专门项目给予专门加分。另一方面，发挥检察机关对侦查机关的建议权，由检察机关对移送案件质量、侦诉联合取证配合度、补充侦查质量等予以评分，并将评分结果定期呈送至公安机关。